KB213885

안양대HK+
동서교류문헌총서
10

만유수록(漫游隨錄) 역주 2
세상 끝으로: 마르세유를 거쳐 에든버러까지

안양대학교 신학연구소
안양대HK+ 동서교류문헌총서 10

만유수록(漫游隨錄) 역주 2
세상 끝으로: 마르세유를 거쳐 에든버러까지

초판인쇄 2024년 4월 10일
초판발행 2024년 4월 20일

지은이 왕도(王韜)
옮긴이 민정기 · 백광준 · 이성현 · 이정재 · 이화진 · 최정섭

펴낸곳 동문연
등 록 제2017-000039호
전 화 02-705-1602
팩 스 02-705-1603
이메일 gimook@gmail.com
주 소 서울특별시 용산구 청파로 40, 1602호 (한강로3가, 삼구빌딩)

값 28,000 원 (* 파본은 바꾸어 드립니다.)

ISBN 979-11-981913-5-9 (94230)
ISBN 979-11-974166-0-6 (세트)

* 이 저서는 2019년 대한민국 교육부와 한국연구재단의 HK+사업의 지원을 받아 수행된 연구임
 (NRF-2019S1A6A3A03058791).

漫游隨錄

만유수록 역주 2
세상 끝으로: 마르세유를 거쳐 에든버러까지

왕도(王韜) 지음

민정기 · 백광준 · 이성현 · 이정재 · 이화진 · 최정섭 번역 및 주해

동문연

발간에
즈음하여

안양대학교 신학대학 부설 신학연구소 소속의 인문한국플러스(HK+) 사업단은 소외 · 보호 분야의 동서교류문헌 연구를 2019년 5월 1일부터 수행하고 있다. 다시 말하여 그동안 소외되었던 연구 분야인 동서교류문헌을 집중적으로 연구하면서, 동시에 연구자들의 개별 전공 영역을 뛰어넘어 문학 · 역사 · 철학 · 종교를 아우르는 공동연구를 진행하고 있다. 서양 고대의 그리스어, 라틴어 문헌이 중세 시대에 시리아어, 중세 페르시아어, 아랍어로 어떻게 번역되었고, 이 번역이 한자문화권으로 어떻게 수용되었는지를 추적 조사하고 있다. 또한, 체계적으로 연구하기 위해서 동서교류문헌을 고대의 실크로드 시대(Sino Helenica), 중세의 몽골제국 시대(Pax Mongolica), 근대의 동아시아와 유럽(Sina Corea Europa)에서 활동한 예수회 전교 시대(Sinacopa Jesuitica)로 나누어서, 각각의 원천문헌으로 실크로드 여행기, 몽골제국 역사서, 명청시대 예수회 신부들의 저작과 번역들을 연구하고 있다. 이제 고전문헌학의 엄밀한 방법론에 기초하여 비판 정본을 확립하고 이를 바탕으로 번역 · 주해하는 등등의 연구 성과물을 순차적으로 그리고 지속적으로 총서로 출간하고자 한다.

본 사업단의 연구 성과물인 총서는 크게 세 가지 범위로 나누어 출간될 것이다. 첫째는 "동서교류문헌총서"이다. 동서교류문헌총서는 동서교류에 관련된 원전을 선정한 후 연구자들의 공동강독회와 콜로키움 등의 발표를 거친 다음 번역하고 주해한다. 그 과정에서 선정된 원전 및 사본들의 차이점을 비교 혹은 교감하고 지금까지의 연구에 있어서 잘못 이해된 것을 바로 잡으면서 번역작업을 진행하여 비판 정본과 번역본을 확립한다. 그런 다음 최종적으로 그 연구 성과물을 원문 대역 역주본으로 출간하는 것이다. 둘째는 "동서교류문헌언어총서"이다. 안양대 인문한국플러스 사업단은 1년에 두 차례 여름과 겨울 동안 소수언어학당을 집중적으로 운영하고 있다. 이 소수언어학당에서는 고대 서양 언어로 헬라어와 라틴어, 중동아시아 언어로 시리아어와 페르시아어, 중앙아시아 및 동아시아 언어로 차가타이어와 만주어와 몽골어를 강의하고 있는데, 이러한 소수언어 가운데 우리나라에 문법이나 강독본이 제대로 소개되어 있지 않은 언어들의 경우에는 강의하고 강독한 내용을 중점 정리하여 동서교류문헌언어총서로 출간할 것이다. 셋째는 "동서교류문헌연구총서"이다. 동서교류문헌연구총서는 동서교류문헌을 번역 및 주해하여 원문 역주본으로 출간하고, 우리나라에 잘 소개되지 않는 소수언어의 문법 체계나 배경 문화를 소개하는 과정에서 깊이 연구된 개별 저술들이나 논문들을 엮어 출간하려는 것이다. 이 본연의 연구 성과물을 통해서 동서교류의 과거·현재·미래를 가늠해 볼 수 있고 궁극적으로 '그들'과 '우리'를 상호 교차적으로 비교해 볼 수 있을 것이다.

안양대학교 신학연구소 인문한국플러스 사업단장

곽효석

차 | 례

제3부 만유수록 역주 2 원문

역주자
서문

　서로 멀리 떨어진 지역이 인적·물적·문화적으로 왕래한 흔적을 보여
주는 옛 교류 문헌은 언제나 흥미롭다. 선인들의 이동과 행적, 그들의 사유
를 좇아 이루어지는 시공을 넘나드는 추체험을 제공하기 때문일 것이다. 그
중에서도 특히 생생한 경험담이 담긴 여행기를 읽고 번역하는 일은 그 자체
로 색다른 여정이며 동시대 독자들의 새로운 경험을 불러낸다. 오늘날의 엄
청 빠르고 수월해진 교통과 극도로 상업화된 관광여행의 풍조 속에서 우리
는 여러 곳을 다니며 많은 것을 본다고 하지만, 결국 익숙한 동선과 시선에
서 자유롭지 못하다. 옛 여행기는 그러한 익숙한 동선과 시선의 기원을 보
여주기도 하며, 그와는 사뭇 다른 낯선 세계를 열어 보이기도 한다. 익숙한
것에 대한 반성과 다른 관점에 대한 탐색으로 이끈다는 점에서 이중의 의미
가 있다고 하겠다. 『사서기정(使西紀程)』에 이어 『만유수록(漫游隨錄)』을 번역
해 내는 작업은 이런 맥락 속에 있었다.
　이번에 번역해 내놓는 『만유수록』은 중국 근대 언론의 아버지라고도 불
리는 왕도(王韜, 1828-1897)가 영국으로 향한 여정과 영국 체류 경험을 기록한
글이다. 곽숭도(郭嵩燾)의 『사서기정』이 외교사절 입장에서 써서 상부에 제
출한 보고서로서 의의를 갖는다면, 『만유수록』은 제목에서도 볼 수 있듯 비
교적 자유로운 처지의 문인이 격에 매이지 않고 써낸 개인적인 기록이라는

점에 또 다른 의의를 둘 수 있다. 첫 권에 포함된 고향과 인근 지역의 명소를 탐방한 글들을 모두 포함해 번역한 것은 이 글들이 저자가 이역의 장소에서 무엇을 보고 느끼는지를 더욱 도드라지게 하기 때문이다.

1999년 9월에 근대 시기 상해 문인의 원형인 왕도를 연구한 논문으로 박사학위를 받은 나로서 20여 년의 시간을 지나 당시 가장 흥미롭게 읽었던 글인 『만유수록』을 이렇게 함께 번역해 내놓게 되어 이루 말할 수 없이 감격스럽다. 서울대학교 도서관에서 근무하던 이성현 선생을 통해 삽도본을 구하는 등 번역 작업의 초석을 다졌던 적이 있는데, 여러 가지 이유로 서문을 번역하는 정도에 그치고 말았다. 이번에 오래된 숙제를 여러 동료와 공동작업으로 풀어낸 셈으로, 오묘한 섭리 가운데에서 책과의 만남이 사람과의 만남과 갈마듦을 다시금 절감한다.

『사서기정』 역주본을 함께 낸 민정기, 이성현, 이화진, 최정섭 네 사람이 이어서 『만유수록』을 함께 읽고 번역하던 중, 각자 서로 다른 여행기의 독해와 번역, 연구에 종사하고 있던 백광준, 이정재 선생님이 공부 모임에 합류했다. 새로 합류한 두 분의 중국 고전문헌에 대한 해박함은 까다로운 구절들을 읽어나가는 데, 특히 시의 번역에 많은 도움을 주었다.

여섯 명의 여행자는 또 다른 많은 여행자의 도움으로 길을 걷는다. 『사서기정』에 이어 꼼꼼하게 책을 만들어주신 안양대학교 HK+사업단의 출판팀에게 특별히 감사드리며, 일일이 들지 못한 여러분께 또한 감사의 인사를 드린다.

역자들을 대표해 근사재(近思齋)에서 민정기 씀

일러두기

1 본 역주는 『만유수록 역주 1-세상 밖으로: 소주에서 카이로까지』(서울: 동문연, 2023)에 이어 왕도(王韜, 1828-1897)의 『만유수록(漫游隨錄)』의 유럽 체류 부분을 번역하고 주석한 것이다. 『점석재화보(點石齋畫報)』의 부록으로 연재한 것을 모아 출판한 『만유수록도기(漫游隨錄圖記)』(上海: 點石齋石印書局, 1890)를 저본으로 하였으며, 분권은 유럽 입경 전까지 여행담을 1권으로, 유럽 체류담을 2, 3권으로 분권한 주향세계총서본(走向世界叢書本, 長沙: 湖南人民出版社, 1982; 長沙: 岳麓書社, 1985)을 따랐다. 또한 주향세계본을 따라 점석재본에는 수록되어 있지 않은 51번째 글 「누개성연(屢開盛宴): 성대한 연회를 여러 차례 열다」를 추가해 번역했다. 이 글에는 삽도가 없다.

2 본 역주는 주향세계총서본과 산동화보출판사(山東畫報出版社)본 『만유수록도기』(2004)의 표점, 분단, 부록 등을 참조했다. 또한 Wai Tsui, *A Study of Wang Tao's(1828-1897) Manyou suilu and Fusang youji with Reference to Late Qing Chinese Foreign Travels*(PhD dissertation, University of Edinburgh, Mar. 2010)의 부록으로 실린 영역본을 참조했다.

3 중국 인명(신해혁명 이전 인물)과 지명은 한국 한자음에 따라 표기했다.

4 한자로 표기되어 있는 외국 인명과 지명은, 해당하는 원어의 표기(발음)를 알아낸 경우에는 국립국어원 외래어 표기법의 해당 언어 표기법에 준해 적었다. 해당하는 원어의 표기(발음)를 알아내지 못한 경우에는 한국 한자음에 따라 표기했다.

제1부

———————

만유수록 2 해제

왕도(王韜)의 유럽 체험과 세계관의 전변

1. 첫 상해 방문의 기억

19세기 중반 이후 상해 등 중국 연해 지역에 나타난 신지식인의 초기 전형인 왕도(王韜, 1828-1897)는 그 자신의 회술에 따르면 강남의 제법 유서 깊은 집안에서 태어났다. 그의 조부는 독서와 상업을 병행하여 어느 정도 부를 이루었고 청대에 들어서면서 쇠락일로에 있던 그의 집안은 한때 부흥의 기미를 보였다. 하지만 아버지 왕창계(王昌桂)는 장사에는 손을 대지 않았고 과거 공부를 하면서 학생들을 가르쳐 벌어들이는 수입으로 생계를 꾸렸기 때문에 가족은 넉넉지 못한 생활을 할 수밖에 없었다.[1]

소주부(蘇州府) 보리(甫里) 출신인 왕도는 17세이던 1845년에 현시(縣試)에서 일등으로 생원이 되지만 이듬해 남경(南京)에서 거행된 향시(鄕試)에서는 낙방, 진사시(進士試)에 응시할 수 있는 거인(擧人) 자격을 얻는 데는 실패하고 만다. 빠듯한 형편에 아무 일도 하지 않고 과거 공부에만 매진하는 것은 불가능했다. 이때부터 왕도는 아버지처럼 학생들을 가르치기 시작했다.

1848년 초, 왕도는 묵해서관(墨海書館)(London Missionary Society Press)의 일을 돕고 있던 아버지를 방문하기 위해 처음으로 상해에 발을 딛게 된다.[2]

---

1 이하 왕도의 행적 및 시기별 사상적 경향에 관한 서술은 참고문헌 목록에 열거한 일·이차 문헌에 두루 근거했으며 특별한 사항에 관한 것을 제외하고는 일일이 출처를 밝히지 않았다.

2 부친 왕창계가 당시 상해에서 무엇을 하고 있었는지에 대해 왕도는 언급한 바 없다. 전기 작가들은 「弢園老民自傳」(『弢園文錄外編』卷11)에서 부친이 "집이 가난해 애써 스스로 독려하며

이때 그는 나중에 함께 일하게 된 영국인 선교사 메드허스트(Walter Henry Medhurst, 1796-1857)를 만났다. 왕도는 『점석재화보(點石齋畵報)』 제127호 (1887년 10월)부터 제176호(1889년 1월)까지 부록으로 연재하고 나중에 단행본으로 묶어낸 『만유수록(漫游隨錄)』의 한 편인 「황포범장(黃浦帆檣): 상해의 외국인」이라는 제목의 글에서 상해 조계에 대한 첫인상을 다음과 같이 회고했다.

> 황헐포(黃歇浦, 황포)에 들어서자마자 기세와 형상이 갑자기 달라졌다. 배 위에서 멀리 바라보니 아지랑이 피어오르는 물은 넓디넓으며 돛대가 정신없을 만큼 많았다. 강가 일대로는 모두 서양인의 집으로, 누각이 우뚝 솟아 구름 위로까지 아스라했고, 날 듯한 용마루에 아름답게 꾸며진 기둥이 있었으며, 벽옥 빛 난간에 주렴이 드리워져 있었다. …… 당시 서양 선비 메드허스트가 묵해서관(墨海書館)을 운영하며 활자판 기계로 책을 인쇄했는데, 다들 처음 보는 일이라고 다투어 일컬었다. 나는 별러 그곳을 방문하였는바 …… 좌정하자 바로 수정 잔에 포도주를 따라 은근히 권해왔다. 맛은 달고 색은 붉었는데, 주유의 성품에 비견되었던 잘 익은 옛 오나라 좋은 술에 비해도 뒤지지 않을 터였다. 그러고서 피아노로 한 곡을 연주했는데, 오르락내리락 모두 음절에 맞아 비록 이방의 음악이지만 자못 사람의 마음을 풀어주었다. 그 후, 데리고 가서 책 인쇄하는 것

학생들을 가르쳤으며, 시정에는 발길을 들이지 않았다(家貧, 刻苦自勵, 敎授生徒, 足跡不入 城市)"라고만 적고 있는데, 대개 이를 근거로 상해에서도 당연히 학생들을 가르쳤을 것으로 기술했고, 부친을 찾아갔을 때 묵해서관을 방문한 것을 들어 부친과 선교사들 사이에 모종의 관계가 있었을 것으로 추정하기도 했다. 蘇精이 「王韜的基督敎洗禮」(『歷史與文化』第1卷, 1998. 1.; 蘇精, 『馬禮遜與中文印刷出版』, 臺灣學生書局, 2000, 243-258쪽에 재수록)에서 왕도의 세례 문제를 다루면서 발굴해 소개한 선교사 보고 문건(각주 17 참조)을 통해 왕창계가 선교사들과 작업하고 있었던 정황이 드러났다. 하난(Patrick Hanan) 역시 "The Bible as Chinese Literature: Medhurst, Wang Tao and the Delegates' Version"(*Harvard Journal of Asiatic Studies* 63, no. 1, 2003)에서 같은 문서를 통해 이 점을 확인했다.

을 보여주었다. 소가 인쇄기 선반을 끌었는데 차축이 날듯이 빨리 돌았다. 말인즉 하루에 수천 번 인쇄할 수 있다고 하니, 정말 공교하며 신속하였다.[3]

그런데 같은 글의 말미에 "나는 당시에 감사시(感事詩) 네 수를 지었던 바, 여기에 붙여 적어둔다"라며 수록한 시에는 상해라는 공간에 대한 사뭇 다른 정서가 표현되었다.[4]

해상엔 파도 소리 밤낮으로 밀려오고,
뜬구름 덮인 버려진 성채엔 고금의 근심 어려 있다.
먼바다로 통하는 문호는 전체 국면을 관장하고,
크나큰 바람과 파도가 강의 상류와 만난다.
동남으로 드넓은 시장이 열리니,
서북으로부터 다 함께 교역을 요청해 온다.
조정은 몸소 백성을 위한 계책이라더니,
뜻밖에도 오랑캐와 화해를 우선 안으로 내놓았다. (제1수)

바다 변경 우환의 기운 다 가시지 않았으니,
차후로 어찌 방위를 소홀히 하랴!
마땅히 중신이 열쇠를 품고 있어야 하겠으니,
벌써 먼 이역에서 배와 수레가 들어와서 모여 있다.
누가 그 땅의 풍정을 오랑캐 방지(方志)에 보충해 쓸 터인가,

---

3 『만유수록 역주 1 ─ 세상 밖으로: 소주에서 카이로까지』(서울: 동문연, 2023), 82-84쪽.

4 『만유수록 역주 1』, 85-88쪽. 이 네 수는 왕도의 시집 『형화관시록(蘅華館詩錄)』(권1)에 「봄날 상해에서 느낀 바(春日滬上感事)」라는 제목으로 실려 있다.

아편이 바야흐로 화식(貨殖)의 서적에 등재되어 있거늘.

천만으로 새는 잔은 언제 막을지,

공허하게 나라의 경영을 논의하는 가운데 변방을 위한 대비 시급하다.

(제4수)

훗날 회고하며 산문으로 쓰인 부분이 이질적인 문화를 접하는 데서 오는 경이로움을 부각하고 있다면 아마도 첫 상해 방문 당시에 쓴 것일 터인 위 시는 서양 세력이 횡행하는 상황에 대한 적대감과 우려를 강하게 드러내는데, 전통적인 화이론적(華夷論的) 세계관에 바탕을 둔 것이라고 할 수 있다.

상해에 대한 첫인상의 회고에는 유럽 세계를 경험하고 돌아와 중국의 변화를 적극적으로 주장하게 된 왕도의 입장이 투영되었겠지만, 그렇다고 해서 그것이 반드시 미화된 것이라고 볼 수는 없을 것 같다. 시에 보이는 것 같은 거시적 맥락에서의 우려가 상해에서 마주한 새로운 세계에 대한 호기심을 반드시 부정하는 것은 아니었을 것이다. 전통적인 공간에서 살아 온 중국인의 눈에 물안개 너머로 다가오는 새롭게 건설되고 있는 도시의 풍경은 분명 무척이나 이채로웠을 것이다. 높다랗게 솟은 이국적인 건축물, 외국인의 집을 방문하여 맛보는 포도주 한 잔, 낯설지만 듣기에 좋은 서양 음악 그리고 전에 없던 새로운 기술로 서적을 대량 인쇄하는 광경은 과연 모두 신기한 것이었으리라.

상해의 조계는 그 공간의 모습과 각종 새로운 성격의 시설 자체가 경이와 오락의 대상이 되었으며, 한편 전통 공간에서의 출로가 여의치 않았던 문인들에게 전에 없던 새로운 가능성을 제공해 주는 공간이었다. 하지만 동시에 그곳은 낯선 관계가 지배하는, 자신들의 근원으로부터 동떨어진 공간이었으며 게다가 위 시에 나타나는 인식과 같이 오랑캐들의 도발로 인해 조성된 공간이었다. 여기에 왕도처럼 새로운 공간에서 활동했던 청 말 지식인들의 곤혹감이 자리한다. 「황포범장: 상해의 외국인」을 보면 왕도가 서양의 문물 그 자체에 대한 거부감이나 불쾌함을 보이지는 않았다는 점을 알수 있다. 결국 새로운 상황이나 바뀌어 가는 풍경 그 자체보다는 그러한 상황이 조성된 이유를, 그러한 상황이 예견하는 미래를 감내하기 힘든 것이었다. 그리고 이런 일견 서로 모순되는 인식의 근저에는 서양의 우월한 물질문명에 대한 목도와 중국의 결핍에 대한 확인 그리고 여전한 중화 문인으로서 자의식이 자리하고 있다고 하겠다.

2. 상해 묵해서관(墨海書館) 시절, 왕도의 서양관

1849년, 22세가 되던 해 여름에 왕도는 그의 인생 방향을 크게 바꾼 계기를 맞게 된다. 아버지가 갑작스럽게 타계함에 따라 그는 가족의 생계를 자신이 전적으로 책임져야 할 처지가 되었다. 왕도는 그해 가을, 전년에 알게 되었던 메드허스트의 요청을 수락하여 묵해서관에서 일하게 된다.

이때부터 왕도는 메드허스트가 영국으로 돌아가기 전까지 8년간 그와 함께 성경을 새롭게 번역하는 일에 종사했다.[5] 성경 번역 작업에 참여했던 런던선교회(London Missionary Society) 소속 선교사인 밀른(W.C. Milne)의 회고에 의하면 중국어문 실력이 있는 선교사들과 중국인 조수들이 모여 성경 구절 원문을 함께 읽어가면서 축자 번역을 하고 다시 번역문을 다듬는 과정을

---

5 이전까지 주로 유통된 중국어본 성경은 모리슨(Robert Morrison)의 작업으로 1814년에 출판된 것이었다. 런던선교회 소속의 메드허스트는 보다 좋은 문체의 이해하기 쉬운 중국어 성경이 필요하다는 인식하에 묵해서관을 설립하고 1847년부터 뜻을 함께하는 선교사들로 이루어진 번역위원회를 구성하여 새로운 번역본을 위한 작업을 시작했다. 결과로 나온 신약 성경을 Delgate's Version(대표본 또는 대표역본)이라고 부른다. 많은 곡절을 거쳐 나온 이 번역본은 'God'의 중국어 역어를 '上帝'로 할 것인지 '神'으로 할 것인지를 두고 의견이 갈려 결국 두 판본으로 나뉘었다.

매일 네다섯 시간씩 한 것으로 되어 있다. 이러한 작업을 통해 새롭게 번역된 '대표본' 『신약전서(新約全書)』가 1853년에 완성되어 가장 유력한 중문 성경으로 자리를 잡아 1859년까지 11판을 찍었으며 1920년대까지도 사용되었다. 이 번역본은 문체가 좋은 것으로 정평이 났는데, 왕도가 문장을 최종적으로 다듬는 작업에 중요한 공헌을 한 것으로 알려져 있다.

왕도의 고용주였던 메드허스트를 비롯한 런던선교회의 선교사들, 특히 성경의 번역 작업에 종사했던 이들은 당시 상해에 들어와 있던 어떤 서양인들과 비교해 봐도 가장 높은 수준의 교양과 학식을 지닌 이들이었고, 중국어문과 문화에 대한 이해의 정도 역시 높은 사람들이었다. 와일리(Alexander Wylie) 등은 상해 최초의 중국어 신문인 『육합총담(六合叢談)』의 발행인이자 편집인들이기도 했다. 왕도는 이 기간 동안 성경 외에도 다양한 분야의 서적을 이들과 함께 번역했다. 1853년 에드킨스(Joseph Edkins)와 함께 번역한 『격치신학제강(格治新學提綱)』은 서양 과학의 여러 분야를 두루 소개한 책이었다. 같은 이와 함께 번역한 책으로 이밖에 『광학도설(光學圖說)』이 있었다. 또한 와일리와 함께 『중학천설(重學淺說)』, 『화영통상사략(華英通商事略)』, 『서국천학원류(西國天學源流)』를 번역했다. 번역 작업은 성경의 번역과 마찬가지로 선교사들이 중국어로 초벌 번역한 것을 왕도가 다듬어 윤색하는 방법으로 진행되었다.

오늘날 입장에서 보면 왕도는 관건적인 변화의 시기에 문명교류의 최전선에 서 있었던 셈이다. 그런데 정작 자신은 이와 같은 처지에 대해 지인 주등호(周騰虎)에게 보낸 편지에서 이렇게 설명했다.

『좌전』에 이르길 "우리와 같은 종족이 아니면 그 마음 씀씀이가 반드시 다르다"라고 했습니다. 서양인들은 코는 우뚝하고 눈은 움푹하며, 사려가 깊고 멀리 내다볼 줄 알며, 그 성격은 밖으로는 강포하며 안으로는 음험

합니다. 우리 중국인을 대함에 심히 야박하여, 그들의 집에 고용된 이들을 견마와 같이 부리니 이리 뛰고 저리 뛰느라 지쳐도 터럭만큼도 안쓰러워하지 않습니다. 우리 선비를 대함에 역시 멸시하고 깔보아 예로써 대접하지 않습니다. 중국인들이 그들에게 부림 당하는 것은 의식을 해결하려다 보니 어쩔 수 없이 그렇게 된 것이지만, 역시 중국의 재력의 피폐함과 백성의 살림살이의 궁핍함을 볼 수 있는 바입니다. 그러므로 서양인들이 우리 중국을 얕보는 것이 나날이 심해지는데도 중국인들은 또한 그 모멸을 감수하면서 어찌할 수 없는 것입니다. 무릇 서양인들의 집에서 생계를 도모하는 이들 가운데 단정한 사람이 적기는 하지만, 영광스러운 지위에서 퇴락한 선비가 남몰래 그 가운데 숨어있는 경우도 전혀 없다고는 할 수 없을 것입니다.[6]

왕도는 자신의 정견과 포부를 알리는 이 편지에서 서양인들로부터 부당한 대우를 받으며 의미 없는 일을 하고 있는 자신의 처지를 거듭 하소연하고 있다. 양무에 종사하던 이들조차 서양인과 접촉하길 꺼리던 당시에 유가적 공명(功名)을 추구하며 증국번(曾國藩), 좌종당(左宗棠) 같은 실력자들과 선이 닿던 지인에게 보낸 편지로서, 자신이 부득이한 이유로 서양인 밑에서 일하고 있으면서 그들에 대해 잘 알게 되었지만, 부정적인 영향을 받지는 않았노라고 강변하고 있기에 그 진정성은 의심할 수밖에 없다.

부당한 대접을 받고 있다는 왕도 자신의 토로와는 상반되게 1990년대 말엽에야 주목받게 된 런던선교회 본부의 문서들을 통해 메드허스트 등 선

---

6 함풍 9년 정월 25일(1859. 2. 27.) 일기에 인용한 편지: "『傳』曰, 非我族類, 其心必異. 西人隆準深目, 思深而慮遠, 其性外剛狠而內陰鷙. 待我華民甚薄, 傭其家者, 駕馭之如犬馬, 奔走疲困, 毫不加以痛惜. 見我文士, 亦藐視傲睨而不爲禮. 而華人猶爲其所用者, 雖迫於衣食計, 亦以見中國財力之凋敝, 民生之窮蹙也. 故西人之輕我中國也日益甚, 而中國人士亦甘受其輕而莫可如何. 夫謀食於西人舍者, 雖乏端人, 而沈落光耀之士, 陰淪其間者, 未可謂竟無之也."(方行·湯志鈞 整理, 『王韜日記』, 中華書局, 1987, 82-83쪽).

교사들이 왕도를 존중해 주고 있었음이 잘 드러난다.[7] 그도 함께 일하는 선교사들에 대해 친밀감을 느끼고 있었을 터다. 왕도는 메드허스트가 상해를 떠날 때 「귀국하는 서양 선비 메드허스트를 떠나보내며(送麥西士回國)」라는 제목의 시를 써서 아쉬움을 표하기도 했다.

그렇지만 자신의 처지에 대한 변론이 과장된 것이었으며 선교사와 현지 고용인(협력자) 사이에 친분과 신뢰가 형성되었다고 치더라도, 근대 서양이 비서양을 바라보는 시선은 이런 관계를 넘어선 차원의 것이었다. 자신의 우월함에 대한 서양의 '발견'은 바로 비서양의 낙후함과 무력함에 대한 발견이었으며, 이러한 발견의 시선은 근대 서양인들의 사유의 바탕을 이루는 것이었다. 왕도와 같은 처지의 비서양인은 그러한 시선을 거북스러워하면서도 어쩔 수 없이 그것을 내면화했다. 중국은 근대 서양과 '아편전쟁'으로 대표되는 무력의 충돌을 통해 만나게 되었으며 그러한 충돌에서 철저하게 패배했다는 자괴감은 서양을 대면하는 중국인의 태도의 근저를 이루게 되었다고 하겠다. 철갑 전함으로부터 날아오는 압도적인 포화 속에서 서양의 오리엔탈리즘적 시선은 중국인에게 그렇게 강제되었던 것이다.

왕도는 이 같은 맥락 속에서 서양의 역사, 제도, 문화 등 다방면에 걸친 기본적인 지식을 얻을 수 있었으며, 중국이 그들과 접촉하게 된 이후로의 정황에 대해서 비교적 정돈된 인식 체계를 형성해 갈 수 있었다. 그는 장기적인 관점에서 서양을 중국의 국체를 위협하는 존재로 파악했다. 서양은 무엇보다도 경계해야 할 대상이었다. 하지만 바로 그 때문에라도 중국인은 그들의 앞선 점을 본받아야 할 처지였다. 왕도는 서양과의 접촉 과정에서는 '이(利)'와 '해(害)'가 동시에 발생하므로 신중해야 하며, 궁극적으로는 그들의

---

7 蘇精, 「王韜的基督敎洗禮」『馬禮遜與中文印刷出版』(臺灣學生書局, 2000), 246-247 쪽; Patrick Hanan, "The Bible as Chinese Literature: Medhurst, Wang Tao and the Delegates' Version"(*Harvard Journal of Asiatic Studies* 63, no. 1, 2003), 225-227쪽 참조.

선진적인 면을 받아들여 '이'를 극대화하면서 근원적인 '해'를 제거하기 위해 서양인 세력을 몰아내야 한다고 보았다.[8] 강소 순무로 있던 서유임(徐有壬)에게 보낸 편지 「서군청 중승께 올리는 두 번째 글(上徐君靑中丞第二書)」에서 왕도는 유럽의 여러 국가들이 힘을 겨루며 이해관계에 따라 이합집산하는 상황이 중국의 장래와 어떻게 관련 있는지에 대해 설명하며 이렇게 글을 맺고 있다.

> 정리하자면, 천하에는 항구하게 강성한 나라는 없습니다. 비로소 강성함에 이르게 되기까지에는 반드시 방도가 있는바, 우리가 저들의 뛰어난 바를 채용하고 저들이 의지하는 바를 탈취한다면 우리는 분명 저들과 같아질 것인즉, 저들도 자연 우리와 함부로 역량을 겨루지 못할 것입니다. 이것이 바로 대비의 길입니다.[9]

당시에 왕도는 서양의 여러 제도, 기기들이 대체로 중국의 형편에 적합하지 않으며 적용했을 때 여러 가지 무리가 따르리라고 생각했다. 앞서 언급한 주등호에게 보낸 다른 서신에서 왕도는 서양 과학기술의 긍정적 측면을 언급하기는 하지만 곧이어 우편, 신문, 화선, 기차 등의 제도가 중국에서 통용되기 힘든 이유를 상세히 설명하고 있다.[10] 또한 왕도는 기계를 활용한 서양의 농업 기술이 중국의 농촌 경제를 파탄시킬 것임을 우려하며 예로부터의 제도를 유지할 것을 주장하기도 했다. 왕도는 농업이 기계화될 때

---

8 함풍 9년 정월 25일(1859. 2. 27.) 일기에 인용한 주등호에게 보낸 편지 참조(『王韜日記』, 中華書局, 1987, 81-83쪽).

9 "總之, 天下無常强久盛之國. 而其始之臻乎盛强者, 必有術在, 我盍用其所長, 奪其所恃, 我誠與彼同, 彼自不敢與我比權量力矣. 此卽所謂待之之道也."(汪北平·劉林 整理, 『弢園尺牘』, 中華書局, 1959, 38-41쪽).

10 「주등호 군께(與周弢甫徵君)」(『弢園尺牘』, 中華書局, 1959, 25-29쪽).

발생하는 수천만의 유민(流民)을 걱정하면서 생계를 저버린 "변(變)"이 무슨 의미가 있는가 하고 반문한다.[11]

주등호를 비롯해 양무 인사들에게 보낸 글을 보면 왕도는 서양에 대한 자신의 지식을 은근히 내세우면서도 서양 문명의 핵질을 애써 부정하고 있다. 그는 "서양 나라 정치의 큰 오류로는 남녀가 함께 상속하고, 군주와 백성이 함께 다스리며, 정치와 종교가 일체인 것이다"라고 지적하기도 했다.[12] 이처럼 왕도는 서양의 발달한 과학기술의 일정한 부분을 수용하는 것에 대해서는 긍정적이었지만 서양의 제도를 수용하는 것에 대해서는 유보적이었다. 특히 서양의 '도(道)'에 대해서는 애써 인정하지 않으려 했다. 관방에서 양무운동을 주도하고 있던 이들이 견지하고 있던 '중체서용(中體西用)'과 크게 다르지 않은 입장을 표명한 셈이다. 아마도 중화의 문인으로서 서양의 문화가 중국의 그것과 대등하거나 더 우월할 수 있다는 점을 인정하기는 힘들었을 것이다. 그것은 곧 세계의 중심으로서 자처해 온 '중화'의 자기부정을 뜻했기 때문이다.

그런데 왕도는 앞서 언급한 메드허스트를 송별하며 써준 시에서 "학문을 하늘로부터 받아 적수가 없다 하겠으니, 도가 서방으로부터 와서 대동을 증험하였네(學從天授推無敵, 道自西來證大同.)"라 하여 '지기' 메드허스트의 학문을 높이고 아울러 서양으로부터 들어온 '도'를 긍정하는 발언을 하고 있다. 그렇다면 도대체 어떤 발언이 진정을 담고 있는 것일까? 이런 부류의 시에는 상대에 대한 의례적인 칭송을 담고 있기 마련이기에 역시 온전한 진실성을 의심해 볼 수 있을 것이다.

이와 관련하여, 상해에서 지내면서 선교사들과 성경 번역에 종사했던

---

11 함풍 9년 4월 4일(1859. 5. 6.) 일기(『王韜日記』, 113쪽).

12 "西國政之大謬者, 曰男女幷嗣也; 君民同治也, 政敎一體也."(함풍 9년 4월 4일[1859. 5. 6.] 일기, 『王韜日記』, 112-113쪽).

왕도가 서양 문명의 핵질 가운데 하나인 그리스도교에 대해 어떤 입장을 가지고 있었고 그로부터 어떤 영향을 받았는지는 매우 흥미로운 대목이 될 수 있다. 왕도는 분명히 선교회의 세례자 명단에 올라가 있으며, 번역 작업과 직접적으로 상관이 없는 종교 집회에도 종종 참석한 것으로 되어 있다. 왕도는 선교사들과 함께 일하며 성경의 번역을 도우면서 그리스도교에 관해 아마도 개종자들을 포함해 여느 중국인보다 많이 알고 있었을 것으로 보인다. 그러나 왕도 자신의 언급들을 통해 봤을 때, 그는 그리스도교에 대해 일정 지식은 갖고 있되 그것에 대해 진지하게 이해하려거나 받아들이려는 의도는 없었던 것으로 보인다. 개인적으로는 조상의 제사 등 중국 고유의 의례와 풍습을 용납하지 않는 환경 속에 있어야 하는 것이 곤욕이었다.[13] 앞서 언급한 주등호에게 보낸 편지에서는 서양의 제도와 과학기술에 대한 우려와 함께 중국의 풍토와 맞지 않는 서양 종교가 우매한 백성을 오도하는 것을 걱정하며 상당히 격렬한 언사로 단락을 맺는다.

> 제가 서양인 종교의 서적을 살펴보니 그 이치는 허망하고 주장은 지리멸렬하며 언사는 비루하여 그저 측간에 던져버리기에 마땅합니다. 그럼에도 그것을 가지고 우리 중화의 백성을 가르치겠다고 하니, 헤아리지 못하는 정도가 심하다 하겠습니다. 제가 그들의 의도를 헤아려 보건대, 그 주장을 힘써 펼치고자 할 것이고 그러고서야 만족할 테니, 그것이 행해진즉 슨 인심이 해를 심하게 입을 것으로 사료됩니다.[14]

코헨은 이 문제에 대한 다각도의 검토로부터, 아직 서양의 '문(文)'을 받

---

13 함풍 8년 12월 24일(1859. 1. 27.) 일기(『王韜日記』71쪽).

14 "瀚觀西人敎中之書, 其理誕妄, 其說支離, 其詞鄙晦, 直可投於溷厠, 而欲以是訓我華民, 亦不量之甚矣. 顧瀚窺其意, 必欲務行其說而後止, 行之則人心受其害矣."(함풍 9년 정월 25일[1859. 2. 27.] 일기에 인용한 주등호에게 쓴 편지, 『王韜日記』83쪽).

아들인다는 것을 상상하기 힘들었던 당시의 풍토로 볼 때 왕도가 그리스도교와의 관계를 부인하고 비판한 것도 당연했던 반면, 그가 정말로 기독교의 교리를 받아들였다거나 적어도 기독교가 그의 사유에 중요한 영향을 미쳤다고 볼 수 있는 증거도 없다고 결론지었다.[15] 장하이린(張海林)은 왕도가 그리스도교 선교 사업을 도운 것, 당국자들에게 양무에 대한 의견을 전달한 것, 태평천국에 상해 공략 등에 관한 책략을 올린 것 모두 득의하지 못한 문인의 사명 의식과 공명에 대한 추구가 달리 발현한 것, "여러 방면의 '연모'(多角之'戀')"라고 보았다.[16] 중국의 논자들은 대체로 왕도가 신실한 그리스도인이었을 가능성을 부정하는 편이었다. 그런데 1990년대 말엽 런던대학교 SOAS 문서고에서 관련 내용을 담은 상해 발 메트허스트의 보고 문건이 확인되면서 왕도의 세례, 선교사들과의 구체적 관계, 그리스도교에 대한 입장에 관한 연구에 큰 진전이 있었다.[17]

이 보고서는 왕도가 그전까지 알려진 것보다 그리스도 교리를 훨씬 더 잘 알고 있었으며, 적어도 사경을 헤맬 만큼 중병을 앓고 난 후에는 세례받은 교인의 대열에 들고자 본인 스스로 열심이었다는 사실을 보여준다. 메드허스트의 보고에 따르면 왕도가 1853년에 세례를 청원함에 따라 1년 동안

---

15 Paul A. Cohen, *Between Tradition and Modernity - Wang T'ao and Reform in Late Ch'ing China*, 19-23쪽.

16 張海林, 『王韜評傳』, 61-95쪽.

17 런던선교회 등을 통합해 1977년에 설립된 세계선교협회(Council for World Mission) 문서고(SOAS로 이관)에서 발견된 "W.H. Medhurst to A. Tidman"(October 11, 1854. CWM Archives, Central China Incoming Letters, 1.4.C.)은 1854년 10월 11일 자로 메드허스트가 런던선교회 비처처의 티드먼(Arthur Tidman) 앞으로 보낸 정례 보고서로, 왕도 부자가 선교사들의 작업을 도운 정황, 왕도의 세례 등을 기술하고 있다. 이 보고서에는 영어로 번역한 왕도의 세례 청원서(한문본은 전하지 않음)가 첨부되어 있다. 세례 청원의 배경, 그리스도교 핵심 교의에 대한 견해, 중국에서 그리스도교 전파에 관한 제안 순으로 서술된 이 청원서는 蘇精, 「王韜的基督敎洗禮」(『馬禮遜與中文印刷出版』(臺灣學生書局, 2000)에 주요 부분이 중국어로 번역되어 수록되었으며, Patrick Hanan, "The Bible as Chinese Literature: Medhurst, Wang Tao and the Delegates' Version"(*Harvard Journal of Asiatic Studies* 63, no. 1, 2003)에 메드허스트의 수고를 정리·편집한 영어본 전문이 실려 있다.

신중한 성찰을 거쳐 1854년 8월에 세례를 주었다고 한다. 그렇지만 왕도는 그 뒤로 5년 가까이 지난 1859년 초에 주등호에게 보낸 서신에서처럼 자신을 천거할 만한 이에게 양무와 관련해 발언할 적에는 자신이 부득이하게 서양인 밑에서 일하고 있다는 점과 더불어 그리스도교를 폄하하는 내용을 덧붙이곤 했다. 그러니, 왕도의 세례청원서 영문본은 그리스도교를 포함하는 서양 문명에 대한 그의 양가적 입장을 더욱 두드러지게 하는 문헌인 셈이다. 어느 쪽이 진정이었는지를 따지는 것은 무의미해 보인다. 있는 그대로가 근대 중국 지식인의 곤혹스러운 상태와 심경을 잘 보여주는 것이리라. 그런데 이와 같은 태도는 왕도가 서양 세계를 직접 경험하고서 크게 달라졌다. 유럽 체험 후 홍콩에서 창간한 『순환일보(循環日報)』에 논설로 실렸다가 나중에 『도원문록외편(弢園文錄外編)』(권3)에 실린 글인 「전교(傳敎)」(상·하)는 서양인의 그리스도교 선교와 관련된 견해를 정리한 것인데, (그리스도교의 또는 서양 문명의) 세례를 받은 신앙인 입장에서 썼다고도 할 수 없고, 중화의 전통을 지키고자 하는 보수적 문인의 입장에서 쓴 것도 아니다. 이 글은 서양인의 선교와 관련된 정치·경제적 측면을 주로 다룬 글로, 중국 밖의 더 넓은 세상을 본 이로써 중국의 앞날을 가늠하고자 한 선구자적 인물, 변화한 왕도의 태도와 입장을 잘 보여준다.

3. '중화' 문인 왕도의 눈에 비친 유럽

왕도는 상해에서 선교사들과 작업을 하면서도 전통적 공간에서 어떤 역할을 할 수 있기를 끊임없이 기대했다. 그는 상해에서 생활하면서 얻은 안목을 바탕으로 당시의 실력자들에게 자신의 식견을 알리는 서신을 여러 차례 써 보냈다. 하지만 단 한 차례도 긍정적인 회답을 얻지는 못했다. 그러던 차, 1861년 말에 왕도는 어머니의 병환을 돌보기 위해 태평천국(太平天國) 충왕(忠王) 이수성(李秀成)의 군대가 점령하고 있던 고향 소주로 돌아가게 되었다. 청조에 대해 반란을 일으켜 남경(南京)에 도읍하고 '천경(天京)'이라 부른 태평천국 집단은 당시 상해를 공략할 준비를 하고 있었다. 이때 그는 태평천국의 고관에게 '황완(黃畹)'이라는 이름으로 어떻게 하면 강남(江南)지역을 지키고 상해에 진공하여 승리를 굳힐 수 있는지에 대한 면밀한 계책을 담은 책문을 올린다.[18] 청조의 인정을 못 받는다면 태평천국으로부터라도 인정을 받겠다는 심산에서였을까. 그런데 그 일은 곧 발각되고 말았다. 1862년 10월 4일, 왕도는 영국인들이 마련해준 선박 편으로 홍콩으로 피신하게 된다. 1884년에 청 정부가 그를 사면하여 상해로 돌아오는 것을 허락하기까지 그는 20여 년을 망명객으로 지냈다.

1862년 10월 11일, 홍콩에 도착한 왕도는 이름을 도(韜)로 바꾸고 자를 중도(仲弢) 혹은 자잠(子潛)이라 하였으며 천남둔수(天南遁叟)라는 별호를 쓰기 시작했다. 이 명칭들은 하나같이 은둔과 침잠을 뜻하는 것들이다.

홍콩에서 지내던 기간의 전반기 10여 년 동안 왕도가 주로 한 일은 영화서원(英華書院)의 책임자로 있던 제임스 레그(James Legge, 1814-1897)가 유가의 오경(五經)을 영어로 번역하는 일을 돕는 것이었다. 메드허스트의 주선으로 알게 된 레그 역시 선교사였는데, 이미 사서(四書)를 번역한 바 있는 한학자이기도 했다.[19] 왕도의 도움으로 레그는 1865년에 『상서(尙書)』의 번역

---

18 이 사건의 진위에 관해서는 당시부터도 여러 가지 설이 분분하였다. 우선 王韜 자신이 이 일에 대해 극구 부인하였기 때문이다. 羅爾綱, 胡適 등이 이 문서가 王韜 자신에 의한 것임을 고증한 이래로 지금까지 王韜의 전기를 연구한 여러 학자들은 대부분 王韜가 策文의 작성자였음을 인정하고 있다. Paul A. Cohen, *Between Tradition and Modernity - Wang T'ao and Reform in Late Ch'ing China*, 32-56쪽에 걸친 이 문제에 대한 자세한 해석이 참고할 만하다.

19 제임스 레그의 생애, 王韜와의 관계에 대해서는 그가 역주한 『論語』, 『大學』, 『中庸』을 묶은 *The Chinese Classics* Vol. I 의 서두에 실린 Linsay Ride의 'Biographical Note' 참조(Hong Kong University Press 판, 1960).

본을, 1871년에 『시경(詩經)』의 번역본을 출간했으며, 1872년에 『춘추(春秋)』와 『좌전(左傳)』의 번역본을 출간했고 『예기(禮記)』의 번역을 완성했다. 왕도는 이 작업에 상당한 정열을 기울였으며 그의 고용주인 레그로부터 번역 작업에 없어서는 안 될 성실한 일류 학자로 칭송받았다.[20] 왕도는 중국의 고전을 서양인들이 볼 수 있도록 번역하는 이와 같은 작업에 대해 중국의 '도'를 서양에 전파하는 의미 있는 일로 여겨 성경을 중국어로 번역할 때와는 달리 매우 강한 자부심을 가졌던 것으로 보인다.[21] 묵해서관 시절과 마찬가지로 왕도는 외국인의 조수로서 보수를 받으며 이 일에 종사했지만 이번에는 보다 합당한 일을 하고 있다는 생각을 가지고 있었던 셈이다.

1867년, 레그는 건강이 좋지 않아져 홍콩에서의 활동을 일시 중지하고 요양 차 고국 스코틀랜드로 돌아가게 되었다. 레그는 왕도를 자국으로 초청했고 왕도는 이에 응하여 1867년 말에 서양인들의 땅에 발을 딛게 되었다.

왕도는 홍콩을 떠나 싱가포르, 페낭, 스리랑카, 아덴, 홍해, 카이로, 수에즈운하, 지중해, 마르세유, 파리를 거쳐 도버 해협을 건너 런던에 도착한다. 아마도 중국의 문인으로서 개인 신분으로는 처음으로 근대 유럽 땅을 밟았을 왕도는 1870년 초 다시 홍콩으로 돌아오기까지 2년여의 세월을 레그의 작업을 돕는 한편 전성기를 맞고 있던 유럽 세계를 경험한다. 왕도는 영국으로 가는 길과 홍콩으로 돌아오는 길에 프랑스를 들를 기회가 있었으며 레그의 고향에 머무는 동안 잉글랜드와 스코틀랜드 곳곳을 여행했다.

그동안의 경험은 서양과 서양인에 대한 기왕의 생각이 바뀌는 데 큰 영향을 주게 된다. 홍콩으로 돌아온 후의 저술과 더 뒤에 상해로 돌아온 뒤에 당시 견문을 적은 글에 나타난 서양관은 이전 묵해서관 시기에 그가 가

---

20 Paul A. Cohen, *Between Tradition and Modernity - Wang T'ao and Reform in Late Ch'ing China*, 57-61쪽.

21 위 책, 58-59쪽.

지고 있던 그것과 많은 차이를 보인다. 유럽 세계를 직접 경험하면서 왕도가 갖게 된 심경은 새로 접하는 문명에 대한 호기심에서 그것에 대한 인정으로 그리고 그에 대한 흠모로 그리고는 중국의 미래에 대한 우려로 바뀌게 된다. 대량 생산을 하는 공장들, 신속한 운송수단인 기차로 대표되는 산업혁명 이후 영국의 힘과 부의 근원을 직접 목도한 그는 점차 그것과 관련이 있는 사회의 체계, 제도에 대해 관심을 갖게 되었다. 박물관과 대학, 주점과 공원, 젊은 남녀들의 무도회, 서양 음악과 기예 등 모든 것이 그의 관심을 끌었고 이에 대해 『만유수록』에 상세한 기록을 남겼는데 이를 통해 서양과 서양인에 대한 왕도의 사유가 어떻게 변해가는지 확인할 수 있다.

　홍콩을 떠나면서부터 왕도는 특유의 예리한 안목과 열린 태도로 자신의 앞에 펼쳐지는 새로운 세상을 관찰했다. 동남아시아의 여러 항구를 지날 때까지만 해도 왕도는 중화의 영향력이 이 지역에까지 미치고 있음을 확인하며 흐뭇해한다. 명대에 정화(鄭和)의 함대가 다다른 적이 있는 스리랑카에 그 후로는 중국인의 발길이 끊겨 한 명의 중국인도 만날 수 없음을 아쉬워하면서도 불교 국가인 이곳에서 왕도는 큰 이질감을 느끼지 않는다. 사정은 아라비아반도 남단 예멘의 항구 도시인 아덴을 지나면서 바뀌기 시작했다. 왕도가 처음 접한 서양 문명의 경이 가운데 하나는 수에즈운하였다. 왕도는 이 운하가 완성됨으로써 동서의 교통이 얼마나 신속해졌는지에 대해 쓰면서 기술에 의해 땅의 형세가 변화한다는 데 대해 감탄하고 있다.

　이어 지중해를 거쳐 프랑스 남부의 항구인 마르세유에서 배를 내린 왕도의 눈앞에는 연일 새롭고 신기한 광경이 펼쳐진다. 우선 프랑스의 큰 항구인 마르세유의 도시 풍경이 그를 압도한다.

　이틀 후, 마르세유에 도착했는데, 프랑스 연안의 대도시다. 이곳에 이르러 비로소 해외 도시의 성대함과 건물의 화려함을 알게 되었다. 배치가 번듯하고 건물은 금빛 옥빛으로 모두 칠팔 층이었다. 아름답게 꾸민 난간과 울타리는 마치 은하수 속에 있는 듯하여, 제운루와 낙성루도 그만큼 찬란하지는 않았겠다. 도로는 널찍하고 마차가 물 흐르는 듯하고 말들은 용이 노니는 듯 서로 엇갈려 왕래하였다. 가스등불은 별보다 촘촘하여 염마천(焰摩天)과 다를 바 없었다. 호텔 서비스의 사치스러움과 시설의 화려함은 아마 어디에도 없을 터다. 밖으로 나오니 벌써 마차를 준비해 놓았는데 정해진 가격이 있어 더 받는 일이 없었다. 하문(夏文)과 함께 시내를 한 바퀴 돌아보고서 재화가 풍부하고 백성이 홍성하고 상인이 번창함을 알게 되었으니, 프랑스에서도 손에 꼽을 정도였다. (「도경법경(道經法境): 프랑스 땅을 지나다」)[22]

상해의 조계와 홍콩에 건설되고 있던 유럽풍의 도시에 이미 익숙한 그였지만 서양 도시의 규모와 건축물의 크기에 새삼 놀라게 되었던 것이다. 도시의 규모와 건물의 화려함에 대한 찬탄은 프랑스의 수도 파리에 관한 서술에서도 이어진다. 그렇지만 왕도는 이러한 풍경에만 감탄한 것이 아니었다. 그는 파리의 도서관에 대해 찬탄하며 박물관이라는 제도를 흥미롭게 관찰한다. 또한 화려하기 그지없는 공연 예술을 보고 느낀 감회를 적고 있기도 하다.[23] 도서관이나 박물관에 대한 관심과 찬탄 그리고 마르세유에서 경험한바, 마차를 이용하는데 정해진 가격이 있어 속이는 법이 없다는 사실에 대한 인지는 이후 그가 유럽의 문화에 내심 감복해 가는 과정의 단초를 보여준다.

왕도는 영국에서 2년여 생활하며 사회의 여러 부문에 대해 깊은 관심을

---

22 본서 45-46쪽.

23 본서의 「도경법경(道經法境): 프랑스 땅을 지나다」와 「법경관극(法京觀劇): 파리에서의 공연 관람」 참조.

갖고 관찰, 기록했다. 그가 우선 주목한 바는 서양을 대표하는 영국의 발달한 과학기술이었다. 왕도는 기행문 곳곳에 자신이 접한 새로운 기물들에 대해 기록해 놓고 있으며 매번 찬탄을 금치 않고 있다. 그 가운데 일부를 인용해 보도록 한다.

> 철로의 곁으로는 철선이 이어져 천만리를 끊이지 않고 전기의 비밀스러운 작용을 통해 언어를 전달한다. 말하고자 하는 바가 있으면 전기가 선을 통해 옮기는데, 번개처럼 빨라 순식간에 천 리를 간다. 마치 얼굴을 마주하고 이야기를 나누는 듯하다. 그 방법이 정밀하고 미묘하여 풀어서 설명하기 어렵다. (「제도약술(制度略述): 영국의 제도」)[24]

> 이 방식의 인쇄물은 필획이 또렷하여 만 권을 찍어도 조금도 잘못되지 않으니, 이는 진실로 활자판의 부족한 점을 보완하기에 충분하다. 만약 중국에서 모방하여 사용할 수 있다면 서적의 풍부함이 가히 천하에서 으뜸이겠으나, 판각공은 모두 속수무책으로 먹고살 수 없게 될 것이다. (「소경쇄기(蘇京瑣記): 에든버러의 이모저모를 기록하다」)[25]

> 던디의 모든 직조공장과 제당공장, 인쇄소는 하나같이 기계로 작업을 하니 동력 전달이 편리하고 신속하여 힘은 덜고 공은 배가된다. 물과 불 두 기운의 쓰임이 이에 이르러 거의 신묘하여 불가사의한 경지다. (「양유돈저(兩遊敦底): 두 차례 던디 유람」)[26]

---

24 본서 29쪽.
25 본서 174쪽.
26 본서 203쪽.

영국의 앞선 기술은 중국이 학생을 파견해서라도 배워야 할 것들로 인식되었다. 왕도는 영국산 대포의 우수성을 설명하며 "만약 우리나라에서 이를 모방하여 주조함으로써 변방을 튼튼히 하고 외국으로부터의 수모를 막을 수 있다면 참으로 훌륭한 일이 아니겠는가! 인원을 영국으로 파견하여 새로운 방법을 학습시키지 않는 것이 안타깝다"[27](「유박물원(游博物院): 박물원 구경」)고도 쓰고 있다. 서양의 과학기술은 왕도가 상해에서 일할 무렵부터 이미 인정하고 있던 바이지만 이렇게 직접 새로운 기기들을 보면서 그것은 더욱 명백한 것이 되었다. 동시에 중국이 무엇인가를 결여하고 있다는 의식 또한 한층 뚜렷해진 것이다. 그런데 더 중요한 것은 앞서 이미 언급했지만, 왕도가 서양에서 확인한 것이 우수한 기술 이상의 것이었다는 점이다. 왕도는 영국의 우수한 제조 기술을 언급하면서 이렇게 말하고 있다.

> 영국 사람들은 생각이 슬기롭고 공교(工巧)하여, 일체의 기물을 만들 때 심오한 이치를 힘써 탐구하고 정미(精微)함을 끝까지 다 하니, 이를 통해 큰 부자가 된 사람들이 많다. 이는 진실로 그들이 정교하게 생각에 힘쓴 것을 보여주는 것일뿐더러, 나라에서 그들을 고무하여 길러내고 관(官)에서 조용히 그들을 도운 때문이기도 하다. (「제조정기(製造精奇): 영국의 뛰어난 제조술」)[28]

왕도는 구체적으로 어떤 제도와 관례들이 상공업의 진작과 관련 있는지에 대해 자주 언급하고 있는데, 그 가운데 특허 제도와 세관 제도에 대해 이렇게 설명하고 있다.

---

27 본서 171쪽.
28 본서 138쪽.

서양의 규정에 따르면, 장인이 새로운 물건을 만들 때 물건이 완성되어 위에 보고하면 관공서에서 증빙을 발급해 그가 직접 제작해 팔 수 있도록 허가하니, 그가 이익을 독점하고 다른 사람은 모방해서 만들 수 없다. 수십 년 후에야 이 금지를 해제하니, 그 법 또한 훌륭하다. (「박물대관(博物大觀): 박물관 관람」)[29]

런던 도시 외곽에 세관이 세워져 있는데, 높고 널찍하여 기세가 자못 화려하다. 각 나라의 상선이 화물을 싣고 그곳에 이르면 매우 엄격하게 심사한다. 관례에 따라 선적된 화물을 가져다가 모두 세관에 늘어놓고 무게를 달고 값어치를 산정하고 징세한다. 그 방법이 주밀하여 결코 속이거나 누락하는 폐단이 없으니, 엄격하고 공정함이 이와 같다.……영국의 법규에 따르면, 화물을 조사하는 것이 들어올 때 엄격하고 나갈 때는 관대하며, 나가는 물건에 대해서는 또한 세금을 부과하지 않으니, 상인에 대한 우대가 이와 같다. 그러니 납세가 과중하더라도 사람들이 불만을 갖지 않는 것이다. (「제도약술(制度略述): 영국의 제도」)[30]

한편 박물관과 도서관 그리고 교육 제도 역시 그의 눈길을 끌었다.

이와 같은 박물관은 각국에 모두 있지만 영국에서 박물관을 만든 것은 비단 사람들에게 기이한 것을 보여주어 눈과 마음을 즐겁게 해주기 위한 것만은 아니다. 지리의 한계와 시대의 제약 때문에 발길이 오대주에 다 이를 수 없고 견문이 천고에 다 미칠 수 없으니, 비록 책을 읽어 어떤 물건이 있다는 것을 알아도 끝내 그것의 모습을 눈으로 보지 못했으므로 설사

---

29 본서 71쪽.
30 본서 119-120쪽.

그것을 보게 된다고 해도 여전히 그 이름을 알지 못한다. 지금 널리 수집하여 온갖 물건들을 종합하여 한 집에 다 갖추어 놓고 월, 수, 금요일에 문을 열어 보통 사람들도 가서 볼 수 있게 하여 책으로 읽어서도 알지 못하는 것을 도와 지식을 넓혀주니 그 뜻이 깊지 아니한가! (「박물대원(博物大院): 대영박물관」)[31]

영국인은 학문을 가장 중시하는데, 어린 나이에 기숙학교에 들어가 수업하고, 성인이 되면 사방을 경영한다. 그러므로 천하고 거친 일을 하는 이들도 모두 글을 읽고 쓸 줄 안다. 여자도 남자와 마찬가지로 어려서부터 책을 읽으며, 글과 그림, 역법과 수학, 천문, 지도, 산에 대한 기록과 바다에 대한 기록 등에 대해 절실히 연구하여 그 정교한 이치를 얻지 못하는 것이 없다. (풍속류지(風俗類誌): 갖가지 풍속의 기록)[32]

런던에는 책을 소장하는 곳이 즐비한데, 모두 외부인이 입장하여 관람하는 것을 허용한다. 한 도서관에는 세계 각지의 책을 모았으니, 서적의 종류가 대단히 많고 책의 상태는 새롭고 깨끗했으며, 희귀본과 명작들이 서가에 나누어 꽂혀 있었다. 첩첩이 쌓인 서적의 상아 표지와 비단으로 만든 책갑이 성벽처럼 눈앞에 펼쳐져 있었다. 중국의 경사자집이 모두 완비되어 있었다. 런던 사람들 중 빈부를 막론하고 입장하여 열람하는 자가 하루에 수백 명에 이르렀다. 그러나 그 안에서 들춰보는 것만 허용되었지, 한 권이라도 가지고 나가는 것은 불가했으니 그 규정이 지극히 엄격했다. (「출유소지(出游小誌): 런던의 곳곳을 거닌 기록」)[33]

---

31 본서 105-106쪽.
32 본서 116-117쪽.
33 본서 133쪽.

이렇듯 왕도에게 서양인은 그저 좋은 대포와 함선이나 만들 줄 아는 '야만인'이 아니라 우수한 제도를 지닌 '문명인'으로 새롭게 인식되었다. 영국은 심지어 감옥 제도까지도 우수한 나라였다.

> 수인들은 시간에 맞추어 노동을 하여 게으른 기색이 없었다. 담요를 짜내는데 색이 알록달록 특별히 화사했다. 밖에 내다 팔면 수십 파운드를 받는다고 했다. 감방은 청결했고 음식 또한 정갈했다. 수인 신분으로 이런 곳에 살다니 참으로 복 받은 데라고 할 만했다. (중유영경(重遊英京): 런던을 다시 유람하다)[34]

　　이밖에 공원, 극장, 상수도 등 갖가지 유무형의 제도들은 그가 유럽인들을 다시 바라보게끔 만드는 것들이었다. 그리고 이러한 모든 것들은 중국이 결여하고 있는 것들이었다. 중국이 결핍하고 있는 것은 비단 특정 부문의 기술력과 그에 바탕한 풍요로운 물질생활만이 아니었던 것이다. 나아가 왕도는 서양 사회가 돈독한 풍속과 도덕을 바탕으로 번성한 문명임을 이야기한다.

> 이밖에 평원과 광야에 온갖 풀이 무성하여, 목축에 많이 제공된다. 봄과 여름에는 모두 우리에 들어가지 않고 교외에서 방목한다. 중국 북방의 방목식 목장과 비슷하여, 역시 지키는 자도 없고 굴레도 없지만, 훔쳐 가는 일은 전혀 없으니, 풍속의 순량함을 알 수 있다. …… 이역의 객으로서 그 땅에 머무는 이는 속임을 당하는 일이 결코 없고, 늘 친절하게 대해지며, 시기나 혐오의 대상이 되는 일이 극히 적다. 중국이건 외국이건 풍속이 아직 이러한 곳은 내가 역시 드물게 보았다. (풍속류지(風俗類誌): 갖

34　본서 239쪽.

가지 풍속의 기록)[35]

에든버러는 북방의 대도시로, 거주민이 20여만 명이며 방비가 견고했다. 관민이 건립한 예배당이 200여 군데 이상이었는데, 각각 한 명의 목사가 전속되어 훈도를 관장한다. 먼 곳 사람이 그 지방에 이르면 모두 다투어 마중하니 친절한 마음이 은근했다. 관문에는 심하게 따지는 번거로움이 없으며 아전에게 힐문 받는 곤란함도 없고, 다른 복장과 말씨 때문에 도둑이나 간악한 사람으로 의심받는 일이 결코 없다. 그 경내에 들어가면 시장에는 이중 가격이 없으며 길거리에서 떨어진 물건을 주워가는 법이 없으니, 이로부터 그곳의 관대한 승평세의 정치를 볼 수 있다. (「소경고궁(蘇京故宮): 스코틀랜드의 옛 궁궐」)[36]

대체로 그 나라는 전적으로 군대에 기대는 것이 아니라 예의를 가르침으로 삼고, 사기와 폭력을 앞세우지 않고 어질고 진실함을 기틀로 삼고, 공연히 부강만을 추구하지 않고 교화와 은택을 근본으로 삼았다. 유럽 여러 나라들이 모두 이와 같이 할 수 있다면 분명 오래도록 지속하며 쇠퇴하지 않을 수 있을 것이다. 곧 영국의 영토를 예로 들면, 비록 북쪽 구석에 치우쳐 있지만 적국의 외환이 없어진 지가 이미 천여 년이 되었으니 그 효력을 드러낸 단적인 예가 아니겠는가! 나 또한 실제의 일로 논한 것이니 공연히 서양인을 찬양하는 것으로 간주해서는 안 될 것이다. (「유박물원(游博物院): 박물원 구경」)[37]

---

35 본서 113-118쪽.
36 본서 165-166쪽.
37 본서 172쪽.

이제 왕도의 눈에 영국으로 대표되는 서양은 예와 덕을 갖춘 우량한 사회로 인지된다. 그들의 풍속은 중국에 비해 훨씬 돈독한 것으로 비춰졌다. 물론 유럽 사회에 대한 왕도의 관찰과 인식은 많은 경우 피상적이라고 할 수 있으며, 그 사회의 내재적인 모순까지는 간파하지 못하고 있다고 하겠다. 서양의 물질문명과 그 제도, 문화적 기반을 연결시키는 데에도 다소 자의적인 면이 있다. 그러나 문제가 되는 것은 그 인식의 수준이나 그가 인식한 내용의 진위가 아니라 왕도에게 왜 서양 사회가 이렇게 인지되었는가 하는 점이다. 19세기 중반 중국 사회는 서양과의 갈등은 차치하고라도 왕조 말기에 두드러지는 각종 사회 모순들이 분출하고 있는 시기였다. 중국 지식인의 눈에는 당시 사회는 해결해야 할 난제가 산재한 그런 상황이었으며 많은 개혁지향적 지식인들이 그 타개에 골몰하고 있었다. '천조(天朝)'인 청 황실이 다스리는 중국은 태평시대는 고사하고 그에 이르는 중간단계인 '승평시대(升平時代)'라고도 볼 수 없는 상황이었다. 아마도, 늘 절박한 심정으로 나라의 문제들을 걱정하고 있던 왕도와 같은 이의 눈에 바야흐로 팽창일로에 있던 대영제국은 자연히 태평시대에 한 발 더 접근한 사회로 보였을 것이다.

4. 유럽 체험 이후 세계관의 변화

1870년 3월, 2년여 동안의 유럽 체류 후 홍콩에 돌아온 왕도는 저술과 번역 그리고 신문논설문 집필을 통해 자신의 개혁론을 펴기 시작했다. 유럽을 경험한 이후 왕도의 사상은 '변(變)해야 통(通)한다'라는 말로 집약될 수 있다.

정치 제도와 관련하여 왕도는 스스로 전에는 반대했던바, 상하의 의사

소통에 기반하는 '공치(共治)'의 체제를 주장하였고 구체적으로는 영국식 입헌군주제/의회제를 이상적인 체제로 설정하였다. 경제에 관해 왕도는 나라가 부유해져야 강해진다고 인식하여 이를 치국의 근본으로 두어야 한다고 보았다. 장차 중국을 부강케 할 구체적인 방도로 광산 개발, 서양식 공장제 공업과 운송수단의 도입, 상공업의 진흥, 대외무역과 관련된 제도의 정비 등을 들었다. 군대의 개편과 전함, 대포의 제조 등도 자세히 언급되는 내용이었지만 부강을 위한 전체적 청사진에서 이들은 부차적인 것이었다. 왕도가 가장 세심하게 주의를 기울인 부문은 교육이었다. 왕도는 전통적인 과거 제도로는 중국을 부강으로 이끌 인재를 양성할 수 없음을 주장하며, 학교 제도의 개혁과 관리 선발 제도의 개혁을 시급한 문제로 들었다. 특히 주목할 만한 내용은 고전에 기반을 둔 전인적 인문 교육만이 유일한 공식적인 교육으로 인정되던 당시, 각 부문의 전문학교를 통해 '전문가'를 양성할 것을 촉구했다는 점이다. 관료의 선발에서도 인문적 교양보다는 실무를 추진할 수 있는 능력을 가진 이들을 양성하고 선발하는 것이 시급하다고 했다.[38] 이처럼 유럽 체험 이후 왕도는 중국 사회 주요 부문의 제도적 변혁을 사유하게 되었고 이는 곧 서양에서 배울 것은 말단적 기술 이상이라는 인식과 궤를 같이하는 것이었다.

이러한 사고의 전환은 물론 유럽 세계를 직접 경험하면서 이루어진 것인데, 그것이 단지 실용주의적 맥락에서 이루어진 것이 아니라 세계에 대한 인식의 틀이 바뀐 결과라는 것을 다음에 인용하는 '도'에 대한 언술로부터 확인할 수 있다.

---

38 王韜의 개혁 사상에 대한 자세한 소개와 해석은 다음을 참조할 것: Paul A. Cohen, *Between Tradition and Modernity - Wang T'ao and Reform in Late Ch'ing China*, 143-235쪽, 'Ⅲ. Prescriptions for a New China'에서는 교육, 경제, 정치 개혁 순으로 서술하고 있다; 張海林, 『王韜評傳』은 제5, 6, 7, 9장에서 각각 정치, 경제, 외교, 교육 개혁론을 다루고 있으며 忻平의 『王韜評傳』은 제4, 5장에서 그의 학문과 사상을 다루고 있다.

천하의 도는 하나일 따름이니 어찌 둘이 있을 수 있겠는가! …… 우리나라에서 받드는 공자는 유교의 조종이다. 도가 공자에게서 시작되었음이 아니오, 공자는 도를 밝힌 사람이다. 지금의 세상에는 종교 역시 여러 갈래가 있으니, 유교 밖에도 도가 있는데 유교에서 변한 것이다. 불교는 유교를 뒤집어엎은 것이다. 이로부터 넓혀나가면 유대교, 경교(景敎), 조로아스터교, 이슬람교, 희랍정교, 가톨릭교, 프로테스탄트교가 어지러이 정립하고 있는데, 각각 문호를 열어 서로 물과 불처럼 어울리지 못하고 다툰다. 프로테스탄트교는 유교에 가까운 것이며 가톨릭교는 불교에 가깝고, 그 밖의 것은 유불을 참작하여 섞이면서 나온 것이다. …… 천하의 도는 그 처음에는 같은 것에서 달라졌고 그 종국에는 다른 것에서 같아질 것이다. …… 오늘날 유럽의 여러 나라들은 나날이 강성해지고 있는데, 지혜로운 인사들이 증기 기관을 이용한 배와 수레를 만들어 같은 대륙과 다른 대륙의 여러 나라들을 이어서, 동서 양반구에 발길이 미치지 않는 곳이 거의 없으며, 궁벽한 섬의 이민족들에 이르지 않은 바가 거의 없으니, 합일의 계기가 이에 그 징조를 보임이라. 대저 인민들이 분열로부터 합치로 나아가니 도 역시 다름으로부터 같음으로 나아갈 것이다. 형이상(形而上)의 것을 도라하고 형이하(形而下)의 것을 기라 하는데, 도가 직접 통하지 못하면 먼저 기를 빌어 통하게 되니, 증기선과 기차는 모두 도를 싣고 나가는 바다. 동방에 성인이 있으니 그 마음은 같고 그 이치도 같은 것이며, 서양에 성인이 있으니 그 마음은 같으며 그 이치도 같다. 대개 사람의 마음이 지향하는 바는 하늘의 이치가 내보이는 바이니, 사람이 있어 반드시 융합하고 관통케 하여 그 도를 같게 만드는 것이다. 그러므로 서방의 여러 나라가 오늘날 우리 중국을 능멸하는 데 쓰는 도구는 모두 훗날 성인이 나와 만국을 섞어 하나가 되게 하는 데 취하여 사용할 법

물(法物)이다. …… 이러한 경계를 대동(大同)이라 일컫는다.[39]

　이처럼 세계에 균등히 관철되는 '도'는 다만 그것이 현현하는 방식에서 차이가 있을 뿐이다. 이러한 관념은 묵해서관 시기와 비교해 볼 때 크게 달라진 것이다. 서양 세계는 더 이상 중화와 달리 '도'를 갖지 못한, 혹은 허황된 '교(敎)'에 의해 지배되는 오랑캐의 나라가 아니라 하나의 '도'가 관철되는 세계의 일부분인 것이었다. 그런데 이처럼 변화한 세계관의 배면에는 왕도의 깊은 곤혹감이 자리하고 있다. 세계를 관통하는 보편적 '도'에 대한 상정은 바로 유럽의 문명을 '발견'하면서 이루어졌다. 사유의 형식이라는 측면에서 보았을 때 이러한 관점에는 물론 중국인 특유의 보편주의적 사유 형태가 관철되고 있지만, 이때의 '도'는 이미 전통적인 중화의 '도'는 아니었다. 그것은 서양의 부강을 가능케 한 모종의 원리를 상정한 것이며, 중서를 관통하는 '도'가 보편적인 것이라는 관념에는 중국의 입장에서 서양의 문명을 소화하여 마찬가지의 부강에 도달할 수 있으리라는 희망이 내포되어 있다. 이와 같은 인식과 희망으로부터 초보적인 '민족주의적' 감수성이라 할 만한 것이 생성되었다. 왕도의 경우에서 우리는 서양에 대해 보다 많이 알게 되고 서양 문화의 긍정적인 부분에 대해 수긍하게 될수록 또한 강한 민족주의적

---

39 "天下之道, 一而已矣, 夫豈有二哉!……我國所奉者孔子, 儒敎之宗也. 道不自孔子始, 而孔子其明道者也. 今天下敎亦多術矣, 儒之外有道, 變爲儒者也; 有釋, 叛乎儒者也. 推而廣之, 則有挑筋景敎祆敎回敎希臘敎天主敎耶蘇敎, 紛然角立, 各自爲門戶而互爭如水火. 耶蘇敎則近乎儒者也, 天主敎則近乎佛者也. 自餘參儒佛而雜出者也.……天下之道, 其始也由同而異, 其終也由異而同. ……今日歐洲諸國日臻强盛, 智慧之士造火輪舟車以通同洲而異洲諸國, 東西兩半球足跡幾無不徧, 窮島異民幾無不至, 合一之機將兆於此. 夫民旣由分而合, 則道亦將由異而同. 形而上者曰道, 形而下者曰器, 道不能卽通, 則先假器以通之. 火輪舟車皆以載道而行者也. 皆以載道而行者也. 東方有聖人焉, 此心同此理同也; 西方有聖人焉, 此心同此理同也. 蓋人心之所向卽天理之所示, 必有人焉, 融會貫通而使之同. 故泰西諸國今日所挾以凌侮我中國者, 皆後世聖人有作, 所取以混同萬國之法物也.……此之謂大同."(「原道」, 汪北平·劉林, 『弢園文錄外編』, 中華書局, 1959, 1-2쪽). 이러한 관점은 영국 체류 시 옥스퍼드대학에서의 강연에서 이미 피력한 바 있다. 본서 88-91쪽 참조.

감정을 갖게 되는 모습을 발견할 수 있다. 이러한 초보적인 민족주의는 기실 전통적 보편주의 혹은 중화주의와 묘하게 착종된 모습으로 나타난다. 이는 보편적인 도를 이야기하면서도 세계의 주요한 신념들을 '유교'를 기준으로 설명하고 있는 것에서도 강하게 감지된다. 세계 보편적인 '도'에 대한 설정과 초보적 민족의식이 세계 속의 중국의 '낙후'에 대한 '발견'에서 비롯되었다는 점, 그리고 이러한 점을 발견한 주체의 의식 속에는 여전히 전통적 중화의식이 뿌리 깊게 자리하고 있었다는 점은 왕도와 같은 입장에 있던 중국 지식인의 내적 곤혹감의 주요한 내용이다.

이와 같이 인식한 '세계'와 그 속에서 중국이 나아갈 길에 대한 해석에서도 역시 모순과 곤혹감을 발견할 수 있다. 왕도는 세계의 역사를 해석하면서 '천기(天機)'와 '인력(人力)'의 두 축을 설정한다. 그가 보기에 '천기'는 어느 나라 어느 민족에게나 동일하게 작용하는 원리이다. 이는 '도'가 세계 보편적인 것과 마찬가지다. 이러한 '천기'는 역사 운행의 배면에 있는 원리로서 그렇게 되도록 정해져 있는 것이다. 여기까지의 왕도의 역사관은 매우 결정론적인 듯 보인다. 그러나 한편 왕도는 그러한 '천기'를 읽고 그것에 맞추어 역사를 이끌어 가는 인간의 힘을 상정하고 있다. 유럽 세계에 대한 관찰을 통해 얻은 역사관을 중국의 현실에 대한 비평, 미래에 대한 전망에 적용함에 때로는 '천기'가 때로는 '인력'이 강조되고 있는 것을 볼 수 있는데, 이는 왕도의 내면에서 세계사에 대한 객관적 통찰과 중국의 미래에 대한 주관적 희망이 복잡하게 교차되고 있기 때문일 것이다. 왕도의 역사관에 보이는 진보론과 순환론의 착종 역시 마찬가지의 맥락에서 파악할 수 있다. 왕도는 유럽사를 목도하면서 '진보'에 눈뜬다. 왕도는 서양의 선례를 따르면 그들과 마찬가지로 중국도 '진보'할 것임을 역설한다. 그러나 중국이 선례를 좇아 '진보'하는 동안 서양은 가만히 앉아 있는가 하는 점이 문제였다. 서양도 그간에 또 나름대로의 진전을 이룬다면 중국은 여전히 상대적으로 '낙후'

된 상태에 놓이게 된다는 얘기였다. 여기에 순환론이 개입할 여지가 있었다. 왕도는 쇠한 것은 흥하고 흥한 것은 다시 쇠락한다는 오래된 관념을 끌어들인다. 유럽의 흥성과 부강은 영원한 것이 아니며 중국의 낙후도 영원한 것이 아니다. 왕도는 중국인이 서양인들이 결여한 모종의 훌륭한 덕성을 담지하고 있기에 새로 올 시대의 주역이 될 것을 예견한다. 여기에서도 세계 보편적인 '도'를 상정하면서 한편으로는 전통적인 중화주의에서 벗어나지 못하고 있는 그의 의식 세계를 감지할 수 있다.

유럽 체험 후 언론인으로서 중국의 현재와 미래에 관해 적극적으로 토론하면서 한편으로는 숱한 문언단편소설을 통해 두고 떠난 중화의 공간과 질서에 연연하던 왕도는, 영국의 선진적 문물에 찬탄하면서도 또한 중화의 문인으로서 자존을 지키고자 애쓰던 왕도였고, 영국의 감옥 제도를 날카로운 안목으로 관찰하는 한편으로는 중국에서 기루를 탐방하던 시선으로 서양의 여인들을 바라보던 왕도이기도 했다.

참고문헌

王韜,『弢園文錄外編』(汪北平, 劉林 정리, 中華書局, 1959)

王韜,『王韜日記』(方行, 湯志鈞 정리, 中華書局, 1987)

王韜,『弢園尺牘』(汪北平, 劉林 정리, 中華書局, 1959)

王韜,『漫游隨錄』(柯靈, 張海珊 編,『中國近代文學大系 筆記文文學集1』, 上海書店, 1995)

王韜,『衡華館詩錄』

민정기,『晚淸 時期 上海 文人의 글쓰기 양상에 관한 연구』, 서울대학교 박사학위 논문, 1999. 8.

백광준,「園林과 公園의 사이에서 — 19세기 중국인의 公園 유람」,『중국문학』제115호, 2023. 6.

剛克,「弢園先生年表(補正稿)」,『江蘇文獻』, 第1卷 第12·13期合刊號, 1943. 6.

蘇精,「王韜的基督敎洗禮」,『歷史與文化』第1卷, 1998. 1.; 蘇精,『馬禮遜與中文印刷出版』(臺灣學生書局, 2000), 243-258쪽에 재수록.

吳靜山,「王韜事蹟考略」, 上海通社 編,『上海硏究資料』, 1936(上海書店 重印本, 1984).

張海林,『王韜評傳』(中國思想家評傳叢書 185), 南京大學出版社, 1993.

叶斌,「王韬申请加入基督教文析」,『档案與史学』, 1999年 第4期.

忻平,『王韜評傳』, 華東師範大學出版社, 1990.

Paul A. Cohen, *Between Tradition and Modernity - Wang T'ao and Reform in Late Ch'ing China*, Council on East Asian Studies, Harvard University/Harvard University Press, 1987 Paperback ed.

Patrick Hanan, "The Bible as Chinese Literature: Medhurst, Wang Tao and the Delegates' Version"(*Harvard Journal of Asiatic Studies* 63, no. 1, 2003).

제2부

———————

만유수록 역주 2 번역

제19장

도경법경(道經法境): 프랑스 땅을 지나다

由亞丁出, 則爲紅海, 由亞勒珊得出, 則爲地中海。觀所繪地圖, 紅海兩
岸皆山峽, 竝不廣闊, 晴日和風, 舟平如砥。然行四五日, 登舵樓以望,
亦復杳無涯涘, 蓋其闊約五百餘里云。相傳當中國商時, 摩西率以色列
民出埃及, 埃及王法老追襲其後。摩西偕衆竟履紅海而過, 法老隨之,
俱陷沒於波濤中, 至今陰雨之際, 猶聞鬼哭聲啾啾然。地中海風浪急於
大洋, 蓋島嶼迴環, 而繼之以波濤相激薄洄漩, 以故其力愈勁。船行顚
簸, 諸客皆不能食, 余亦惟有僵臥而已。

아덴을 나서면 바로 홍해고, 알렉산드리아를 나서면 바로 지중해다. 그려
놓은 지도를 보니 홍해의 양안은 모두 산협으로 그다지 넓지 않았다. 맑은
날씨에 온화한 바람이 불어 배는 고운 숫돌 위에 얹힌 것처럼 평탄하게 운
항했다. 그런데 4-5일 정도 항해하고서 조타실에 올라 바라보니 다시금 아
득히 끝이 없었다. 대개 폭이 5백여 리라고 했다. 전하길, 중국에 상나라가
있을 시절에 모세가 이스라엘 백성을 이끌고 이집트를 탈출하니 이집트 왕
파라오가 그 뒤를 쫓았다. 모세와 무리는 결국 홍해를 밟고 건넜는데, 파라
오가 그들을 뒤쫓다가 모두 그 파도 속으로 빠졌다. 그래서 오늘날에 이르
기까지 궂은비가 내릴 때면 귀곡성이 시끄럽게 들리는 듯하다고 한다. 지중
해는 풍랑이 대양보다 심한데, 섬들이 에워싸고 있어 그에 따라 파도가 서
로 부딪혀 휘도는 이유로 그 힘이 더욱 세차다. 배가 운항하며 심하게 까불

려 승객들이 모두 먹지 못했고, 나 역시 쓰러져 누워있을 따름이었다.

行四日, 抵墨西拏, 意大利國埔頭也, 至此例停舟一時許。遙望北面諸
山頂, 積雪皚皚, 天氣陡覺寒冷。意人求售珊瑚者屬至。午刻啟行, 日光
晴朗。以遠鏡窺之, 峰巒嵾峿, 怪石嶙峋, 有如蹲豹臥獅。其作人形者,
亦如五老秉笏垂紳, 縹緲雲外。

4일을 더 가서 메시나에 도착했다. 이탈리아의 항구로, 이곳에서는 다들
그러듯 배를 한 시진(時辰)여 정박했다. 멀리 바라보니 북쪽으로 여러 산꼭
대기에 눈이 쌓여 하얗고, 날씨가 갑자기 추워지는 듯했다. 산호를 파는 이
탈리아인들이 떼로 몰려들었다. 오시에 출발했는데, 햇빛이 화창했다. 망
원경으로 보니 봉우리가 우뚝 솟아 있고 괴암이 비죽비죽했는데 웅크린 표
범이나 누운 사자 같은 모양도 있었다. 사람 모습을 한 것은 다섯 노인[1]이
홀을 들고 띠를 늘어뜨리고서 구름 너머에 표연히 서 있는 듯했다.

越兩日, 抵馬塞里, 法國海口大市集也。至此始知海外闤闠之盛, 屋宇
之華。格局堂皇, 樓臺金碧, 皆七八層。畫檻雕闌, 疑在霄漢, 齊雲落星,
無足炫耀。街衢寬廣, 車流水, 馬游龍, 往來如織。燈火密於星辰, 無異
燄摩天上。寓舍供奉之奢, 陳設之麗, 殆所未有。出外已預備馬車, 俱有
定價, 無多索也。偕夏文環游市廛一周, 覺貨物殷闐, 人民衆庶, 商賈駢
蕃, 即在法國中亦可屈一指。

이틀 후, 마르세유에 도착했는데, 프랑스 연안의 대도시다. 이곳에 이르러
비로소 해외 도시의 성대함과 건물의 화려함을 알게 되었다. 배치가 번듯하

---

1 다섯 노인: 도교에서 신봉하는 동서남북과 중앙 다섯 방위를 대표하는 별의 화신을 가리킨다.

고 건물은 금빛 옥빛으로 모두 7-8층이었다. 아름답게 꾸민 난간과 울타리는 마치 은하수 속에 있는 듯하여, 제운루와 낙성루[2]도 그만큼 찬란하지는 않았겠다. 도로는 널찍하고 마차가 물 흐르는 듯하고 말들은 용이 노니는 듯 서로 엇갈려 왕래했다. 가스등불은 별보다 촘촘하여 염마천[3]과 다를 바 없었다. 호텔 서비스의 사치스러움과 시설의 화려함은 아마 어디에도 없을 터다. 밖으로 나오니 벌써 마차를 준비해 놓았는데 정해진 가격이 있어 더 받는 일이 없었다. 하문(夏文)과 함께 시내를 한 바퀴 돌아보고서 재화가 풍부하고 백성이 흥성하고 상인이 번창함을 알게 되었으니, 프랑스에서도 손에 꼽을 정도였다.

偶入一館沽飲, 見館中趨承奔走者, 皆十六七歲麗姝, 貌比花嫣, 眼同波媚。見余自中華至, 咸來問訊。因余衣服麗都, 嘖嘖稱羨, 幾欲解而觀之。須臾, 一女子捧銀盤至, 中貯晶杯八, 所盛紅酒, 色若琥珀。余曰, 此所謂葡萄美酒夜光杯也。女子舉以飲余, 一吸而盡。余曰, 此彼姝之所以餉客者, 然酬酢之禮不可闕也。亦呼館人具酒如前。女子飲量甚豪, 一罄數爵。

어쩌다 한 주점에 들어가 술을 마시는데, 그곳에서 이리저리 손님을 모시느라 분주한 이들은 모두 열예닐곱 된 예쁜 여자들로, 용모가 꽃보다 아리땁고 눈은 물결이 이는 듯 고왔다. 내가 중화로부터 온 것을 알고서는 모두 와서 물었다. 내 의복이 화려했기에 감탄하며 부러워했는데, 거의 벗겨 살펴

---

2 제운루는 옛 소주(蘇州) 자성(子城) 위와 섬서 화현성(華縣城) 등지에 있던 높은 누각의 이름이다. 제운(齊雲)은 구름과 나란히 할 만큼 높다는 말이다. 낙성루는 동진(東晉)의 수도 건업(建業, 오늘날 남경) 동북의 낙성산에 있던 이름난 누각이다.

3 염마천: 범어 '야마'(यम, Yāma)의 음역어로, 불교에서 말하는 여러 천계(天界)의 하나다. 炎摩天, 閻魔天, 夜摩天, 夜魔天 등으로 적는다.

볼 기세였다. 잠시 후, 한 여자가 은쟁반을 받쳐 들고 왔다. 수정잔 여덟 개에 포도주가 가득했는데, 색은 호박(琥珀) 빛깔이었다. 나는 "이것이 이른바 '좋은 포도주에 야광 술잔'[4]이로구나"라고 했다. 여자가 잔을 들어 내게 마시도록 하여 단숨에 다 마셨다. 나는 "이게 저 아가씨가 손님을 접대하는 방식인 것 같은데, 잔을 주고받는 데 예가 없을 수는 없지요"라고 했다. 그리고서는 술집 주인에게 앞서와 같이 술을 내라고 했다. 여자는 주량이 대단해서 한 번에 여러 잔을 비웠다.

夜半, 附輪車至雷昂, 計八百四十七里, 丑杪已報車抵其處。從車牖中望之, 火若繁星, 光明不夜。車不及停輪, 其去若駛。午正至巴黎斯, 即法國都城也。其氣象之繁華, 規模之宏遠, 雷昂所弗逮也。持戟之士, 紅褲黑帽, 肅然鵠立道左, 無敢譁者。自海口馬塞里至法京巴黎斯, 計程一千八百餘里, 爲時不過七八, 輪車之迅捷, 真如飇飛電邁矣。

한밤에 기차를 타고 리옹으로 향했다. 847리 거리를 갔는데, 새벽 3시에 이미 도착했다고 알렸다. 차창 밖으로 보니 불빛이 뭇별과도 같아 밝기가 밤 같지 않았다. 기차는 멈출 겨를도 없이 날 듯 달렸다. 정오에 파리에 도착했다. 바로 프랑스의 수도다. 그 기상의 번화함, 규모의 원대함이 리옹과 비교할 바 아니었다. 창을 든 병사들이 붉은 바지와 검은 모자 차림으로 엄숙하게 길 좌측에 꼿꼿이 서 있었고, 아무도 소란스럽게 구는 자가 없었다. 연안의 마르세유부터 수도 파리까지는 거리가 1,800여 리인데, 걸린 시간은 불과 칠팔 시진이었으니, 기차의 빠르기가 참으로 세찬 바람이 불고 번

---

4 당 왕한(王瀚)의 「양주사(涼州詞)」의 첫 구다. "좋은 포도주에 야광 술잔, 마시려 하는데 비파소리 말 위에서 재촉하네. 취해 모래밭에 쓰러져도 비웃지 마시길, 예로부터 정벌 나가 몇이나 돌아왔소. (葡萄美酒夜光杯, 欲飮琵琶馬上催. 醉臥沙場君莫笑, 古來征戰幾人回.)"

개가 치는 것 같다.

按由亞勒珊得取道意大利境, 其內多火山, 入夜烈燄飛騰, 遙望之殊有可觀。墨西拏入夜燈火連綿, 晝日水天一色, 其景尤奇。馬塞里泊舟之所, 烟波浩渺, 心曠神怡。其國所設加非館棋布星羅, 每日由戌初至丑正, 男子咸來飮酌, 而妓女亦入肆招客。男女嘲笑戲狎, 滿室春生, 鮮有因而口角者。桑間濮上, 贈芍采蘭, 固足見風俗之淫泆。英國則不然, 是則猶近於古歟。或謂法京巴黎斯, 惟馬達蘭街義大廉街則多傭幼女, 凡靑年之佻達者, 可與締交, 若他處傭保, 則皆男子, 非出一例也。自香港啟行, 抵法國馬塞里, 凡四十餘日。若取道於德國, 尤近二日程云。

감회를 정리하자면 이렇다. 알렉산드리아로부터 이탈리아 역내를 지나면서는 그곳에 화산이 많아 밤이 되면 뜨거운 화염이 비등하여 멀리서 보면 특별히 볼만 하다. 메시나는 밤이 되면 등불이 연이어 있으며, 낮에는 물과 하늘이 한 색으로 그 경관이 더욱이 특이하다. 마르세유는 배가 정박한 곳으로, 연무가 넓게 퍼져 있어 마음이 확 트이고 편안하다. 그 나라에는 커피집이 바둑판의 돌처럼 많은데, 매일 오후 7시부터 오전 2시까지 남자들이 죄다 와서 마시며, 기녀들 역시 가게에 들어와 호객한다. 남녀가 웃고 떠들며 희롱하니 실내 가득 봄기운이 생동하는데, 그에 따라 말다툼이 이는 경우는 드물다. 복수(濮水) 뽕나무밭에서 작약꽃 주고 난 꽃 딴다더니[5], 이로부터 풍속의 음란함을 충분히 알 수 있다. 영국은 그렇지 않으니, 고대의 유풍에 가깝기 때문인가? 혹자는 프랑스의 수도에서도 마들렌 가(街)와 이탈리 가의 가게들이 종업원으로 어린 여자들을 많이 고용하여 방탕한 청년

---

5 『시경(詩經)·정풍(鄭風)』「잔유(溱洧)」편에 "사내와 여인네 웃으면서 희롱하고 작약을 선사한다네(維士與女, 伊其相謔, 贈之以芍藥.)"라는 구절이 있다.

들이 사귈 수 있도록 하며, 다른 곳의 종업원은 다 남자들이므로, 프랑스라고 일률적으로 그런 것은 아니라고도 한다. 홍콩에서 출발하여 프랑스 마르세유에 도착하기까지 40여 일이 걸렸다. 만약 독일 쪽으로 갔다면 여정이 이틀 당겨졌을 것이라고 한다.

제20장

파려승개(巴黎勝槪): 파리 명승 개관

法京巴黎, 爲歐洲一大都會。其人物之殷闐, 宮室之壯麗, 居處之繁華, 園林之美勝, 甲於一時, 殆無與儷。居民百餘萬, 防守陸兵三十萬, 按街巡視, 鵠立道左, 無不威儀嚴肅, 寂靜無譁。此外亦設巡丁, 密同梭織。寓舍閎敞, 悉六七層, 畫棟雕甍, 金碧輝耀。

프랑스의 서울 파리는 유럽의 대도회이다. 인물들이 많고 궁실이 장려하며 거처가 번화하고 원림이 아름다워 한 시대의 으뜸이니 비길 만한 곳이 거의 없다. 주민은 100여만 명인데, 방위를 맡은 육군 병사 30만 명이 거리마다 순시하고 길가에 꼿꼿이 서 있었다. 모두 절도 있고 엄숙한 모습으로 말없이 서 있었다. 이들 말고도 순찰을 두었는데 마치 베 짜는 모양처럼 촘촘했다. 집들은 드넓고 모두 6-7층인데, 화려하고 아름다우며 금빛으로 번쩍였다.

馬達蘭街義大廉街加非館星羅棊布, 每日由戌初至丑正, 男子咸來飮酒。妓女亦結隊成群聯翩入肆, 遊詞嘲謔亦所不拒。客意有屬, 卽可問津, 舍一金錢, 不僅如吳市之看西施也。道途坦潔, 凡遇石塊煤漆稍有不平, 石匠隨時修補。車聲轔轔, 徹夜不絕。

마들렌 가와 이탈리 가에는 카페가 별들만큼 많아서 매일 오후 7시부터 오전 2시까지 남자들이 죄다 와서 술을 마신다. 기녀들도 무리를 이루어 끊임없이 가게에 들어와 희롱의 말을 건네어도 물리치지 않는다. 손님 중이 마음이 생기면 바로 가서 값을 물어볼 수 있는데, 금전 한 닢을 주면 오(吳)나라 저자에서 서시(西施)를 보는 것 같은 정도에만 그치지 않는다. 길은 넓고 깨끗했다. 다만 돌덩이 위에 타르 칠을 하여 좀 울퉁불퉁하게 된 곳은 석공들이 수시로 보수한다. 덜컹거리는 수레 소리가 밤새 그치지 않았다.

都中以宮殿最爲鉅麗。宮門外臨街, 有樓翼然, 其下可建十丈之旗, 車馬皆由此而過。入內, 樹木翳然鬱茂, 一望靑蔥。再進, 環之以池。鐵欄之內, 則爲禁地, 人不得入。如國王駐蹕宮中, 上懸一旗, 出幸則否。凡欲遊王宮者, 俟王他出, 先謁其國之駐箚公使, 乞其名柬爲先容, 例得入而瞻仰焉。

도성에서는 궁전⁶이 가장 크고 화려하다. 궁문 밖은 거리로 이어지고 날개처럼 펼쳐진 한 건물은 그 아래에 열 길 높이의 깃발을 세울 수 있는 정도여서 거마(車馬)가 모두 이곳을 지나간다. 안에 들어가면 나무들이 울창하게 자라 있어서 온통 푸르다. 더 들어가면 못이 둘러싸고 있다. 철 난간 안쪽은 금지(禁地)여서 사람들이 들어갈 수 없다. 국왕이 궁중에 머무르면 그 위에 깃발을 내걸고 출행하면 내린다. 왕궁에 구경을 가려면 국왕이 출행한 때에 먼저 자기 나라의 주재 공사를 찾아가 명단을 제출하여 먼저 허락받기를 청한 뒤에 규례에 따라 들어가서 살펴볼 수 있다.

---

6 궁전: 엘리제궁(Palais de l'Elysee)을 말한다. 엘리제궁은 1722년에 한 건축가가 완성했고 1753년 루이 15세가 매입하여 자신의 정부(情婦)에게 선물한 뒤로 왕가의 재산으로 쓰였다. 그 후 1773년 한 은행가가 매입했다가 몇 사람의 소유를 거친 뒤에 1808년 나폴레옹 1세에게 양도되었고, 1816년 루이 18세에 팔렸다. 1848년 프랑스혁명 이후 공화국 정부에 인계되었다. 왕도가 파리를 방문한 1860년대 후반에는 대통령을 거쳐 황제에 즉위한 나폴레옹 3세가 통치하고 있었다.

王宮左右, 悉系大商巨鋪, 格局堂皇。酒樓食肆, 亦復櫛比。客至呼肴,
咄嗟立辦。市廛之中, 大道廣衢, 四通八達。每相距若干里, 必有隙地間
之, 圍以鐵欄, 廣約百畝, 盡栽樹木, 樾蔭扶疏。遊者亦得入而小憩, 蓋
藉以疏通淸淑之氣, 俾居人少疾病焉。

왕궁의 양옆은 모두 거상들의 점포로 규모가 매우 컸다. 술집과 식당들도
또한 즐비한데, 손님들이 와서 음식 이름을 외치면 순식간에 내어왔다. 저
자의 점포들 가운데로는 큰길들이 사통팔달로 뻗어있었다. 몇 리마다 공터
가 있었는데, 철 난간으로 둘러쳐져 있었다. 넓이는 약 100무(畝)[7] 가량인데
온통 나무를 심어놓아 그늘이 무성했고, 여행하는 사람도 이곳에 들어가서
쉴 수 있었다. 이곳은 시원하고 맑은 기운으로 주민들이 질병을 줄이는 데
에 도움이 된다.

至於藏書之所, 博物之院, 咸甲於他國。法國最重讀書, 收藏之富殆所
未有。計凡藏書大庫三十五所, 名帙奇編不可勝數, 皆泰西文字也。惟
波素拿書庫則藏中國典籍三萬冊, 經史子集略備, 余友博士儒蓮司其
事。儒蓮足跡雖未至中土, 而在其國中鑽硏文義, 繙譯儒釋各經, 風行
於世, 人皆仰之爲宗師, 奉爲圭臬。

서적을 소장한 곳과 유물을 모은 곳은 모두 다른 나라들보다 뛰어났다.[8] 프
랑스는 책 읽는 일을 무척 중시하여 도서관에 갖추어진 풍부한 서적은 전
에 없던 것이다. 전체 장서는 큰 서고 35개에 수장되어 있고 명저와 기서(奇
書)들이 헤아릴 수 없을 정도였는데, 모두 서양 문자로 된 책이었다. 다만 파

---

7 무: 20세기 초를 기준으로 할 때 1무는 약 666제곱미터이다.
8 각각 도서관과 박물관을 가리킨다.

소나(波素拿)의 서고에는 중국의 전적 3만 책이 수장되어 있고 경사자집(經史子集)이 대략 갖추어져 있었는데, 나의 벗 줄리앙 박사가 그 일을 맡고 있었다.[9] 줄리앙은 아직 중국 땅에 와 본 적은 없으나 자기 나라에서 중국 글을 공부하여 유가와 석가의 경전들을 번역하고 이들을 널리 보급하여 사람들이 모두 그를 종사(宗師)로 숭앙하고 모범으로 받든다.

博物院中分數門, 曰生物, 曰植物, 曰製造, 曰機器, 曰寶玩, 曰名畫。廣搜博採, 務求其全。都中非止一所, 尤著名者曰嚕哇, 棟宇巍峩, 樓閣壯麗, 殊耀外觀。余至畫苑, 見有數女子入而臨畫, 或雕鉛握槊, 僅成粉本, 或已施彩色, 渲染生新。余近視之, 真覺與之畢肖。有一女子年僅十五六, 所畫已得六七幅, 皆山水也, 悉著青綠色, 濃淡遠近意趣天然。余偶贊之, 女子與導余入者固相識, 特持一幅以轉贈余, 殊可感也。

박물원은 몇 부문으로 나누어지는데, 동물, 식물, 공예품, 기기, 골동품, 명화 등이 그것으로, 널리 수집하여 완전하게 갖추고자 했다. 도성 안에 여러 군데가 있는데 특히 저명한 곳은 루브르라는 곳이다. 집채가 우뚝하고 누각이 장려하여 외관이 아주 멋졌다. 나는 화실에 가서 여자 몇 명이 들어와 그림을 그리는 모습을 보았는데, 어떤 이는 연필과 찰필(擦筆)[10]을 손에

---

9 파소나는 다음 장에 나오는 소파나(素波拿)의 잘못인 듯하다. 소파나는 파리의 유명 건축물이자 대학의 이름으로 쓰이기도 한 소르본(Sorbonne)의 음역어이다. 줄리앙 박사는 19세기 프랑스의 대표적인 중국학자 중 한 사람인 스타니슬라스 줄리앙(Stanislas Julien, 儒蓮, 1797-1873) 박사를 말한다. 그는 1832년부터 40여 년 동안 프랑스의 고등 연구 교육 기관인 콜레주 드 프랑스(Collège de France)의 중국학 책임자로 근무하면서 연구 활동을 했고 많은 중국 서적 및 작품들을 번역하기도 했다. 다음 장에서 줄리앙이 소르본 대학의 책임자(監督)라고 한 것은 그가 소르본과 콜레주 드 프랑스를 혼동했기 때문인 듯하다. 다만 소르본과 콜레주 드 프랑스는 바로 옆에 붙어있어서 건물 규모가 작은 콜레주 드 프랑스에 많은 서적을 보관하기 어려워 규모가 큰 소르본에 서고를 두었을 가능성은 있다.

10 찰필: 연필로 색칠한 부분을 문질러서 부드럽게 만들어 주는 도구이다.

쥐고서 밑그림만 그렸고, 어떤 이는 이미 색을 칠하여 선명하고 생생했다. 내가 가까이 가서 보니 정말 실제와 똑 닮았다고 느껴졌다. 한 여자는 나이가 열대여섯 밖에 안 되었는데 벌써 그림을 6-7폭을 그렸다. 모두 산수(山水)를 그린 것으로 온통 청록색을 입혔는데 농담과 원근과 의취가 자연스러웠다. 내가 한번 칭찬해 주니 그 여자가 나를 데려간 사람과 잘 아는 사이여서 특별히 한 폭을 집어서 내게 주었다. 실로 고마운 마음이 들었다.

一夕, 導者偕余觀影戱。時不期而集者千數百人, 余座頗近, 觀最明晰。所有山水人物樓臺屋宇, 彈指卽現, 生新靈動, 不可思議。其中有各國京城, 園亭綺麗, 花木娟妍, 以及沿海景象, 蒼茫畢肖。更有各國衙署, 峥嵘聳峙, 恍若身臨。法京水晶宮殿, 尤爲閎敞鉅麗, 光怪陸離, 幾於不可逼視。他若巍峩之樓觀, 華煥之亭臺, 明窗綺牖, 纖毫透徹, 咫尺如在目前。尤奇者, 爲羅馬國亞喇伯之古高山, 層巒疊嶂, 居天下之至峻, 洵屬大觀。此外所影飛禽走獸, 奇形詭狀者, 或生自上古, 或產於異地, 均莫能名。見之者, 眞不啻環行歐洲一周矣。

어느 날 저녁에 안내자가 나를 데리고 가서 영화를 보았다. 그때 약속 없이 모인 사람이 천몇백 명이나 되었는데, 내 자리는 꽤 가까워 무척 뚜렷하게 보였다. 산수와 인물, 누대와 건물이 짧은 순간에 바로 나타났는데, 생생하게 살아있는 모습이어서 참으로 불가사의했다. 그중 각국의 수도가 있었는데, 정원의 건물들이 화려하고 꽃과 나무가 고우며 바닷가 경치도 푸른 것이 모두 진짜 같았다. 또 각국의 관청도 나왔는데, 우뚝 솟아 있어서 마치 내가 바로 그 앞에 있는 것처럼 어질어질했다. 프랑스 수도의 수정궁전은 더욱 크고 수려하고 알록달록한 빛이 화려하여 자세히 쳐다보기가 어려울 정도였다. 그리고 다른 높다란 누각이며 화려하게 빛나는 정자도 밝고 아름다운 창이 섬세하고도 투명했는데, 마치 눈앞에 있는 것처럼 가까이 보였다. 더욱 기이한 것은 이탈리아와 아라비아의 높은 산들이었는데, 겹겹이 솟은 모습이 천하의 준봉들이라 실로 장관이었다. 이 밖에도 기이한 모습의 날짐승이며 산짐승들이 나왔는데, 어떤 것은 상고 시대부터 있었던 것이고 어떤 것은 이국에서 나는 것이라 모두 그 이름을 알 수 없었다. 영화를 보니 정말이지 유럽을 한 바퀴 돌아본 것과 다를 바가 없었다.

제21장

법경고적(法京古蹟): 파리에서 만난 옛 유적

法京中多前王拿破侖遺跡, 至今遊人觀覽者, 猶想見其功烈之崇隆, 勢位之烜赫焉。有埃及石柱一, 高可十六七丈, 廣可八九尺, 下闊而上銳, 四周鐫埃及上古文字, 幾於剝泐不可識, 相傳三千年之古物也。昔時埃人掘地所得, 以爲至寶。八十年前, 法王攻埃克之, 入其都城基改羅, 見此石礱崪突兀, 愛之, 乃以巨艦載之回國, 從地中海達於京師, 輦致之費不貲。爰爲構亭置之通衢, 望之若淩霄漢, 其亭曰, 依接順阿比利斯。余近臨柱下, 拂拭而觀之。埃及字有若雲形, 殆古之雲師而雲名者, 黃帝氏之苗裔歟。惜無好事者手搨其文, 攜至中國, 俾識古博覽之士一考求之。

프랑스 수도 파리에는 예전 왕인 나폴레옹의 유적이 많다. 지금도 이곳에 구경하러 온 여행객들은 그의 위대한 공적과 혁혁한 위세를 여전히 보고자 한다. 그중 하나인 이집트의 돌기둥(오벨리스크)은 높이가 16-7장이고 폭이 8-9척이었으며 아래는 넓고 위는 뾰족했다. 사면에 이집트 상고문자(히에로글리프)가 새겨져 있지만 거의 침식되어 식별할 수가 없었다. 3천 년 전의 고대 유물이라고 전한다. 옛적에 이집트인이 땅을 파서 획득한 후 지극한 보물로 여겼다. 80년 전 프랑스 왕이 이집트를 공격하여 점령했을 때, 그 도성에 진입하여 카이로에 터를 잡았을 때 이 돌기둥이 높다랗게 우뚝 솟은 것을 보고 마음에 들어 거대한 함정에 싣고 귀국했다. 지중해를 가로질러 프랑스의 수도에 이르기까지 옮기는 비용이 헤아릴 수 없을 정도였다. 그리하여 정자를 만들어 사방이 트인 대로에 두었으니, 올려다보면 하늘에 가 닿을 듯했다. 이 정자를 '이집션 오벨리스크'라고 불렀다. 나는 기둥 아래로 가까이 다가가 쓰다듬으며 살펴봤다. 이집트 글자는 구름 형태를 닮았는데, 아마도 태곳적에 운사라 하여 구름으로 관직 이름을 삼았던 황제씨의 후예가 아닐까?[11] 그 글자들을 탑본으로 떠서 중국으로 가져와 고대를 잘 아는 박람한 선비에게 고찰하게 할 호사가 없음이 아쉽기만 했다.

法王昔年與歐洲列國搆兵, 所向克捷, 幾於一統。因以歷戰所得大礮鎔之, 建一鐵室, 高敞宏固, 古無與坿。牆壁窗檻, 榱角棟柱, 無非用鐵鑄成輪奐, 悉雕刻花卉鳥獸, 精致細巧。室外圍以鐵欄, 欄上纍纍懸繫者, 悉王冕也, 殆不下千計。其冕或以雜綵編織所成, 國中士女所貽者也。西國之例, 有功謂之加冕。今懸冕, 所以旌軍士之功, 而念其勞勤也, 若謂非藉軍士力, 則不能宏戰勳, 獲敵器至於如此。室曰, 比治士亞符干葛, 亦在衢路間。

프랑스 왕은 과거에 유럽 각국과 전쟁을 벌여 가는 곳마다 승전하여 거의 유럽을 통일할 정도였다. 거듭된 전쟁으로 획득한 대포를 녹여 쇠로 만든 건물을 하나 만들었는데, 높고 넓고 웅장하고 견고하기가 자고이래로 비할 데가 없었다. 벽과 창틀, 서까래와 기둥 등 모두 쇠로 만들어 웅장했으며, 온통 화훼와 조수를 정교하고 세밀하게 조각했다. 이 건물의 바깥으로는 쇠 난간을 둘렀다. 난간에 주렁주렁 매달린 것은 모두 왕관인데 거의 천에 가

---

11 『춘추좌전』「노소공(魯昭公)」17년의 전에 따르면 다음과 같다. "옛날 황제씨는 구름으로 일을 기록했다. 따라서 백관의 사장(師長)을 모두 구름으로 명명했다. (昔者黃帝氏以雲紀, 故爲雲師而雲名.)"

까운 숫자였다. 왕관 중에 여러 색깔의 비단을 엮어 만든 것도 있는데 이는 프랑스의 숙녀들이 증송한 것이다. 서양 관습에서는 왕관을 씌우는 것으로 공적이 있음을 표현한다. 여기에 왕관을 매달아 군사의 공적을 표창하고 그들의 노고를 기념하는 것이니, 만약 군사의 힘을 빌리지 않았다면 전훈을 넓혀 적군의 병기를 이렇게 많이 노획하지 못했을 것이다. 이 건물의 이름은 플레이스 오브 콩코드[12]이며 마찬가지로 대로가에 위치해 있다.

顧法王所建最巨者, 莫如紀功碑樓。其旁隙地空曠, 東西南北, 每方大抵不下五百丈。樓作四方形, 而中貫若十字。其下行人可以出入, 廣可容車馬。四周環以鐵欄。有數門可登, 常鍵不啟, 而專設弁兵掌瞭望, 司管鑰。每值禮拜四日, 門始大闢, 遊者亦得入焉。樓之基址垣壁, 悉用堅石築成, 鞏固屹峙, 形勢崢嶸, 其高約二十餘丈。所勒字廣徑五寸, 皆敍列征伐兼併事, 幾至四壁皆滿, 金赤參錯, 炫麗可觀, 誠非常之鉅工也。四方文士舟車往來出其國都者, 無不喜詣碑所循覽誦讀, 徘徊不能去, 歎美戰績之盛, 而惜其勳名之不終。樓名荷治亞符德來拉恩。

프랑스 왕이 세운 최대의 건축물은 공적을 기념하는 누각만 한 것이 없다. 그 옆은 탁 트인 공터로, 동서남북 각 방향으로 대략 500장 남짓이었다. 이 누각은 사각형이며 중간이 십자 모양으로 뚫려 있다. 그 아래로 행인이 출입할 수 있으며 거마가 지나다닐 정도로 넓다. 사방이 쇠 난간으로 둘러져 있다. 오를 수 있는 문이 여럿 있는데 보통은 열지 않고 잠가 두었으며, 전

---

12 영역본에서는 앵발리드(Les Invalides)로 옮겼으나, 원문의 중국어 발음으로 유추하면 영어식 명칭으로 소개받은 콩코르드 광장(Place de la Concorde)일 가능성이 높다. 참고로 러시아와 오스트리아에서 노획한 청동 대포를 녹여 기둥(Colonne Vendôme)을 만든 곳은 방돔 광장(Place Vendôme)이다. 영국인 가이드의 설명을 옮기는 과정에서 여러 정보가 혼용된 것으로 보인다.

문적으로 병졸을 두어 감시하고 열쇠를 관장하게 했다. 매주 목요일마다 문을 활짝 열면 여행객들도 들어갈 수 있었다. 누각의 토대와 벽은 모두 견고한 석재로 축성했는데, 약 20장의 높이로 튼튼하게 우뚝 솟아 깎아지른 듯한 형세였다. 새겨진 글자는 5촌 너비였으며 모두 정벌과 합병에 관한 일을 기술한 것이었다. 거의 네 벽을 가득 채운 글귀는 금빛과 적색이 뒤섞여 눈부시게 화려했으니 진실로 범상치 않은 위대한 건축이었다. 배를 타고 차에 올라 여행하는 사방의 문인들이 수도를 나설 때 모두 기꺼이 비문에 이르러 차례차례 훑어보며 낭송했다. 발길을 돌리지 않고 한참을 서성이며 전쟁의 성대한 업적을 찬미하고 그 명성의 덧없음을 아쉬워했다. 누각의 이름은 아치 오브 트라이엄프(개선문, L'Arc de Triomphe)이다.

時有英人爲導師者, 偕余至訪古院, 其名曰繆齊英。院中專儲古器, 凡木石金玉, 書畫物玩, 遠至三千年, 近亦數百載。其制度規模, 俱可因是以想見, 固足資考鑑者之一助也。院旁爲羅馬古宮, 雖頹廢已久, 而遺跡猶存, 所有石人石獸各像, 軀幹雄偉, 意態如生, 亦一奇也。

당시 안내를 맡은 영국인이 나를 이끌고 고원(古院)을 방문했는데 그 이름은 뮤지엄이었다. 박물관에는 전문적으로 고대의 기물을 소장했으니, 나무, 돌, 금속, 옥이며 서화와 물품 등의 소장품이 멀리는 3천 년, 가까이는 수백 년에 이르렀다. 그 제도와 규모를 모두 이로 말미암아 짐작할 수 있으니 고고학자에게 도움을 제공하기에 충분했다. 박물관 옆에는 로마의 고대 궁전이 있었다. 비록 폐허가 된 지 오래되었으나 유적은 그대로 남았다. 돌로 깎은 사람과 짐승의 조각상은 모두 몸체가 웅장하고 표정이 생생했으니, 이 또한 하나의 진귀한 구경거리였다.

是日風淸日暖, 往訪博士儒蓮, 法所稱博士, 猶中華之翰林掌院學士也, 爲素波挐書院監督。院中庋華書三萬冊, 目錄凡三卷。儒蓮好學媚古, 壹志窮經, 足跡雖未至禹域, 而譯書已袞然盈尺。見余喜甚, 握手接吻, 待若上賓。儒蓮通中國文字, 能作筆談, 今有導者代爲傳言, 故無煩管城子爲介紹也。儒蓮原籍猶太, 年垂六十, 而惟生一女, 近以疾殞, 年僅十六。其像卽懸書室, 碧眼修眉, 花姸月媚。余不知而指問之, 儒蓮淚猶渼渼下, 蓋過時而猶悲也。

이날 바람이 시원하고 해가 따뜻하여 줄리앙 박사를 방문하러 갔다. 프랑스에서 말하는 박사는 중국의 한림장원학사와 같다. 그는 소르본[13] 대학의 감독을 맡고 있다. 이 대학에는 중국 서적 3만 권을 소장하고 있으며, 목록만 3권이다. 줄리앙은 학문을 사랑하고 옛것에 매혹되어 한뜻으로 경전을 궁구했다. 비록 중국의 땅을 직접 밟아 보지는 못했으나 역서는 이미 1척 높이로 쌓일 정도로 많았다. 나를 보고 아주 기뻐하여 악수하고 키스하며 귀빈 대접했다. 줄리앙은 중국 문자에 통달하여 필담을 나눌 수 있지만 이날은 대신 말을 전할 안내자가 있어 붓이 중개할 필요가 없었다. 줄리앙의 원적은 유대인이며 나이는 예순에 가까웠다. 오직 딸 하나를 두었으나 최근에 고작 열여섯의 나이에 병으로 죽었다. 그녀의 초상이 서실에 걸려 있었는데, 푸른 눈과 긴 눈썹의 꽃처럼 아리따운 처자였다. 내가 모르고 초상을 가리키며 물어보니 줄리앙은 눈물을 뚝뚝 흘렸다. 아마도 시일이 지날수록 더욱 슬퍼지는 모양이다.

既別, 往遊柏羅旺圉, 流泉濚繞, 佳木蔥蘢, 遊女如雲, 風景淸遠, 誠足以娛目騁懷, 而得遊覽之逸趣矣。

13 소르본: 제20장 각주 9번 참고.

그와 작별한 후 불로뉴의 숲(Le Bois de Boulogne)을 유람했다. 흐르는 시냇물이 빙빙 휘감았고 아름다운 나무가 짙푸르게 무성한 숲이었다. 여성 방문객이 구름처럼 몰려들었고 풍경은 맑고 그윽했다. 진실로 눈을 즐겁게 하고 가슴을 활짝 열기에 충분했으니 여행의 초탈한 정취를 느낄 수 있었다.

제22장

법경관극(法京觀劇): 파리에서의 공연 관람

法京中, 遊玩廣場非止一所。一曰孛黎士, 一曰簪士伊, 別開勝境, 可號
名區。孛黎士正當要衝, 南通鋸橋, 北接大街, 王宮翼其西, 聖院峙其
北, 洵足擅一都之形勝焉。簪士伊地殊寬濶, 約四五里許, 東狹而西廣,
由漸恢拓, 略如張箕形。有一通衢橫亘其中, 兩旁遍植樹木, 青蒼一色,
彌望蔥蘢。戲館樂院, 悉在其左右。晝則車馬殷闐, 夜則笙歌喧沸。尋春
俠客挾彈王孫掉臂遊行其間, 以爲樂甚。至一夕之費, 動逾十萬金錢,
罔所吝惜。每値良辰令節, 國慶民歡, 名劇登場, 士女雲集, 人人俱欲爭
先快覩, 娛目賞心, 無以過此。

프랑스 수도에서 구경할 만한 광장은 한 곳에 그치지 않는다. 패려사(孛黎
士)[14]와 잠사이(簪士伊)'[15]라는 곳은 유달리 멋진 경관을 연출하기에 명승지라
불릴 만하다. 패려사는 요지에 위치하여 남쪽으로 큰 다리로 통하고 북쪽으
로는 대로로 이어진다. 왕궁은 그 서쪽에 펼쳐있고 성당이 그 북쪽에 우뚝
솟아 있으니 참으로 수도의 뛰어난 풍경으로 꼽힐 만하다. 잠사이의 입지는

---

14 패려사: Wai Tsui는 'Berger'라고 추정했으나(A Study of Wang Tao's(1928-1897) Manyou suilu and Fusang youji with Reference to Late Qing Chinese Foreign Travels, 511쪽), 패려사라는 명칭과 주변 경관에 대한 묘사로 보아 콩코르드 광장(Place de la Concorde)을 가리키는 것으로 보인다. 패려사는 'Place(광장)'의 음역 표기일 것이다.

15 잠사이: Wai Tsui는 'Avenue des Champs Elysees'라고 추정했다.(A Study of Wang Tao's (1928-1897) Manyou suilu and Fusang youji with Reference to Late Qing Chinese Foreign Travels, 511쪽)

대략 4, 5리쯤으로 매우 광활하다. 동쪽으로는 좁고 서쪽으로는 넓어, 점차 넓어지는 것이 마치 삼태기를 펼쳐놓은 듯한 모양새이다. 큰 길이 그 가운데를 가로지르고 양쪽에는 나무가 두루 심어져 푸른 빛 일색이라 멀리 바라보면 울창하여 녹음이 짙다. 극장과 음악당은 모두 그 부근에 자리하고 있다. 낮에는 마차와 말로 북적대고 밤에는 악기와 노랫소리로 떠들썩하다. 춘정이 넘치는 사내나 부유한 집안의 젊은이들이 그 일대를 활개 치며 거닐면서 심히 향락을 추구했다. 하룻밤 지출이 걸핏하면 십만 금을 상회해도 아까워하지 않는다. 매번 경축일이 되면 온 나라가 기뻐하고 즐거워했다. 유명한 극이 무대에 오르면 신사와 숙녀들이 구름처럼 몰려들어 너나 할 것 없이 앞다투어 관람하고자 했다. 눈과 마음을 즐겁게 하는 것으로는 이만한 것이 없다.

戲館之尤著名者, 曰提抑達, 聯座接席, 約可容三萬人, 非逢慶賞巨典, 不能坐客充盈也。其所演劇或稱述古事, 或作神仙鬼佛形, 奇詭恍惚, 不可思議。山水樓閣, 雖屬圖繪, 而頃刻間千變萬狀, 幾於逼眞。一班中男女優伶多或二三百人, 甚者四五百人, 服式之瑰異, 文彩之新奇, 無不璀璨耀目。女優率皆姿首美麗, 登臺之時袒胸及肩, 玉色燈光兩相激射。所衣皆輕綃明縠, 薄於五銖。加以雪膚花貌之妍, 霓裳羽衣之妙。更雜以花雨繽紛, 香霧充沛, 光怪陸離, 難於逼視, 幾疑步虛仙子離瑤宮貝闕而來人間也。或於汪洋大海中湧現千萬朵蓮花, 一花中立一美人, 色相莊嚴, 祥光下注, 一時觀者莫不撫掌稱歎, 其奇妙如此。英人之旅於法京者, 導余往觀, 座最居前, 視之甚審, 目眩神移, 歎未曾有。

극장 중에 가장 이름난 곳은 제억달(提抑達)[16]이다. 좌석이 붙어있어서 대략

---

16 제억달: 'Theater'의 음역으로 짐작된다. Wai Tsui의 추정에 따라 'the Theatre Nationale in

삼만 명을 수용할 수 있지만, 대규모 경축 행사 때가 아니라면 좌석을 모두 채울 수는 없다. 그곳에서 공연하는 연극은, 어떤 것은 옛날 일을 다루고 어떤 것은 신선이나 귀신의 형상을 연출했는데 기괴하고 모호하며 이상야 릇했다. 산수와 누각은 비록 그림이었지만 잠깐 새에 온갖 모습으로 변했으며 매우 핍진했다. 한 극단 안에는 남녀 배우가 많으면 2, 3백 명가량이나, 큰 곳은 4, 5백 명에 이른다. 기이한 복식과 신기한 색채는 찬란하여 눈이 부셨다. 여배우들은 대부분 용모가 아름다웠고 무대에 오를 때는 가슴과 어깨를 드러내었으며 옥빛의 조명이 양쪽에서 비춰댔다. 입고 있는 옷은 모두 가볍고 밝은 비단으로 오수의(五銖衣)[17]보다 얇았고, 하얀 피부와 꽃다운 얼굴의 아리따움과 무지개치마 깃옷[18]의 오묘함이 더해졌다. 더욱이 어지러이 날리는 꽃비와 자욱한 안개가 뒤섞여 세세히 보기가 어려울 정도로 변화무쌍했으니, 저 멀리 허공의 선녀가 선궁을 떠나 인간 세상에 내려오는 거라고 착각할 정도였다. 어떤 것은 망망한 대해에 연꽃 천만 송이가 피어올랐는데, 꽃 한 송이 안에는 아리따운 이가 서 있었다. 자태가 장엄한 데다가 서광이 내리비치니 당시 관객들은 누구나 박수치며 감탄했다. 그 기묘함이 이와 같았다. 프랑스 수도에 여행을 온 영국인이 내게 가서 보자고 청했다. 좌석이 맨 앞자리여서 매우 자세히 관람했다. 눈이 휘둥그레지고 마음을 진정할 수 없을 만큼 다시없는 공연에 감탄했다.

此外之戲約有四端。一曰搬演, 能納大於小, 變有爲無, 又能使禽鳥蟲

Paris.', 곧 '파리국립공원'으로 풀었다. (*A Study of Wang Tao's(1928-1897) Manyou suilu and Fusang youji with Reference to Late Qing Chinese Foreign Travels*, 511쪽)

17 오수의: 신선의 옷을 말하며, 그 옷은 매우 얇고 가볍다고 한다.

18 무지개치마 깃옷: 당 현종이 꿈에 천궁(天宮)에 가서 선녀들이 무지개치마 깃옷(霓裳羽衣)으로 춤추며 음악을 하는 것을 보았다. 깨어난 뒤에 기억을 더듬어 「예상우의곡(霓裳羽衣曲)」을 짓고 양귀비(楊貴妃)와 즐겼다고 전한다.

魚頃刻出諸籠中, 取之不窮, 幻化莫測, 幾疑於神。他若翦布再續, 無異故體。用索縛人, 立能自解。以及吞刀吐火, 緣繩走壁, 藝術勇力, 皆臻絕技。

이 외의 공연으로는 대략 네 가지 갈래가 있다. 첫째는 마술이다. 큰 것을 작은 곳에 집어넣을 수 있고, 있던 것을 사라지게 할 수 있으며, 또한 새나 벌레, 물고기를 순식간에 우리에서 나오게 하는데 끝없이 나와서 변화를 헤아릴 길 없으니 거의 신이 아닐까 의심스러웠다. 그 외에는 천을 잘랐다가 다시 이었는데도 이전의 상태와 다를 바 없거나, 밧줄로 사람을 결박했는데도 즉시 혼자서 풀어버리거나, 칼을 삼키고 불을 뿜어내고 밧줄을 타거나 벽을 걷는 것이었다. 기예와 용력이 모두 절정의 수준이었다.

一曰影戲, 專用玻璃畫片, 取光於巨鏡。人物生動, 意態逼肖。園林水石, 屋宇河山, 皆係實有其地, 竝非虛構。兼以日月星文, 光華掩映, 恍疑置身在霄漢中, 其巧幻如此。

다음으로는 그림자극이다. 전용 유리 그림판(글라스 슬라이드)을 사용했고 큰 렌즈를 통해 빛을 쬐었다. 인물이 생동하고 형상이 사실적이었다. 원림과 시내, 바위, 가옥, 강, 산은 모두 실제 존재하는 것들로 결코 가상이 아니다. 해, 달, 별의 형상이 더하여 빛이 반짝거리니 흡사 나 자신이 하늘에 있다고 여겨질 정도였다. 그 교묘함이 이와 같았다.

一曰馬戲, 多以少年婦女便娟輕捷者爲之。縞衣長裙, 乘馬疾馳如風, 能於馬背飛躍。當兩馬電駛之時, 一躍竟過, 令觀者瞥不能辨。技最神者, 能於馬上躍升高際, 空中懸圈數十, 圈外蒙薄紙, 一躍能破紙圈

二十。飛燕之凌風欲翔, 翩仙之踏塵無跡, 未足喻其輕盈也。又能馬上
擲球, 其大如斗, 圓轉盤旋, 幾如宜僚之弄丸, 五色陸離, 令觀者神眩。

다음으로는 곡마(曲馬)이다. 대부분 아리따우면서 날랜 소년이나 여성들이
펼쳐 보였다. 하얀 옷에 긴 치마를 입었고, 말을 타고 바람처럼 내달리며
말 등에서 도약할 수도 있었다. 말 두 필이 번개처럼 질주하는 것을 한 번
도약으로 뛰어넘어 버리니, 관객들은 순간 어안이 벙벙해졌다. 가장 신기
한 기술은 말 위에서 높이 도약하는 것으로, 공중에 고리 수십 개가 걸려 있
고 둘레 밖으로 얇은 종이가 씌워져 있었는데, 한 번 뛰어서 고리 스무 개
의 종이를 뚫을 수 있었다. 날렵한 제비가 바람을 타고 날아오르거나 가뿐
한 신선이 흙을 밟고도 흔적을 남기지 않는 것으로도 그 경쾌함을 설명하기
에는 부족하다. 또한 말 위에서 말통만 한 크기의 공을 던져서 빙빙 돌게 할
수 있었으니, 거의 시남의료(市南宜僚)[19]가 구슬을 가지고 노는 듯 오색이 영
롱하여 보는 이의 마음을 사로잡았다.

一曰跳舞, 髫年麗姝, 悉袒半身, 執花翩翻而集, 進退疾徐, 具有法度。
或有以童男女雙雙對舞, 流目送盼, 媚態橫生, 亦殊可觀。此外如戰陳
紛馳, 魚龍曼衍, 天魔獻瑞, 異狀雜陳, 則又五花八門, 應接不暇矣。臺
下雜坐樂工數十人, 八音競奏, 鏗鏘中節。或作鈞天廣樂, 鼉吼鯨鏗, 幾
於震耳。或爲和諧靡曼之音, 靜細悠揚, 各極其妙。

마지막으로 춤이다. 젊은 미녀들이 모두 반신을 드러내고 꽃을 든 채 사뿐

---

19 시남의료: 초나라의 용사로, 묘기로 분쟁을 해결한 바 있다. 『장자(莊子)』 「서무귀(徐無鬼)」에
"시남의료가 구슬을 가지고 노는 모습을 보여주어 두 집안의 분란이 해결되었다(市南宜僚弄
丸, 而兩家之難解)"는 내용이 나온다.

히 돌다가 모였으며, 나아가고 물러나고 빠르고 느린 것이 모두 격식을 갖추었다. 어떤 때는 젊은 남녀 한 쌍이 함께 춤을 추었다. 서로 눈짓을 보내며 교태를 자아내어 역시나 매우 볼 만했다. 이외에는 전장을 내달리는 듯, 물고기와 용이 잇닿는 듯, 하늘의 마왕이 상서를 바치는 듯, 기이한 모습이 뒤죽박죽 펼쳐져 또한 천태만상이라 눈에 모두 담을 새가 없었다. 무대 아래에는 악공 수십 명이 뒤섞여 앉아, 온갖 악기 소리를 다투어 연주했는데, 리듬이 있었고 박자가 맞았다. 어떤 때는 균천광악(鈞天廣樂)[20]을 연주하여 악어와 고래가 울부짖듯 귀를 먹먹하게 할 지경이었고, 어떤 때는 조화롭고 부드러운 소리를 내어 미세하고 은은했다. 하나같이 오묘함을 다했다.

余至法京時, 適建新戲院, 宏巨逾於尋常, 土木之華, 一時無兩。計經始至今已閱四年尚未落成, 則其崇大壯麗可知矣。

내가 프랑스 수도에 방문했을 당시, 마침 새로운 극장을 건립 중이었다. 여느 곳보다도 웅대했고 화려한 건축은 당시로서는 독보적이었다. 공사를 시작한 지 지금까지 4년이 흘렀으나 아직 준공하지 못한 것을 생각하면, 그 거대하고 웅장함을 짐작할 수 있을 것이다.

---

20 균천광악: 아름답고 웅장한 노래를 이르는 말이다. 천상(天上)의 음악을 가리킨다. 균천은 상제(上帝)가 사는 곳이고 광악은 광대(廣大)한 음악이다. 『사기(史記)』「편작열전(扁鵲列傳)」에, 조간자(趙簡子)가 병이 들어 오랫동안 깨어나지 않다가 7일 만에 침상에서 일어나 대부들에게 "내가 상제가 있는 곳에 갔는데, 매우 즐거웠다. 백신(百神)들과 균천에서 놀았는데, 광악을 아홉 번 연주하자 온갖 춤을 추었고 삼대(三代)의 음악과 달리 그 소리가 마음을 동요했다."라고 했다는 내용이 있다.

제23장

박물대관(博物大觀): 박물관 관람

法京博物院非止一所, 其尤著名者曰魯哇。棟宇巍峨, 崇飾精麗, 他院
均未能及。其中無物不備, 分門區種, 各以類從, 彙置一屋, 不相淆雜。
廣搜博採, 務求其全, 精粗畢貫, 鉅細靡遺。凡所臚陳, 均非凡近耳目所
逮, 洵可謂極天下之大觀矣。今爲約擧言之, 已可略見一斑。

프랑스 수도의 박물관은 한 곳이 아닌데, 가장 유명한 것은 루브르이다. 위
용 있는 건물이 정교하고 화려하게 꾸며져 있어 다른 박물관은 모두 이에
미치지 못한다. 내부에는 갖춰지지 않은 것이 없으며 종류별로 나누고 구획
해서 각각 분류에 따라 각 방에 모아 두어 서로 섞이지 않도록 했다. 널리
수집해 온전히 갖추고자 하여 정교한 것과 조잡한 것 모두 아울렀고, 크고
작은 것들도 빠짐없이 모았다. 진열된 것들이 모두 평범한 사람의 견문으로
미칠 수 있는 바가 아니니, 실로 천하의 큰 볼거리라고 할 수 있다. 지금 간
략히만 언급해도 그 일부를 대략 음미할 수 있다.

一曰生物。凡一切鳥獸蟲魚以及骨角毛羽皮革齒牙, 罔不收羅。其間珍
禽瓌物, 奇形異狀, 皆屬未經目觀, 始知天地間所產, 有不可以尋常意
計測者。

하나는 동물이다. 모든 새, 짐승, 곤충, 물고기와 그 뼈, 뿔, 털, 가죽, 치

아까지 다 모아서 모두 망라했다. 그 가운데 희귀한 짐승과 부산물들은 기이한 형상들로, 모두 본 적이 없었다. 천지 간에 자란 것 중에 평소 헤아림조차 할 수 없었던 것도 있음을 처음 깨달았다.

一曰植物。凡草木花卉, 集自遐邇, 喜寒愛燠, 種類非一。苟遇遠地之名葩珍木, 無不多方羅致, 藉以增長識見, 蓋非徒以益誇炫耀觀瞻也。

하나는 식물이다. 모든 초목과 화훼가 먼 곳에서 또 가까운 곳에서 수집되어, 찬 공기를 좋아하는 것도, 따뜻한 공기를 좋아하는 것도 있으니, 한 종류가 아니다. 먼 곳에서 이름난 화훼나 진기한 수목을 발견하면 온갖 방법으로 모으는데, 이는 식견을 넓히기 위해서지 단지 자랑하거나 감상하기 위해서가 아니다.

一曰寶玩。區以古今二種。古器如杯碗瓶盎, 文彩內含, 寶光外射, 五色陸離, 輝煌耀目。他若古磁古銅, 色澤斑駁, 聲質精醇, 迥非近今所能仿造。更有各種牙器螺器, 鏤刻工細, 款式精良, 以及閨閣中之鈿釵環釧, 各具雅致, 類皆秘諸玻瓈笥中, 珍護異常。每器悉編列時代名字及作者姓氏, 俾入觀者一覽了然。今器如各種寶石及採山搜淵所得諸品, 珍奇瓌異, 殆難悉數。火齊木難, 未足方喻也。

하나는 보물과 골동품이다. 이 구역은 옛날과 지금의 두 종류로 나뉜다. 옛 기물은 잔, 그릇, 병, 동이 같은 것들로, 아름다운 색을 안으로 머금고 신비한 빛을 밖으로 뿜어 오색이 뒤섞여 눈부시게 빛났다. 옛 도자기나 청동기 같은 것은 윤기가 나고 알록달록하며 소리와 질감이 정채로우면서도 질박해 결코 오늘날 모방해서 만들 수 있는 것이 아니었다. 다양한 상아와 소라로 된 기물도 있었는데, 조각이 섬세하고 모양이 훌륭했다. 또한 규방에서 사용하는 비녀와 팔찌도 하나같이 아름다웠다. 모두 유리 상자에 두어 최상의 상태를 유지하도록 보호하며 기물마다 모두 시대, 명칭, 만든이 이름을 적어 나열해 관람객이 일목요연하게 볼 수 있도록 했다. 각종 보석이나 산과 못에서 얻은 여러 사물 같은 오늘날의 기물들은 매우 진기하고 독특해 이루 다 헤아릴 수 없을 정도였다. 화제(火齊)[21]와 목난(木難)[22]도 비할 바가 아니다.

一曰名畫。悉出良工名手, 清奇濃淡, 罔拘一格。山水花鳥人物樓臺, 無不各擅其長, 精妙入神。此皆購自殊方異國, 無論年代遠近, 悉在搜集。甚有尺幅片楮, 價值千萬金者。八法至此, 技也而進乎神矣。西國畫理, 均以肖物爲工, 貴形似而不貴神似。其工細刻畫處, 略如北宋苑本。人物樓臺, 遙視之悉堆垛凸起, 與真逼肖。顧歷來畫家品評繪事高下者, 率謂搆虛易而徵實難, 則西國畫亦未可輕視也。另有鬻畫苑, 許人入而臨摹, 有合意者即可出重價攜之以去。

하나는 명화이다. 모두 유명한 화가가 그린 것으로, 색채와 농담이 한 가지 스타일에 국한되지 않는다. 산수와 화조, 인물과 누대 모두 각기 장점을 드러내지 않은 것이 없어 놀랍도록 훌륭하다. 이것들은 모두 다른 나라에서 구매한 것인데, 시대와 거리를 막론하고 수집한다. 심지어 편폭이 작은 한

---

21 화제: 진주의 일종. 반고(班固)의 「서도부(西都賦)」에는 "비취와 화제가 영롱하게 빛나네(翡翠火齊, 流燿含英)"라는 구절이 있다. 이현(李賢)은 이를 "화제는 진주다(火齊, 珠也)"라고 설명했다.

22 목난: 청색 진주. 조식(曹植)의 「미녀편(美女篇)」에는 "명주로 옥체를 두르니, 산호가 목난에 섞여 드네(明珠交玉體, 珊瑚間木難)"라는 구절이 있다. 이현(李賢)은 이에 대해 『남월지(南越志)』를 인용하며 "목난은 금빛 날개를 가진 새의 타액으로 만든 것으로, 청색 진주이다. 로마에서 귀하게 여겼다(木難, 金翅鳥沫所成, 碧色珠也, 大秦國珍之)"라고 설명했다.

편에 천만 금의 값이 나가는 것도 있다. 필치가 이러한 수준에 이르면, 기예가 신(神)의 경지로 나아간 것이다. 서양의 화법은 모두 사물의 묘사를 솜씨 있다고 여겨 형(形)의 유사함을 높이 사지 신(神)의 유사함을 높이 사지 않는다. 뛰어나고 세밀하게 그린 것은 북송(北宋) 화원(畵院)의 것과 비슷했다. 인물과 누대는 멀찍이서 바라보면 모두 겹치고 도드라져 보여 정말 진짜 같았다. 역대 화가들이 그림의 높고 낮음을 품평한 것을 살펴보면, 모두 허구를 구성하는 것은 쉬우나 실재를 구하는 것은 어렵다고 말하니, 서양의 그림 또한 과소평가할 수 없다. 그림을 파는 공방도 있다. 들어가서 그림을 모사할 수 있고 마음에 드는 것이 있으면 매우 비싼 값을 치르고 가지고 갈 수 있다.

一曰製造。凡物經人工所創建者, 貴賤宏纖, 竝皆藏庋。苟能自出新意, 製成一物, 立即置諸院中, 標其姓字, 以旌其功, 是亦古者物勒工名之意也。西國之例, 凡工匠有出新意製器者, 器成上稟, 公局給以文憑, 許其自行製造出售, 獨專其利, 他人不得仿造。須數十年後乃弛此禁, 其法亦良善也。

하나는 제조이다. 인공으로 만든 모든 사물이 가격과 크기에 상관없이 다 보관되어 있다. 새로운 발상으로 만든 물건이면 바로 박물관에 배치하고 이름을 표기해서 그 공로를 밝히는데, 이 또한 만든이의 이름을 사물에 새겼던 옛 뜻과 같다. 서양의 관례에 따르면, 장인이 새로운 물건을 만들 때 물건이 완성되어 위에 보고하면 관공서에서 증빙을 발급해 그가 직접 제작해 팔 수 있도록 허가하니, 그가 이익을 독점하게 되고 다른 사람은 모방해서 만들 수 없다. 수십 년 후에야 이 제한을 해제하니, 그 법제 또한 훌륭하다.

其鉅者如行水舟艦, 大小畢具。行陳器械, 長短利鈍咸備, 甲冑刀矛, 森列左右, 皆係徧採之各國, 故形式致不相同。如美洲之因甸紅人澳大利亞之土番新嘉坡之古民所用之功[23]箭弩矢劍戟刀棍, 亦無不有。其他各物, 更僕難悉, 往遊者無不興觀止之歎。余以海角羈人而得覩其盛, 不可謂非幸已。

물길을 다니는 함선처럼 거대한 것들도 크기별로 다 있다. 진열된 기계는 길고, 짧고, 날카롭고, 둔탁한 것이 모두 있다. 갑옷과 투구, 칼과 창이 좌우로 촘촘히 늘어서 있는데, 모두 각국을 다니며 수집한 것이어서 형태가 서로 다르다. 가령 아메리카 인디언, 오스트레일리아 원주민, 싱가포르 옛 부족이 사용했던 활과 화살, 칼과 창이 모두 갖추어져 있는 것이다. 다른 물건들도 너무 많아서 관람을 마쳐야 하는 안타까움을 드러내지 않는 관람객이 없었다. 내가 먼 곳에서 온 나그네임에도 그 성대함을 볼 수 있었으니 행운이 아닐 수 없다.

導者璧滿, 英人之旅於法者, 夏文之好友也。與法國傳教者相識, 導觀一院, 堂宇潔清, 規例嚴肅, 乃童貞清修習靜之所。法國處女皈教不嫁者, 謂之童貞。內有掌教者為之講貫, 膜拜諷經, 俱有時刻, 胸際均懸十字架。院外小鋪陳列十字架求鬻者, 牙角銅木, 無一不具。相距數十武, 有一院專藏機器模式, 聞向時亦童貞之所居。

가이드 벽만(璧滿)은 프랑스에 여행 온 영국인으로, 하문의 친구이다. 프랑스 선교사와도 아는 사이여서 한 수도원으로 안내했는데, 예배당은 청결하고 규율은 엄격했으니, 바로 수녀[童貞]가 수련하고 명상하는 곳이다. 프랑

---

23 '功'은 주향세계본에 '弓'으로 교감되어 있으며, 번역은 주향세계본을 따랐다.

스에서는 처녀가 종교에 귀의해 결혼하지 않는 경우를 수녀라고 한다. 안에는 주교가 있어 이들을 위해 강론을 하며, 막배(膜拜)[24]를 하고 성경을 낭송하는데, 모두 시간이 정해져 있다. 가슴에는 다 같이 십자가를 걸고 있다. 수도원 밖에는 십자가를 진열해 놓고 파는 작은 상점이 있는데, 상아, 뿔, 청동, 나무 등 없는 것이 없다. 수십 무의 거리에는 기계 모형을 보관하는 곳이 있다. 들기로 전에 수녀가 머물던 곳이라고 한다.

此外有一院曰穆西黎, 列屋五間, 深廣崇閎, 專藏法國古今各式軍器。古時戰鬪之際, 亦尚甲冑, 其器械亦惟刀矛弓矢, 自火器興而皆廢矣。法國之法郎機, 安知不由中國而傳入者哉。閱其所陳戰具, 亦可悉古今沿革之源流, 而行兵强弱之殊矣。

이 밖에 목서려(穆西黎)[25]라는 박물관이 있다. 그곳은 넓고 높은 방이 다섯 칸인데, 프랑스의 고금의 각종 무기를 보관한다. 고대에는 전투 시 갑옷과 투구를 썼고 무기 또한 칼, 창, 활, 화살이었는데, 화기가 등장하면서 모두 사라지게 되었다. 프랑스의 법랑기(法郎機)[26]가 중국에서 전해 온 것이 아님을 어찌 알았겠는가. 진열된 무기들을 보고 나서야 고금 연혁의 근원과 군사 전략의 수준 차이를 알 수 있었다.

---

24 막배: 합장한 손을 이마에 대고 땅에 엎드려서 하는 절.

25 목서려: 지금의 앵발리드 육군 박물관(Musée de l'Armée des Invalides)으로 추정된다. 이 박물관은 1905년 포병 박물관(Musée d'Artillerie)과 육군 역사박물관(Musée Historique de l'Armée)을 합병한 것인데, 포병 박물관은 1795년에 설립되어 1871년에 지금의 앵발리드 호텔 부지로 옮겨졌고, 육군 역사박물관은 1896년에 설립되었다. 따라서 당시 왕도가 방문한 것은 포병 박물관일 것이다.

26 법랑기: 화창(火槍), 즉 화약과 탄알을 안장하는 구식 총기를 일컫는다. 왕도는 『보법전기(普法戰紀)』 후서(後序)에서 "화기의 중국 유입은 프랑스에서 비롯되었기에 그 신묘한 총기를 법랑기라고 한다(火器之入中國, 自法始, 故名神機之銃曰法郎機)"고 했다.

제24장

유관신원(遊觀新院): 만국박람회 관람

余旣遊魯哇博物院, 歎爲觀止。璧滿曰, 君亦嘗往觀新院乎。余曰, 未
也。曰, 惜君來也晚, 未得躬逢盛典, 而極大觀。余今代爲述之, 尙覺神
往焉。

나는 루브르박물관을 구경한 후 그 지극히 훌륭함에 감탄했다. 벽만이 물었
다. "새 박물관[27]에 가 보신 적이 있는지요?" 나는 "아니오"라고 했다. 벽만
은 말했다. "안타깝게도 늦게 오셔서 성대한 행사와 지극히 큰 볼거리를 직
접 보지 못하셨군요, 제가 이제 대신 이야기해 드릴 터인데, 아직도 기억이
생생합니다."

余乃驅車同行。初入院中, 見曠地數百弓, 敞朗空濶, 一望平遠。導者
曰, 此演武場也, 用以備兵士操習技能, 止齊步伐。法君於游觀之中亦
寓行軍之意, 其窮兵黷武略可想見矣。

이에 나는 마차를 타고 동행했다. 박물관에 막 들어서자 수백 궁(弓)[28]이나
되는 넓은 땅이 보였는데, 널찍하게 탁 트여 멀리까지도 평평한 모습이 한
눈에 보였다. 가이드가 말했다. "이곳은 연무장인데, 병사들이 여러 전투

---

27 새 박물관: 1867년 파리만국박람회를 위해 새로 지은 시설들을 말한다.
28 궁: 1궁(弓)은 5척(尺)과 같다.

기술을 익히고 제식훈련을 하도록 했습니다." 프랑스 왕은 관람하는 곳에도 군사훈련의 취지를 담았으니 그의 호전적인 성향을 대략 짐작할 수 있다.[29]

所歷堂宇樓閣, 亭臺房榭, 屈曲方圓, 其式不一。宏壯巍煥者, 不下數十所, 悉以雕石築成, 鞏固異常。華貴之室, 其下備有水道, 聚水盈池, 猝遇鬱攸, 立可熄滅。樓之高者, 幾凌霄漢, 雕檻晶窗, 縹緲天外, 雖齊雲落星, 猶未足方喩也。院旁闢地爲園, 栽百草, 植名花, 喬木千章, 巨樹十圍, 無不羅致, 綠陰稠疊, 碧蔭繽紛, 人行其間, 幾忘炎暑。予曰, 使我六月來此, 將以此爲消夏所矣。

지나가면서 본 각종 건물은 굴곡진 것 네모난 것 둥근 것 등 그 형식이 일정하지 않았는데, 높고 웅장한 것들이 적어도 수십 곳이었다. 모두가 깎은 돌을 쌓아서 만들었는데 매우 견고하다. 화려한 건물 아래에는 수로가 갖춰져 있는데, 물을 모아 못을 채워 놓으니 갑자기 화재를 만나더라도 즉시 끌 수 있었다. 건물 중 높은 것은 거의 하늘을 찌를 듯했고, 조각된 난간과 투명한 창은 하늘 밖으로 날아올라, 제운루와 낙성루[30]로도 비유하기에 부족했다. 박물관 옆으로 열려 있는 땅은 정원으로서, 온갖 풀과 이름난 꽃을 심었다. 키 큰 나무는 높이가 천 장(章)[31]이고, 거대한 나무는 굵기가 열 아름으로, 뒤덮지 않은 곳이 없었으며, 녹음이 첩첩 쌓여 푸른 그늘이 가득해 사람이 그 사이로 지나가면 더위를 거의 잊었다. 나는 "제가 6월에 여기 온다면 이곳을 여름 보낼 곳으로 삼아야겠군요."라고 말했다.

---

29 프랑스의 나폴레옹 3세는 1870년 프로이센에 선전포고하여 보불전쟁을 일으켰다.

30 제운루와 낙성루: 제19장 각주 2번 참조.

31 장: 큰 목재를 가리키는 말로서, 여기서는 길이의 단위로 쓰였다.

璧滿導余徧歷各處, 雖重樓複閣, 邃室密房, 靡不曲折以達焉, 足力爲
之告瘁。余入其中, 幾如建章之千門萬戶, 莫知其所向往。又如進迷樓,
不復能出。知其工作之巧妙, 土木之奢華, 一時無與埒者, 在地球列國
中, 無有如是之喬皇典麗, 工整恢奇者也。

벽만이 나를 안내해 여기저기를 두루 돌아다녔는데, 겹겹이 쌓인 건물의 깊
숙하고 비밀스러운 방들까지도 일일이 가 보지 않은 곳이 없었기에, 발이
피곤했다. 내가 그 속에 들어가 보니, 거의 건장궁(建章宮)[32]의 천문만호(千
門萬戶)와 같아, 어디로 가야 할지 알 수 없었다. 또 미루(迷樓)[33]에 들어가서
나오지 못하는 것과 비슷했다. 그 작업의 교묘함과 토목의 사치스럽고 화려
함이 한동안은 비길 자가 없고, 지구의 열국 어디에도 이처럼 아름답고 우
아하며 단정하고 걸출한 것이 없을 것이다.

蓋此院之建, 在一千八百六十六年, 因將開設博物大會, 特爲萬國陳設
各物公所。二三年來竭貲興造, 加意經營, 日役工匠數千人, 猶不暇給。
經始於甲子, 落成於丁卯, 開院之日, 通國民人, 列邦商賈, 遐邇畢集,
均許入而遊覽, 來往無禁。璧滿排日往遊, 領略殆徧。

이 박물관의 건설은 1866년 완공이 목표였는데, 만국박람회를 열려고 했기
때문에 특별히 만국이 갖가지 물건을 진열할 공소(公所)를 만들었다. 2-3년
전부터 재력을 다 써서 짓기 시작했고, 건축에 만전을 기해 날마다 기술자

---

32 건장궁: 한나라 때 장안에 있던 궁전. 백량전(柏梁殿)이 화재로 소실되자 이 건장궁을 지었는
　　데, 규모가 천문만호였다고 한다.『한서(漢書)』「교사지(郊祀志)」참조.
33 미루: 미루는 원래 수(隋)나라 양제(煬帝)가 지은 궁전으로서, 현재의 강소성 양주시(揚州市)
　　서북쪽 교외에 있었다. 이 누각에 들어가면 종일토록 나올 수 없는 일이 종종 있었기에 미루라
　　고 불렀다고 한다.

수천 명이 일했으나 시간에 맞추지 못했다. 갑자년(1864)에 시작하여 정묘년(1867)에 완성되었다. 개장일에 전국의 국민들과 열국의 상인들이 원근에서 모두 모여드니, 모두에게 입장하여 둘러보는 것이 허락되었고, 오가는 데에 금지하는 바가 없었다. 벽만은 매일 가서 구경했기에, 거의 전부를 감상했다.

> 法駐京公使伯君, 於其中創設聚珍大會, 凡中外士商有瓌奇珍異之物, 皆可入會, 過關許免其稅。於是懷寶者, 自遠屬至, 美不勝數。是日歐洲各大國君主駕臨遊幸者, 自法外有俄羅斯, 有普魯士, 有土耳機, 咸至其中, 恣情鑑賞。一時物玩精奇, 宸遊怡暢, 稱盛集焉。

프랑스의 북경 주재 공사였던 드 벨로네[34]는 그 기간중에 진품(珍品) 경연대회를 실시했다. 중외(中外)의 개인과 기업 중 훌륭하고 진기한 것을 가지고 있으면 모두 대회에 참가할 수 있었고, 세관에서는 관세를 면해주었다. 이에 보물을 품은 이들이 멀리서부터 떼 지어 모여들었으니, 그 아름다움을 이루 다 셀 수 없었다. 이날 유럽 각 대국의 군주로서 행차한 이는 프랑스 외에 러시아, 프로이센, 투르크가 있었는데,[35] 모두 그 속에 와서 마음껏 감상했다. 그 당시 물건의 취급이 정채롭고 뛰어나며, 제왕의 순유(巡遊)가 즐겁고 유쾌하니, 성대한 모임이라는 말에 걸맞았다.

---

34 드 벨로네: 앙리 드 벨로네(Henri de Bellonet, 伯洛內). 1865년 6월 6일-1867년 5월 1일에 북경 주재 프랑스 공사였다.
35 기록에 의하면 이날 참석한 군주는 러시아의 알렉산드르 2세, 프로이센의 빌헬름 국왕의 형제한 사람과 수상 오토 폰 비스마르크, 오스트리아의 메테르니히와 프란츠 요셉, 오스만제국의 술탄 압돌라지즈였다.

院內排列臚陳者, 皆當世罕覲之珍, 或有莫悉其名者。法主特簡一博識宏覽之大臣, 細察詳觀。辨別其美惡, 品評其高下, 次第其等差。然後參定應賞多寡, 編列人名, 記以一牌, 繫於外。及頒賞之時, 另委一大臣隨牌所載, 按次呼名, 一一詣前祗受。得預斯列者, 其名驟起, 故受賚者。無不以爲榮。法主之物, 例在賞中, 但法主無自受理, 特命太子承之。一時悅豫之情, 殆流露於不自覺云。爾後來觀者日有數萬人, 絡繹於道。逮浹十旬, 至者始稀。

박물관 내에 진열된 것은 모두 당세에 보기 힘든 진귀한 것들로서, 혹 그 이름을 모르는 것도 있었다. 프랑스 왕은 박학한 대신 한 사람을 특별히 뽑아 상세히 관찰하고 그 좋고 나쁨을 변별하고 고하(高下)를 품평하여 순위를 매기게 했다. 그런 다음 상의 순위를 정하고, 수상자 목록을 작성해 하나의 패에 기록하여 바깥에다 내걸었다. 상을 줄 때에는 따로 한 대신에게 맡겨, 그 패에 적혀 있는 대로 순서대로 이름을 불러 일일이 앞에 나와 받게 했다. 그러므로 상을 받는 자는 영광으로 여기지 않는 이가 없었다. 프랑스 왕의 물건도 의례 상을 받지만, 프랑스 왕은 직접 받는 법이 없고, 특별히 태자에게 명하여 받들게 했다. 일시 기쁜 감정이 아마도 부지불식중에 흘러나왔을 것이다. 그 후 관람자는 날마다 수만 명이어서, 길에까지 늘어섰다. 백일이 지나서야 비로소 오는 이가 드물어졌다.

余聞有粤人携優伶一班至, 旗幟新鮮, 冠服華麗, 登臺演劇, 觀者神移, 日贏金錢無算。余詢璧滿曰, 曾見之乎。璧滿曰, 微君問, 吾亦將言之。一日, 余偕理君雅各同遊, 忽與粤人遇。粤人固素識理君, 或曾著弟子籍。理君謂之曰, 子向亦曾學道, 何至今乃愈趨愈下耶。此事豈汝所宜爲者哉。恐貽鄕黨譏笑耳。粤人紅暈於頰, 不能作一語。旋有法國某伯爵盡售其裝束去, 約萬數千金。

나는 이런 이야기를 들었다. 어느 광동 사람이 배우들로 이루어진 극단 하나를 데리고 왔는데, 깃발은 새것이고, 관복은 화려했다. 무대에 올라 극을 공연하니 관객들이 감동하여 날마다 셀 수 없이 많은 돈을 벌었다는 것이다. 나는 벽만에게 물었다. "그 광동 사람을 만난 적이 있는가?" 벽만이 말했다. "당신이 묻지 않았어도 제가 말할 참이었습니다. 하루는 제가 제임스 레그씨와 함께 있다가, 갑자기 그 사람과 마주쳤습니다. 그는 본래 레그씨를 알고 있던 사이로서, 어쩌면 일찍이 레그씨의 제자가 된 적이 있었을지도 모르겠습니다. 레그씨가 그에게 말했습니다. '당신도 일찍이 도를 배웠었소. 어찌하여 지금에는 갈수록 더 내려가오? 이 일이 어찌 당신이 할 일이겠소? 향당의 비웃음을 살까 두렵소.' 광동 사람은 낯을 붉히며 한마디도 하지 못했습니다. 그 뒤에 주선자를 통해 프랑스의 어느 백작에게 그 무대의상을 모두 다 팔았는데, 대략 일만 수천 금이었습니다."

璧滿有妹曰媚黎, 在法京爲女塾師, 敎女弟子以英國語言文字。一夕以盛設茶會, 特延余往塾中。女弟子長者凡二十餘人, 年皆十六七, 無不明慧秀整, 秋菊春蘭, 各極其妙。各乞余寫詩一篇, 珍爲珙璧。群爲余彈琴唱歌, 各極其樂。席散, 已更闌矣。

벽만에게는 메리라고 하는 누이동생이 있는데, 파리의 여학교 교사로서 여제자들에게 영어를 가르쳤다. 어느 날 저녁 차모임을 크게 차려놓고 특별히 나를 학교로 초대했다. 여제자들 중 연장자들은 모두 20여 명으로 나이는 모두 16-17세였는데, 총명하고 아름답고 단정함이 마치 가을 국화나 봄 난초와 같아, 각기 그 훌륭함을 다하지 않는 이가 없었다. 각기 나에게 시 한

수를 써달라고 청하고는 마치 큰 옥과 같이 귀하게 여겼다. 단체로 나를 위해 피아노를 치고 노래를 불렀는데, 각자가 극히 즐거워했다. 자리가 파하고 나자 이미 밤이 깊어 있었다.

제25장

추천승회(鞦韆勝會): 공중곡예 놀이

余偕夏文小住法京, 盤桓浹旬, 遊歷之處, 無不徧覽。意將渡海而至英, 導者璧滿來, 必欲留余暫憩一日, 意甚殷勤, 特作咄嗟筵, 餞行於飛鷹酒樓。此肆平日著名, 烹飪之精, 稱爲巨擘。坐甫定, 佳肴異饌, 絡繹而來, 但適於口, 而不能知其名。酒亦有數種, 味竝甘冽, 不減公瑾之醇醪。飲半酣, 忽有一紙飛入, 則期明日往觀鞦韆勝會也。璧滿躍然起曰, 然則, 我留君爲有名矣。前一千八百六十五年, 曾設鞦韆戲, 稱爲一時雅集, 爲十餘年來所無, 今可繼斯盛已。

나는 하문과 함께 프랑스 수도에서 잠시 지냈는데, 열흘을 머물면서 빼놓은 곳 없이 두루 돌아다니며 구경했다. 이제 바다를 건너 영국으로 가려던 참에 안내인 벽만이 와서 한사코 하루 더 있으라고 붙들었다. 그의 뜻이 참으로 간곡하여 특별히 즉석 연회 자리를 만들어 '비응(飛鷹)' 주점에서 전별해 주었다. 이 가게는 평시에 음식이 좋기로 유명하여 최고라고 칭해졌다. 막 좌정하고 나니 근사한 요리가 연이어 나왔는데, 입에 잘 맞았지만 이름을 알 수 없었다. 술도 몇 종류가 있었는데, 맛이 달면서 청량해 주유(周瑜)의 성품에 빗대던 좋은 술 못지않았다.[36] 반쯤 취해 있는데, 느닷없이 전단이

---

36 주유는 오나라 손책(孫策)·손권孫權) 형제 휘하의 장수였고 손책과는 동서지간이기도 했다. 『삼국지·오서(三國志·吳書)』「정진전(程晉傳)」에 노장 정진이 젊은 주유를 두고 "주공근과 교유하는 것은 꼭 잘 익은 좋은 술을 마시는 것과 같아 알지 못하는 사이에 절로 취한다(與周公瑾交, 如飮醇醪, 不覺自醉)"라고 칭찬하는 대목이 나온다.

한 장 날아 들어왔다. 다음날 와서 공중곡예 대회를 관람하라는 초청이었다. 벽만이 벌떡 일어나 말했다. "그렇다면, 제가 당신을 머물도록 할 명분이 있는 셈입니다! 지난 1865년에 공중곡예 대회가 개최되어 한 시절의 성대한 자리로 10여 년 안쪽으로는 견줄 데가 없으리라는 찬사를 받았는데, 이제 그 성황을 이을 수 있겠군요!"

翌日午後, 乘車往觀, 則獻技者日耳曼人也。劇場甚寬廣, 場中茂草一區, 綠縟豐叢, 一望平遠, 地形稍坦, 因於此設立鞦韆諸架。場後有一歌樓, 朗敞崇閎, 金碧七重, 高凌霄漢。凡女士之精於音律者, 咸唱和於斯焉。樓之絶頂, 懸紅黑黃三色旗, 旁更間以公會星旗瑞士十字旗, 相爲掩映。

다음 날 오후에 마차를 타고 가서 구경했는데, 기예를 선보이는 이들은 모두 게르만인이었다. 기예가 펼쳐지는 마당은 매우 넓었으며, 마당 가운데에는 풀이 무성한 구역이 있는데 보기 좋은 녹색으로 촘촘했고 일견 평평하게 뻗어있었다. 땅 모양이 아주 평탄하므로 여기에 그네 틀을 설치한 것이다. 마당 뒤로는 노래 공연장이 있었는데, 시원스럽게 널찍하고 높았으며 금색과 벽옥색을 일곱 층 쌓아 우뚝 은하수까지 솟아 있었다. 음률에 정통한 여인들이 다들 이곳에서 노래했다. 건물의 꼭대기에는 홍, 흑, 황 세 색의 깃발을 걸었으며, 곁들여 사이사이에 길드의 별 문양 깃발과 스위스 십자 깃발이 어우러져 돋보였다.

是日天氣晴明, 惠風和暢。劇場四周, 賓客畢集, 士女如雲, 簪裾會盍, 履舃錯交。由日耳曼來演劇者, 大小約有百餘人, 各皆矯健絶倫, 容彩煥發。劇班中供奔走使令者, 不下一二千人。觀者旣齊, 卽有數人執旗

而前, 先陳慶賀之詞, 而後演劇。諸伶裝束登場, 攀架盤旋, 各逞生平絕
技。樓中歌者, 同聲齊唱, 響遏行雲, 抑揚宛轉, 高下疾徐, 無不巧合節
奏, 妙諧宮商。一時歌繚繞而舞翩, 喜暖氣之融和, 覺涼飆之扇發, 洵足
樂也。

그날 날씨는 청명했으며 온화한 바람이 불어 화창했다. 극장 사방에 신사와
숙녀 손님이 빽빽이 운집해 발 디딜 틈도 없었다. 게르만에서 온 연기자들
은 대인과 소인 합해 백여 명이었는데, 모두 건장하기가 비할 데 없었고 풍
채가 환히 빛났다. 기예단에서 온갖 일을 하는 이들만 해도 족히 일이천 명
은 되었다. 관람객이 자리를 잡자 몇 사람이 깃발을 들고 앞으로 나왔으며,
먼저 축사를 하고서 연기를 시작했다. 여러 공연자들이 의상을 차려입고 등
장하여 그네에 올라 디딤판을 딛고 구르며 각자 생애 최고의 기예를 펼쳤
다. 노래 공연장에서는 가수들이 소리를 모아 노래하니 그 울림이 가는 구
름도 멈출 기세였다. 소리가 오르락내리락 빨라졌다 느려졌다 하니, 모두
기막히게 박자가 맞고 음률과 절묘하게 어울렸다. 일시에 노랫소리 감돌며
경쾌하게 공중그네를 타니, 따뜻한 기운이 어우러짐을 반기면서 또한 시원
스러운 바람이 불어옴을 느끼면서 참으로 즐거웠다.

初, 法人有朗克斯者, 亦精斯技, 於日耳曼人初至時投刺往見, 欲預其
列以爲榮。日人謂之曰, 爾我兩人, 技均藝敵, 且所習者同此數劇, 非有
五花八門之觀, 宜間日而出。分則可各獻其所長, 聚於一處, 則我之所
演, 汝襲而效之, 不奇。不若各竭其心思, 角優爭勝, 庶可動閱者之目。
法人口雖諾之, 心不以爲然。始入場觀演時, 神色之間, 若有不勝鄙夷
者。嗣後觀其爭高對蹠, 技洶超羣, 合口同賡, 聲推絕唱, 真有耳不暇接
而目不暇給者。時觀者不下數千人, 莫不肅然起而色然喜。歌舞既終,

皆擧手除冠, 同聲稱美。劇場中本設有巡丁, 所以彈壓選事者。繼緣日人擧動中禮, 周旋合度, 佻達子弟, 皆遙立遠眺, 不復敢前, 是以無需防範。法人轉語其黨云, 此雖技也, 而近乎神矣。近今以來, 未有若斯之盛擧也。

당초 랑극사(朗克斯)라고 하는 프랑스인이 역시 이 기예에 뛰어났는데, 게르만인들이 막 도착할 즈음 명함을 들이고서 찾아갔다. 그 대오에 함께 하는 것으로 영예를 삼고자 했던 것이다. 게르만인이 그에게 말했다. "당신과 나는 기예가 엇비슷하며 익힌 것도 모두 이 몇 가지 기예입니다. 오화팔문(五花八門)[37]만큼의 변화무쌍하고 다채로운 볼거리가 아닐 바에 마땅히 날을 엇갈려 출연해야 하겠습니다. 나누어서 하게 되면 각자 장기를 선보일 수 있을 테지만, 한데 모아놓으면 내가 연기하는 바를 당신이 본떠 따라 할 것이니 특별할 게 없게 됩니다. 각자 마음을 다해 기량을 다투어 관객의 눈길을 빼앗을 수 있는 것이 좋겠습니다." 프랑스인은 입으로 그러자고 했지만 마음속으로는 그렇지 않았다. 막 입장하여 연기를 보면서는 표정에 얕보는 기색을 숨기지 못하는 듯했다. 그런데 나중에 가서 그가 높이를 다투며 발을 차는 기예가 일반을 뛰어넘는 것을 보고서는 군중과 입을 모아 잘한다고 칭찬했으니, 참으로 듣도 보도 못한 바였던 것이다. 당시 관람한 이가 수천을 넘었는데, 모두 공경의 마음으로 일어나 놀라워하며 기뻐했다. 가무가 다 끝나자 다들 손을 들어 모자를 벗고 입을 모아 찬탄했다. 극장에는 본디 순찰대가 있었는데, 말썽 일으키는 자들을 제압하기 위해서다. 내내 게르만인들의 거동이 예에 어긋나지 않고 두루 법도에 맞으니, 까부는 젊은이들도 멀리 서서 바라볼 뿐 감히 뛰쳐나가지 못했고, 그래서 막고 단속할 필요도

---

37 오화팔문: 전술의 변화가 많은 진법(陣法)인 오행진(五行陣)과 팔문진(八門陣)을 가리키며, 사물이 다양하고 변화무쌍한 것을 가리키는 말로도 쓰이게 되었다.

없었다. 프랑스인이 자기 무리에게 이르길, "이것이 비록 기예이기는 하지만 신묘함에 가깝소. 최근에 이와 같은 성대한 일은 없었소."라고 했다.

既夕, 法人登場演劇, 光怪陸離, 變化錯綜, 頗極其妙。朗克斯爲荷庭之高足弟子, 少擅天算之術, 聰慧絕倫, 善於戲術, 搬演各劇, 手法靈捷, 人莫能測其故。有妹曰璪玲, 姿容妖冶, 擧止娉婷, 能以巾裹其目, 令人以物授臺下觀者, 而知其處。臺下人手握銀錢一枚, 擧以示之, 能知鑄錢之年歲幷其輕重大小, 屢試不爽。余戱握同治錢於掌中試之, 則曰, 此錢銅質而新鑄, 字未能識, 恐非我西國物也。其術亦殊靈矣哉。

저녁이 되어 프랑스인들이 등장하여 연기를 펼치니 변화무쌍하여 절묘함의 극치였다. 랑극사는 하정(荷庭)의 수제자로 어려서부터 천문을 헤아려 점치는 일에 밝았고, 총명하기가 무리에서 으뜸이었으며, 마술과 여러 기예의 연출에 뛰어나 수법이 영민하고 민첩하여 사람들이 그 방법을 헤아릴 수 없었다. 녹령(璪玲)이라는 여동생이 있었는데 자태가 곱고 행동거지가 아름다웠다. 수건으로 눈을 가리고 사람을 시켜 물건을 무대 아래 관객에게 건네면 그 소재를 알아맞혔다. 또한 무대 아래에서 손에 은전 한 닢을 쥔 채로 들어 보이면 은전을 주조한 해와 무게와 크기를 맞혔는데, 거듭해도 틀리지 않았다. 나는 재미 삼아 동치(同治) 연간의 동전을 손에 쥐고 시험해 봤는데, 말하길, "그 돈은 동으로 만들었고 얼마 전에 주조한 것인데, 글자를 알아볼 수 없으니 아마도 우리 서양 물건은 아닌 것 같습니다."라고 했다. 그 기술이 또한 매우 신기했다!

觀劇之明日, 巳正由巴黎啟程, 乘火車至戞雷海口, 其行甚捷, 申正乃至。隨衆登船, 即刻展輪。於時風雨交作, 既勁且寒, 搖蕩簸揚, 嘔吐者大半。既抵英之都法海口, 登岸, 風吹余帽墮水, 衆人爭先取回。改登火車, 既開, 酉正抵英京倫敦。

기예를 관람한 다음 날, 오전 10시에 파리를 출발했다. 기차를 타고 칼레 항으로 갔는데 매우 빨라 오후 4시에 도착했다. 사람들을 따라 배에 오르니 시간에 맞춰 바로 출항했다. 바람과 비가 교차했는데 매섭고 찼다. 파도가 요동치니 구토하는 이가 태반이었다. 영국의 도버 항에 도착해 뭍에 올랐다. 바람에 모자가 날아가 물에 떨어졌는데 여러 사람이 다투어 건져 왔다. 다시 기차에 타니 곧 출발했다. 오후 6시에 영국의 수도 런던에 도착했다.

제26장

륜돈소게(倫敦小憩): 런던에서 잠시 쉬다

余至倫敦時已酉刻, 陽烏藏山, 昏鴉集樹, 易乘馬車, 徑造寓所。從車中望之, 萬家燈火, 密若繁星, 洵五大洲中一盛集也。寓在敖司佛街, 樓宇七層, 華敞異常。客之行李皆置小屋中, 用機器旋轉而上。偶爾出外散步, 則衢路整潔, 房屋崇閎, 車馬往來, 絡繹如織, 肩摩轂擊, 鎭日不停。入暮, 燈光輝煌如晝, 眞如不夜之城, 長明之國。

런던에 도착하니, 때가 이미 유시(酉時, 오후 5-7시)가 되어 태양이 산으로 지자 저물녘의 까마귀들은 나무로 모여들었다. 마차로 갈아타고 곧장 숙소로 향했다. 마차에서 바라보니 수많은 집들의 등불이 무수한 별처럼 빽빽하여, 그야말로 오대주 가운데 으뜸가는 도회지였다. 숙소는 옥스퍼드 거리(Oxford Street)에 있었고, 7층의 건물로 매우 높고 호화로웠다. 손님의 짐은 모두 작은 방에 두었는데, 기기를 이용하여 빙빙 돌며 올려보내졌다. 때때로 외출하여 산보를 할 때면, 도로는 정결하고 집들은 웅장하고 컸으며 마차는 끊이지 않고 왕래하여 종일토록 쉬지 않고 마차와 행인들로 붐볐다. 저물녘이 되자, 등불이 낮처럼 휘황찬란했으니, 참으로 불야성이요, 늘 환한 나라였다.

時理君雅各尚在英倫北境, 約來相迓, 因少待之。由是每日出遊, 徧歷各處。嘗觀典籍於太學, 品瑰奇於名院, 審察火機之妙用, 推求格致之

精微。各處督理主者, 無不一一指授。間有所問, 導者輒譯余意以對, 應
答如響, 隨有辨論, 主者歎爲明慧淵博。

당시 레그는 아직 런던의 북쪽 지역에 있었고 마중을 온다고 약속했기에 한
동안 그를 기다려야 했다. 이로 인해 매일 외출을 했고 각지를 두루 유람하
며 태학(太學)[38]에서 전적을 열람하거나 유명한 박물원에서 진귀한 물건들을
감상하거나 증기기관(火機)의 신묘한 성능을 살피거나 격치(格致)의 심오한
바를 탐구하기도 했다. 각 곳의 주요 책임자들은 하나하나 가르쳐주었다.
간혹 궁금한 점이 있을 때는, 안내자가 바로 내 의도를 통역하여 전했기에
메아리처럼 즉각 응답이 이루어지고 뒤이어 논변이 오고 가니 책임자들은
나의 명철하고 박식함에 감탄했다.

英之北土曰哈斯佛, 有一大書院, 素著名望。四方來學者, 不下千餘人。
肄業生悉戴方帽, 博袖長衣, 雍容文雅。每歲必品第其高下, 列優等者,
例有賞賚, 而頒物之先, 必先集於會堂聽講。監院者特邀余往, 以華言
講學。余備論中外相通之始, 言。

영국의 북쪽 지역은 옥스퍼드(Oxford)로, 평소 명성을 떨치고 있는 한 대서원
(大書院)이 있다. 각지에서 공부하러 온 이들이 천여 명을 상회한다. 학업을
닦는 이들은 모두 사각모를 쓰고 소매가 넓은 긴 옷차림으로 온화하고 문아
했다. 해마다 어김없이 그 고하를 평가하여 우등생으로 꼽히면 예규에 따라
시상을 했다. 상품을 수여하기에 앞서 반드시 먼저 강당에 모여 강연을 들

---

38 태학: 중국 고대에, 수도에 설립한 최고 학부로, 그 명칭은 서주(西周) 때부터 등장하지만 명실
  상부한 교육기관으로서는 서한(西漢)의 6대 황제인 무제(武帝) 때에 이르러 처음 설립되었다.
  여기에서는 대학을 가리킨다.

었다. 서원의 책임자는 특별히 내게 와서 중국어로 강연을 해달라고 초청했다. 나는 중서 간 상호 교류의 기원에 대해 다음과 같이 상세히 논했다.

昔英女主以利沙伯遣人至粵, 而東方之貿易以開, 繼有英官斯當東者始效華言, 於是接踵來華者, 始能通中國語言文字。夫中國在亞境之東方, 英國處歐洲之西鄙, 地之相去也七萬餘里。三百年前, 英人無至中國者, 三十年前, 中國人無至英土者。今者, 越重瀛若江河, 視中原如堂奧。無他, 以兩國相和, 故得至此。惟願嗣後益敦輯睦, 共樂邑熙。爾衆子弟讀書國塾, 肄業成均。其已得考授秀士孝廉, 列於前茅者, 皆出類拔萃之姿, 年少而志盛, 學博而文富, 皆將來有用之才也。他日出而用世, 上則翼輔王家, 下則流傳聖道, 必能有益於中國, 是所厚望焉。

예전 엘리자베스[39] 영국 여왕이 광동으로 사람을 보내어 동방의 무역이 시작되었다.[40] 이어서 영국 관리 스탠턴[41]이 처음으로 중국말을 배우자, 뒤이어 중국에 오는 이들이 비로소 중국의 언어와 문자에 능통했다. 중국은 아시아 지역의 동쪽에 위치하고 영국은 유럽의 서쪽 변경에 자리하고 있어서

---

39 엘리자베스(Elizabeth, 1533-1603): 엘리자베스 1세를 말한다. 잉글랜드의 여왕(재위 1558-1603)으로 튜더 왕조의 마지막 군주이다. 국교의 확립을 꾀하고 종교적 통일을 추진했다. 또한 화폐제도를 통일하고 중상주의 정책을 펼쳤으며 동인도회사를 설립하여 잉글랜드가 대영제국으로 발전할 수 있는 기틀을 마련했다.

40 서양인의 중국 무역은 강희 23년, 곧 1684년에야 중국이 해금 정책을 폐지하면서 이루어졌기에, 왕도의 언급은 실제 상황과는 맞지 않는 것이다. 다만 엘리자베스 1세가 1602년에 중국 무역을 위해 중국 황제에게 서신을 보낸 바 있는데, 왕도가 이러한 사실을 염두에 두고 위의 내용을 언급했을 가능성은 있다. 하지만 당시 영국에서 보낸 서신은, 그 내용이 라틴어, 스페인어, 이탈리아어 등으로 작성되었기에 19세기까지도 지속적으로 발송되었음에도 불구하고 아무런 성과도 얻지 못했다.

41 조지 토마스 스탠턴(George Thomas Staunton, 1781-1859): 1793년 11세의 나이로 매카트니(George Macartney) 사절단의 일원으로 중국을 밟았고, 당시 유일하게 중국어를 하여 건륭제(乾隆帝)의 총애를 받았다. 이후 19세기 초에 동인도회사의 관리가 되어 다시 중국을 찾았으며 이후 중국의 문호를 개방하는 데 있어 주도적 역할을 수행했다.

그 땅이 서로 칠만 여리나 떨어져 있다. 삼백 년 전에 중국에 온 영국인은 없었고 삼십 년 전에 영국 땅을 밟은 중국인은 없었다. 지금은 겹겹의 바다를 강과 하천처럼 넘나들고 중국을 집안의 한 귀퉁이처럼 여긴다. 다른 이유가 아니라, 두 나라가 서로 화목했기에 이렇게 될 수 있었던 것이다. 오직 바라기는, 이후에도 더욱 우호를 돈독히 하며 함께 화평성세를 구가하는 것이다. 그대 젊은이들은 나라의 서당에서 공부하고 성균(成均)[42]에서 학업을 닦고 있으니, 이미 시험을 통해 수재, 거인에 선발되어 우수한 성적을 거둔 이들로 모두 출중한 능력을 갖춘 것이다. 나이는 젊고 뜻은 크며 학식은 넓고 문장은 다채로워 다들 장래 쓸모 있는 인재들이다. 훗날 나가서 세상에 쓰이면, 위로는 왕실을 보좌하고 아래로는 성인의 도를 전하여 반드시 중국에 보탬이 될 수 있으리니, 이것이 크게 바라는 바이다.

是時, 一堂聽者, 無不鼓掌蹈足, 同聲稱贊, 牆壁爲震。其中肄業生之年長者, 多由國家銓選, 授以職官, 遣至印度中國, 以備繙譯人員之用, 特來問余中國孔子之道與泰西所傳天道若何。余應之曰孔子之道人道也。有人此有道。人類一日不滅, 則其道一日不變。泰西人士論道必溯原於天, 然傳之者, 必歸本於人。非先盡乎人事, 亦不能求天降福, 是則仍繫乎人而已。夫天道無私, 終歸乎一。由今日而觀其分, 則同而異。由他日而觀其合, 則異而同。前聖不云乎。東方有聖人焉, 此心同, 此理同也。西方有聖人焉, 此心同, 此理同也。請一言以決之曰其道大同。諸問者俱爲首肯。

당시 강당의 모든 청자들 누구나 박수를 치고 발을 구르며 한목소리로 칭찬

---

42 성균: 주(周)나라 때 천자가 세운 최고 학부인 태학을 말한다. 여기에서는 옥스퍼드대학을 가리킨다.

을 하여 담장이 흔들릴 정도였다. 그 안의 학생들 중 연장자들은, 대부분 국가가 선발하여 관직을 부여하고 인도, 중국으로 파견되어 통번역 업무에 충당되는데, 일부러 와서 내게 중국 공자의 도와 서양에 전하는 천도를 비교하면 어떤지를 물었다. 나는 이렇게 답했다. "공자의 도는 인간의 도입니다. 인간이 있다면 그곳에 도가 있지요. 인류가 하루 만에 사라지지 않는다면 그도 역시 하루 만에 변하지 않을 것입니다. 서양인들은 도를 논할 때 반드시 하늘에서 그 근원을 찾고자 하지만 도를 전하는 이들은 반드시 근본을 인간에게 귀속시킵니다. 먼저 인간의 일을 다 하지 않는다면 또한 하늘이 복을 내려주길 바랄 수 없으니, 여전히 인간에게 달린 것일 따름이지요. 천도는 사사로움이 없으니 종국에는 하나로 귀결됩니다. 지금 그 차이점을 주목하면 같지만 다르게 여겨지고, 다른 날 그 동일성을 주목한다면 다르지만 같다고 여겨질 것입니다. 예전 성인께서 말씀하시지 않았습니까. 동방에 성인이 있더라도 이 마음과 같고 이 이치와 같다. 서방에 성인이 있더라도 이 마음과 같고 이 이치와 같다고 말이죠.[43] 한마디로 정리하자면 그 도는 크게 봐서 동일한 것입니다." 질문한 이들이 모두 수긍했다.

倫敦畫館請余以日影繪像, 既成, 懸之閣中, 而以十二幅贈予。余題二律於後云。

런던의 사진관에서 내게 해의 그림자로(감광으로) 초상을 그리기를 청했다. 완성이 되자 사진관에 걸어두고 내게 열두 폭을 주었다. 나는 율시 두 수를 그 뒷면에 남기었다.

43 이 말은 송대 육구연(陸九淵)이 한 말을 가져온 것으로 보인다. 애초 원문은 다음과 같다. "동해에 성인이 나오더라도 이 마음과 같고 이 이치와 같다. 서해에 성인이 나오더라도 이 마음과 같고 이 이치와 같다(東海有聖人出焉, 此心同也, 此理同也. 西海有聖人出焉, 此心同也, 此理同也)"라고 말한 바 있다.(『전집(全集)』「연보(年譜)」)

九萬滄溟擲此身, 誰憐海外一逋臣。
形容不覺隨年改, 面目翻嫌非我真。
尚戴頭顧思報國, 猶餘肝膽肯輸人。
昂藏七尺終何用, 空對斜曛獨愴神。

구만리 아득한 곳에 내 몸을 기탁했으니
누가 해외로 도망친 한 신하를 가련히 여기리오.
행색은 모르는 새, 해마다 바뀌고
몰골은 도리어 흉해졌으니 내 본디 모습 아니로세.
아직 머리 달고 있는 한, 나라에 보답하길 생각하고
여전히 간과 쓸개가 남아있는 한, 어찌 남에게 굴복하리.
칠척장신의 위풍당당한 대장부인들 결국 무슨 소용이랴,
부질없이 지는 해를 대하며 홀로 마음 아파하네.

安得空山證宿因, 避人無地且依人。
有生已受形骸累, 到死難忘骨月親。
異國山川同日月, 中原天地正風塵。
可憐獨立蒼茫裏, 撫卷聊看現在身。

어떻게 인적 드문 심산을 찾아 전생의 인연을 밝힐 수 있으리.
사람을 피하려 했으나 갈 곳이 없어 잠시 남에게 의탁했네.
살아서 이미 몸뚱이에 누가 되어
죽자니 혈육의 정을 저버리기 어렵네.
이국산천도 해와 달은 같으나
중원 천지는 전란이 한창이로세.

가련하구나. 홀로 아득한 곳에 서서
사진첩을 매만지며 그저 지금의 내 모습 보노라니.

嗚呼, 余少時亦嘗有志於用世, 嗟盛年之不再, 憫時事之日非, 常欲投筆請纓, 荷戈殺賊, 以上報國家。用我無人, 卒以讒去。蹈海旅粵, 惟事讀書, 終日絃歌, 聲出金石, 亦無有心人過而問焉者。今日羈身於數萬里之外, 去家益遠, 而心彌悲已。

아! 나 또한 젊었을 때 세상에 쓰일 뜻을 품었기에, 한창의 시절 다시는 오지 않음을 탄식하면서, 시국이 날로 악화되는 것이 근심스러워 늘 투필 종군하여 창을 메고 적을 죽임으로써 위로 나라에 보답하기를 바랐다. 나를 써주는 이 아무도 없어 결국 비방으로 인해 떠나야 했다. 바다를 건너 월(粵) 땅에서 객지살이를 하며 오직 독서만을 일삼았다. 종일토록 거문고를 타고 시가를 읊조리고 소리가 금석에서 나온 듯 낭랑했어도 누구 하나 관심을 두고 지나가며 묻지를 않았다. 이제 수만 리 밖에 매여서 집으로부터 더욱 멀어졌으니 마음이 더욱 슬프기만 하다.

제27장

파리거실(玻璃巨室): 수정궁

余自香港啟行, 由新嘉坡而檳榔嶼, 而錫蘭, 而亞丁, 而蘇彝士, 至此始覺景象一新。居民面色漸黃, 天氣亦稍寒, 睛髮俱黑, 無異華人, 士女亦多清秀。古稱埃及爲文明之國, 洵不誣也。復歷基改羅, 經亞勒山大, 渡地中海而泊墨西拿, 惜未及登岸。其地多火山, 產硫磺。既抵法埠馬塞里, 眼界頓開, 幾若別一世宙。若里昂, 若巴黎, 名勝之區, 幾不勝紀。逮至倫敦, 又似別一洞天。其爲繁華之淵藪, 遊觀之壇場, 則未有若玻璃巨室者也。

나는 홍콩에서 출발하여 싱가포르와 페낭, 실론, 아덴, 수에즈를 경유했다. 그러다 여기에 이르자 비로소 모습이 완전히 새로워짐을 느꼈다. 거주민의 얼굴색이 점차 황색을 띠고 날씨 또한 조금 추워졌다. 눈과 머리가 모두 검은색이라 중국인과 차이가 없었으며 처녀총각들 또한 대부분 수려했다. 예로부터 이집트는 문명의 나라라 칭해졌으니, 참으로 거짓이 아니었다. 또한 카이로를 두루 살피고 알렉산드리아를 통해 지중해를 넘어 이탈리아의 메시나에 정박했는데 아쉽게도 뭍을 밟지는 못했다. 그 지역에는 화산이 많아 유황을 생산했다. 프랑스의 항구 마르세유에 도착하니 시야가 활짝 열려 거의 별세계인 것만 같았다. 리옹이나 파리 같은 경우 명승지가 일일이 거론하기 힘들 정도로 많았다. 런던에 이르고 보니 또한 별천지에 온 것 같았다. 그중에서 번화하게 사람이 모이는 곳이자 유람의 성지를 꼽자면 유리로 만든 거대한 집만 한 곳이 없다.

談者謂倫敦人民之盛, 都城中三百萬有奇。地形四面環海, 陸兵十餘萬, 水師不過六萬人, 足敷防守, 若征調, 則一時數十萬可集也。都會廣四五十里, 人煙稠密, 樓宇整齊, 多五六層。衢路坦潔, 車轂擊, 人肩摩, 爲泰西極大都城。巡街弁兵, 持杖鵠立道左, 不憚風雨, 率皆紅衣黑褲, 服飾新鮮。

논자들이 런던 인구의 성대함에 대해 일컫기를 도성 안에서만 300만 남짓이라 했다. 지형은 사면이 바다로 둘러싸여 있어, 육군 10여 만에 수군이 6만에 불과한데도 방어하기에 충분했다. 만약 징집한다면 일시에 수십만이 모여든다. 도시의 넓이가 사오십 리여서 인가가 조밀한데, 건물이 가지런하고 5-6층이 많았다. 도로는 평탄하고 깨끗했으며 수레바퀴가 서로 부딪치고 어깨가 맞닿을 정도로 사람이 많은 유럽의 초대형 도성이었다. 거리의 순찰병은 몽둥이를 들고 도롯가에 반듯이 서 있었는데 비바람을 두려워하지 않았다. 모두 붉은 옷에 검은 바지로 갖춘 복식이 신선했다.

玻璃巨室, 土人亦呼爲水晶宮, 在倫敦之南二十有五里, 乘輪車頃刻可至。地勢高峻, 望之巍然若岡阜。廣厦崇庨, 建於其上, 逶迤聯屬, 霧閣雲窗, 縹緲天外。南北各峙一塔, 高矗霄漢。北塔凡十一級, 高四十丈。塼瓦榱桷, 窗牖欄檻, 悉玻璃也, 日光注射, 一片精瑩。其中臺觀亭榭, 園囿池沼, 花卉草木, 鳥獸禽蟲, 無不畢備。四周隙地數百畝, 設肆鬻物者麕集, 酒樓茗寮, 隨意所詣。有一樂院, 其大可容數千人, 彈琴唱歌, 諸樂畢奏, 幾於響遏雲而聲裂帛。有一處魚龍曼衍, 百戲竝作, 凡一切緣繩擊橦, 吞刀吐火, 舞盤穿梯, 搬演變化, 光怪陸離, 奇幻不測, 能令觀者目眩神迷。

유리로 만든 거대한 집을 현지인들은 수정궁[44]이라고도 불렀는데, 런던의
남쪽 25리 위치에[45] 있지만 기차를 타면 순식간에 갈 수 있었다. 지세가 높
아 우러러보면 작은 산등성이처럼 우뚝하다. 넓고 화려한 건물을 그 언덕
위에 세워 옆으로 길게 연결했으며, 안개에 휩싸인 누각과 구름에 가닿는
창문이 하늘 위로 가물가물할 정도로 높다. 남북에 각각 하나씩 서 있는 탑
은 은하수에 닿을 듯 높이 솟아 있었다. 북탑은 11층으로 높이가 40장이었
다. 벽돌이나 서까래, 창문과 난간 등은 모두 유리로 만들어져, 햇빛이 비
치면 온통 투명하게 빛났다. 그 안에는 누대와 정자, 정원과 연못, 화훼와
초목, 들짐승과 날짐승이 모두 갖춰져 있었다. 주위의 수백 묘에 이르는 공
터에는 가게를 열어 물건을 파는 자들이 모여 있으니 주루나 찻집을 마음대
로 드나들 수 있었다. 규모가 수천 명을 수용할 정도의 한 음악원에서는 피
아노를 치며 노래를 불렀다. 여러 음악이 모두 연주되면 음향이 울려 퍼져
구름을 멈추게 하고 비단을 찢듯 격앙되었다. 또 다른 곳에서는 어룡만연희
가 펼쳐지듯 온갖 공연이 이어졌다. 무릇 줄타기, 장대타기, 칼 삼키기, 불
뿜기, 쟁반 돌리기, 사다리 통과하기 등의 온갖 묘기의 변화가 가지각색으
로 펼쳐지고 예상할 수 없을 정도로 환상적이어서 관람객의 눈과 마음을 매
료시킬 수 있었다.

---

44 더글러스 제럴드(Douglas Jerrold)가 1850년 7월 『펀치(Punch)』에 사용한 "그야말로 수정
같은 궁전(palace of very crystal)"이라는 표현에서 유래했다고 한다.

45 수정궁은 원래 런던 중심부(버킹엄 궁전 인근)에 위치한 하이드 파크(Hyde Park)에 세워졌으
나, 박람회가 끝난 후 해체되었다가 1854년 런던 남부의 시드넘(Sydenham Hill) 옆 펜지 피크
(Penge Peak) 정상에 재건했다. 원래의 금속과 유리를 대부분 사용하되 외관을 변경하고 크기
를 확장했으며, 평지에서 언덕으로 이전한 것도 경관이 달라진 요인이다. 1936년 화재로 소실
된 후 다시 재건되지 못하고 있다. 수정궁 부지에 조성된 공원(Crystal Palace Park)은 이 지역
의 랜드마크가 되었으며, 여전히 남부 런던의 이 지역을 가리키는 명칭으로 사용되고 있다.

宮之中央有一觀劇所最大, 所演多英國古時事。戰陣亦用甲胄刀矛, 貴官出巡亦坐輿轎, 儀從髣髴中華, 最奇者室宇可以霎時變易, 洵如空中樓閣, 彈指即現。有一女子年僅十五六, 短衣蔽膝, 下綴金穗, 上皆鑽石, 寶光璀璨不可逼視。容色豔麗, 一笑傾城, 長於跳舞, 應節合度, 進退疾徐, 無不有法。

수정궁의 중앙에 있는 공연장이 가장 컸는데, 상연되는 것은 영국의 옛 사건이 대부분이었다. 전쟁에는 우리와 마찬가지로 갑옷과 투구를 착용하고 창칼을 사용했으며, 존귀한 관리가 행차할 때는 가마에 앉았는데 의장행렬이 중국과 비슷했다. 가장 기이한 점은 무대장치인 건물을 삽시에 변경하는 것이 가능하여 마치 공중누각인 마냥 눈 깜짝할 사이에 모습을 드러냈다. 나이가 고작 열대여섯인 한 여자는 무릎이나 가리는 짧은 옷을 입었는데, 아래로 금술을 늘어뜨리고 위로는 온통 다이아몬드로 치장하여 보석빛이 찬란하여 똑바로 쳐다볼 수 없을 지경이었다. 얼굴이 아름다워 한 번 웃음에 도시가 무너질 정도의 절색이었다. 춤을 잘 췄는데, 박자에 호응하여 빨라졌다 느려지는 발동작이 모두 법도에 맞았다.

有一樓多設珍奇之物, 火齊木難, 翡翠珊瑚, 悉充牣焉。又儲各國寶器, 罩以玻璃。樓下有獅虎共爭一羊, 獅腹破而虎亦殞。樓梯旁有一印度女子, 向西而立, 手執連環, 姿態絕美。云係古時王妃, 聰慧異常, 以非命死。有一石築方室高與樓齊, 乃澳大利亞積年所掘之金已有此數。有一處悉造各國宮室, 人物禽獸, 皆肖其國之象。登其樓, 目及數十里外。

한 층에는 진귀한 물건을 많이 진열해 두었다. 보기 힘든 보석인 화제나 목난, 비취나 산호 등이 온통 가득했다. 한편, 각국의 보물은 유리로 씌워 보관했다. 아래층에는 양 한 마리를 놓고 다투는 사자와 호랑이 조각이 있는데, 사자의 배가 터지고 호랑이도 죽어갔다. 계단 옆에 한 인도 여인의 조각이 서쪽을 향해 서서 손에 쇠사슬을 들고 있었는데, 자태가 더없이 아름다웠다. 고대의 왕비라는데, 굉장히 총명했으나 비명횡사했다고 한다. 돌로 쌓은 한 네모난 방은 높이가 누각과 같았는데, 오스트레일리아에서 다년간 캐낸 금이 이미 이 정도 수량에 이르렀다. 한 곳에는 각국의 궁전을 조성해 놓았는데, 사람과 동물이 모두 그 나라의 기상을 닮았다. 그 누각에 오르니 수십 리 밖이 내다보였다.

宮內遊人雖眾, 無喧囂雜遝之形。凡入者, 畀銀錢二。余遊覽四日, 尚未能徧。每遊, 必遇一男一女, 晨去暮返, 亦必先後同車。彼此相稔, 疑其必係夫婦, 詢之, 則曰, 非也, 乃相悅而未成婚者, 約同遊一月後, 始告諸親而合졸焉。

수정궁 안에는 유람객이 많았지만 시끄럽거나 혼란스러운 모습은 없었다. 입장할 때 은전 두 개를 내야 한다. 나는 나흘을 유람했는데도 전부 다 살펴보지는 못했다. 매번 유람할 때마다 남녀 한 쌍을 만났는데, 아침에 가서 저녁에 돌아올 때마다 앞서거니 뒤서거니 같은 차를 탔다. 애틋한 사이라 필시 부부일 거라 생각돼 물어보니 아니라고 했다. 사랑하지만 결혼은 아직 하지 않았는데, 같이 한 달을 여행한 후에야 비로소 여러 친지에게 고하고 혼인을 올리기로 약조했다는 것이다.

都中屋宇, 鱗次而櫛比。高至數層者, 干霄入雲。憑欄遠眺, 幾疑爲天際真人, 可望而不可即。最下一層, 入地數尺, 開漏天一線, 以取光明, 通接氤氳清淑之氣, 亦頗爽朗。每層四周圍以欄杆, 排列花卉盆玩, 以娛觀眺。數街中輒有小園, 蔭以花木, 鑄鐵爲椅, 以便遊者憩息, 惜少亭榭可蔽驕陽。地由富室公建, 特爲居人晨夕往遊。蓋所居層樓疊閣, 無空院, 少呼吸通天氣處, 恐致鬱而生疾。故闢此園, 俾人散步舒懷, 藉以宣暢其氣焉。

런던의 가옥들은 비늘처럼 가지런하고 촘촘하게 밀집해 있었다. 높이가 수 층에 이르는 것은 구름에 닿을 듯 높았다. 난간에 기대어 멀리 조망하니, 바라지만 가닿을 수 없는 천상의 신선이 된 것만 같았다. 가장 아래층은 땅속으로 수 척 들어가 있어, 하늘 쪽으로 틈을 하나 뚫어 빛을 끌어들이고 맑은 공기를 통하게 했으니 또한 자못 상쾌했다. 각층의 사방에는 난간을 둘러 화분을 늘어놓아 눈을 즐겁게 했다. 몇 개의 도로 사이에는 항상 작은 공원을 두었다. 꽃과 나무가 우거져 있고 쇠로 의자를 주조하여 유람객들이 쉬기 편하게 했으나, 뙤약볕을 가릴 정자가 적은 것은 애석했다. 그 부지는 부호가 공적인 목적으로 조성하여 특별히 거주민들이 아침저녁으로 거닐도록 만든 것이다. 아마도 거주지가 높은 층수의 누각이라 빈 마당이 없어 공기가 통하여 호흡할 만한 곳이 적으니 오래 쌓여서 질병을 초래할 것을 우려한 것이리라. 이 때문에 이러한 공원을 만들어 사람들이 산보를 하며 기분 전환할 수 있게 하고, 그럼으로써 맑은 공기를 마실 수 있도록 한 것이다.

제28장

박물대원(博物大院): 대영박물관

倫敦都會稱泰西巨擘, 街衢寬廣有至六七丈者, 兩旁砌以平石。街中或
鋪木柱, 以便車轂往來, 無轔轔隆隆之喧。每日淸晨, 有水車灑掃沙塵,
纖垢不留, 雜汚務盡。地中亦設長渠, 以消汙水。

런던의 도회는 서양의 으뜸이라고 일컬어진다. 거리는 너비가 6-7장에 이
르는 것이 있고, 양쪽 옆은 평평한 돌로 쌓았다. 도로 중에 어떤 곳은 나무
말뚝을 깔아[46] 차의 왕래를 편리하게 하고 시끄럽게 덜그럭거리는 소리가
나지 않게 했다. 매일 새벽에는 수차(水車)가 모래 먼지를 씻어내어 작은 티
끌도 남겨두지 않고 잡다한 오물도 다 치우고자 한다. 땅속에 긴 도랑도 파
서 오수를 없앤다.

至於汲道, 不事穿井, 自然利便。各街地中皆範鉛鐵爲管, 長短曲折, 遠
近流通, 互相接引。各家壁中咸有泉管, 有塞以司啟閉, 用時噴流如注,
不患不足。無穿鑿緶汲之勞, 亦無泛濫缺乏之慮。每夕燈火, 不專假膏
燭, 亦以鐵管貫於各家壁內, 收取煤氣, 由管而管, 吐達於室。以火引之
卽燃, 朗耀光明, 徹霄達曙, 較燈燭之光十倍。晚游闤闠, 幾如不夜之
天, 長明之國。肆中各物, 類皆精巧絕倫, 列置玻璃窗中, 表裏透徹, 歷
歷如繪。

---

46 나무 말뚝을 세로로 박아 타일처럼 만든 것이다.

수도가 있어 우물을 파지 않으니 당연히 편리하다. 각 거리의 땅속에는 모두 양철로 통(筒)을 주조하여 길고 짧고 구부러진 것들을 멀리까지 흘러가도록 서로 연결했다. 각 집의 벽에는 모두 수도관이 있는데 마개가 있어 개폐를 조절하여 사용할 때 물이 퍼붓는 것처럼 뿜어져 나오니 부족할까 걱정하지 않는다. 우물을 파고 물을 길어 올리는 수고도 없고 물이 넘치거나 부족할 걱정도 없는 것이다. 저녁때의 등화는 기름을 태우는 촛불 말고도 철통을 각 집의 벽 안에 뚫어 가스를 통에서 관을 통해 집안까지 이르러 배출하는 것이 있다. 불을 붙이면 바로 타올라 밤새도록 새벽까지 밝게 빛나니 등촉의 빛보다 열 배는 밝다. 저녁때 큰길에 나갔는데 거의 불야(不夜)의 하늘이요 장명(長明)의 땅이었다. 점포에서 파는 여러 가지 물건들은 모두 정교하고 뛰어났는데, 유리창 안에 진열하여 안쪽이 잘 보이니 마치 그림처럼 물건들의 모습이 선명하게 보였다.

市中必留隙地以相間隔, 約寬百畝, 闢爲園囿, 圍以迴欄, 環植樹木。氣既疏通, 蔭亦淸涼, 無逼窄叢雜之虞。每日園丁灑掃灌漑, 左右鄰皆有管鑰, 出入自便。

시내에는 반드시 백 무(畝) 너비 정도의 빈 땅을 남겨 서로 간격을 띄워놓고 공원을 만들고 난간을 두르고 수목을 둘러 심었다. 공기가 잘 통하고 그늘도 시원하여 비좁거나 답답하다는 생각이 없다. 날마다 공원 지기들이 청소하고 물을 뿌리고, 인근의 주민들은 모두 열쇠가 있어서 출입이 자유롭다.

都城所立公會, 凡一百九十餘所, 類皆講學行善者居多。余初至倫敦, 往遊密聖公會, 卽傳敎總所也。總司其事者爲韋廉遜, 其人藹然可親。導觀各處, 珍奇物玩羅列几案, 大抵得自中華者居其半。所有前往四方播教者, 悉由此處資遣。

도성에 세워져 있는 교회는 모두 190여 군데로, 공부를 가르치고 선행을 베푸는 곳이 많다. 나는 런던에 가서 먼저 선교회[47]에 가 보았는데 선교의 총본부였다. 그곳의 일을 총괄하는 이는 위렴손(韋廉遜)이라는 사람으로 온화하고 친근했다. 그가 여기저기를 안내해 주었는데 진기한 물건들이 탁자에 진열되어 있었다. 대체로 중화에서 온 것이 절반쯤 되었다. 사방으로 선교를 나가는 사람들을 모두 여기에서 뽑아 보낸다.

午後, 理君雅各至, 同遊博物院。院建於一千七百五十三年, 其地袤廣數百畝。構屋千楹, 高敞鞏固, 鐵作間架, 鉛代陶瓦, 甄石爲壁, 皆以防火患也。院中藏書最富, 所有五大洲輿圖, 古今歷代書籍, 不下五十二萬部。其地堂室相連, 重閣疊架, 自巓至址, 節節庋書, 錦帙牙籤, 鱗次櫛比。各國皆按楅架分列, 不紊分毫。其司華書者爲德格樂, 能操華言, 曾旅天津五年。其前爲廣堂, 排列几椅, 可坐數百人。几上筆墨俱備, 四面環以鐵闌。男女觀書者, 日有百數十人, 晨入暮歸, 書任檢讀, 惟不令攜去。

오후에 레그가 와서 함께 박물관[48]에 갔다. 그곳은 1753년에 세워졌는데 터가 넓어 수백 무나 되었다. 건물은 천여 칸이나 되었는데, 아주 높고 탁 트였으며 튼튼했다. 철로 골조를 세우고 양철로 기와를 대신하고 벽돌로 벽을 쌓았는데, 모두 화재를 막기 위한 것이었다. 박물관에는 장서가 무척 많아

---

47 선교회: 런던선교회(London Missionary Society)를 말한다. 개신교의 초교파 복음주의 선교 단체로, 1795년 창립되었고, 1977년에 다른 선교 단체와 합병하여 세계선교협회(Council for World Mission)가 되었다.

48 박물관: 대영박물관(British Museum)을 가리킨다.

5대 주의 지도와 고금의 역대 서적이 52만 부를 넘었다. 방이 서로 연결되어 있고 여러 층에 서가들이 첩첩이 있으며 꼭대기에서 바닥까지 가지런히 보관되어 있어서 훌륭한 서적들이 비늘처럼 빗살처럼 촘촘히 꽂혀 있었다. 각국의 책들은 서가별로 나뉘어 보관되어 조금도 뒤섞여 있지 않았다. 중화의 서적을 담당한 사람은 더글라스[49]라는 이로, 중화의 말을 잘했는데 천진(天津)에서 5년을 살았다고 했다. 그 앞에는 넓은 방이 있었는데 많은 탁자와 의자가 놓여 있어서 수백 명이 앉을 수 있었다. 탁자 위에는 펜과 잉크가 모두 갖추어져 있고 사방은 철 난간으로 둘러쳐져 있었다. 책을 보는 남녀가 날마다 백 수십 명인데 새벽에 들어왔다가 저녁에 돌아가고, 책은 마음껏 읽을 수 있으나 다만 가지고 나가지는 못했다.

旁一所, 儲各國圖畫珍玩。歷代璽印之式, 璽圓如璧, 金石爲之, 各肖其君貌於上, 印以紅蠟, 周約五寸。由此透迤前行, 又數十楹, 羅列古蹟, 零銅斷瓦, 雜遝兼收。其大者如石碑, 石柱, 石像, 石棺, 皆麥西, 猶太, 羅馬, 希臘諸國二千年前之物。石棺自土掘出, 叩之淵淵作金石聲。棺蓋繪畫人像, 顏色未改。有棺之前後戶俱脫者, 窺其骸骨尚未朽壞。所衣布帛, 紋縷猶可指數。

한쪽 옆에는 각국의 그림과 보물들이 보관되어 있었다. 그중에는 역대의 국새들이 있었는데 마치 벽옥처럼 둥근 모양이었다. 국새는 쇠나 돌로 만들었고 그 위에 각 군주의 형상을 부조했는데 찍을 때는 붉은 밀랍을 썼다. 둘레는 약 5촌이었다. 그곳에서 앞으로 구불구불 가니 다시 수십 칸 크기의 방

---

49 더글라스: 로버트 더글러스 경(Sir Robert Kennaway Douglas, 德格樂, 1838-1913)을 가리킨다. 그는 1858년부터 1865년까지 중국에서 외교관으로 근무했고 그 뒤 귀국하여 킹스 칼리지의 중국 담당 교수가 되었다. 그는 왕립아시아학회의 부회장과 대영박물관의 동양 서적 및 사본(寫本) 담당관을 역임하기도 했다.

이 나왔고 유적들이 진열되어 있었는데 구리 조각이나 깨진 기와 같은 잡다한 것들도 함께 있었다. 유적 중에 석비(石碑), 석주(石柱), 석상(石像), 석관(石棺)처럼 큰 것은 모두 이집트, 유대, 로마, 그리스 등 나라의 2천 년 전 물건들이었다. 석관은 땅에서 파낸 것으로, 두드려 보면 웅웅 하는 쇳소리가 났다. 관뚜껑에는 사람 모습이 그려져 있었는데 색깔이 변하지 않았다. 어떤 관은 앞뒤 문이 모두 떨어져 나가 썩지 않은 해골의 모습이 엿보였고 입고 있는 옷의 무늬도 알아볼 수 있었다.

出此, 降階復升, 重門洞達, 衢接百數十楹。舉凡天地間所有之鳥獸鱗介, 草木穀果, 山嶽之精英, 淵海之怪異, 博物志所不及載, 珍玩考所不及辨, 格古論所不及詳, 莫不棋布星羅, 各呈其本然之體質。有犀牛一, 大異尋常, 云是開闢初生之物。有一鯨魚, 其巨幾蔽屋數十椽, 長約二百餘丈。動物則取已死者存其骨殖, 被以全體皮毛, 實以紙棉藥料, 屹立無異於生。人之骸骨亦數十具, 用銅線聯綴焉。他如上古銀錢, 近今礦產, 無不搜羅及之。再進, 又十數楹, 爲古今天下各國日用器物與刀矛弓矢, 而本國之新製繼之。

이곳에서 나와 계단을 내려갔다가 다시 올라가니 겹문이 열려 있고 백수십 칸 크기의 방으로 이어졌다. 온 천지에 있는 날짐승, 들짐승, 물고기, 조개, 초목, 곡식, 과일, 그리고 산과 바다의 진귀하고 기이한 것들은 모두 『박물지(博物志)』에 실리지 않고 『진완고(珍玩考)』에도 언급되지 않았으며 『격고론(格古論)』에도 자세히 나오지 않은 것들로, 바둑돌이나 별들이 가득한 것처럼 무수히 많았으며 각각 그 본연의 몸체와 성질을 잘 드러내고 있었다.[50] 어떤 물소는 보통과는 크게 달랐는데 천지가 개벽하던 초기에 살았던

---

50 『박물지』는 위진남북조 초기 장화(張華)가 편찬한 여러 가지 사물과 사실에 대해 적은 책이고,

짐승이라고 했다. 어떤 고래는 그 크기가 거의 수십 채의 집을 덮을 만하여 길이가 200여 장(丈)에 달했다. 어떤 동물은 죽은 것을 가져다가 골격을 남기고 온몸의 가죽과 털을 입히고 종이와 목화와 약재를 채워 세워두었는데 살아있는 것과 다를 바 없었다. 사람의 유골 또한 수십구가 있었는데 구리선을 사용하여 하나로 엮여 있었다. 그리고 고대의 은전과 근래의 광물도 수집하지 않은 것이 없었다. 다시 앞으로 가니 역시 수십 칸 크기의 방이 나왔는데 고금 천하 각국의 일용 기물과 칼, 창, 활, 화살 같은 것들이 있었고 본국의 새 기물들이 이어져 있었다.

此院各國皆有, 英之爲此, 非徒令人炫奇好異, 悅目怡情也。蓋人限於方域, 阻於時代, 足跡不能徧歷五洲, 見聞不能追及千古。雖讀書知有是物, 究未得一睹形象, 故有遇之於目而仍不知爲何名者。今博采旁搜, 綜括萬彙, 悉備一廬, 於禮拜一三五日啟門, 縱令士庶往觀, 所以佐讀書之不逮而廣其識也, 用意不亦深哉。

이와 같은 박물관은 각국에 모두 있지만 영국에서 박물관을 만든 것은 비단 사람들에게 기이한 것을 보여주어 눈과 마음을 즐겁게 해주기 위한 것만은 아니다. 지리의 한계와 시대의 제약 때문에 발길이 오대주에 다 이를 수 없고 견문이 천고에 다 미칠 수 없으니, 비록 책을 읽어 어떤 물건이 있다는 것을 알아도 끝내 그것의 모습을 눈으로 보지 못했으므로 설사 그것을 보게 된다고 해도 여전히 그 이름을 알지 못한다. 지금 널리 수집하여 온갖 물건들을 종합하여 한 집에 다 갖추어 놓고 월, 수, 금요일에 문을 열어 보통 사

『진완고』는 명나라 신무관(愼懋官)이 편찬한 동식물 관련 유서(類書)인 『화이화목금수진완고(華夷花木鳥獸珍玩考)』를 말하며, 『격고론』은 명나라 조소(曹昭)가 편찬한 문물 감정 서적인 『격고요론(格古要論)』을 가리킨다.

람들도 가서 볼 수 있게 하여 책으로 읽어서도 알지 못하는 것을 도와 지식을 넓혀주니 그 뜻이 깊지 아니한가!

제29장

보라성당(保羅聖堂): 세인트 폴 대성당

倫敦禮拜堂林立, 新舊大小凡七百三十所, 而以聖保羅會堂爲最巨。
此堂落成於一千七百十年, 經營締構, 前後凡閱三十五年, 其工始竣。
建堂模式, 其圖爲多華玲所繪, 固創作也。堂之東西, 俱四百九十三
尺, 深二百四十六尺。兩旁有樓, 彎環若半月形, 十字架由地至巓, 高
三百九十八尺。牆垣均用靑石築成, 堅緻精好。計用金錢七十四萬
七千九百五十四鎊, 合之中華銀數凡二百六十五萬六千七百三十三
兩, 亦可謂時久而費鉅矣。

런던에는 모두 730곳의 크고 작은 신구 예배당이 빽빽이 들어서 있는데, 세
인트 폴 대성당(St. Paul's Cathedral)이 가장 크다. 이 예배당은 1710년에 완
공되었는데, 착공한 지 35년이 지나서야 준공된 것이었다.[51] 예배당의 건축
양식은 크리스토퍼 렌[52]이 설계도를 그렸고 그에 따라 건축되었다. 예배당
은 동서로 493척이고, 깊이가 246척이며, 양측에 타워가 있다. 반월 모양

---

51 세인트 폴 대성당은 사도 바울로에게 봉헌된 성당으로, 604년에 이곳에 지어져 있던 성당을 원
형으로 하여 세워졌다. 원래 있던 세인트 폴 대성당은 1666년 런던 대화재 때 불타 버렸으며,
1675년에 크리스토퍼 렌 경의 감독 아래 영국 바로크 양식으로 다시 짓기 시작하여 35년 만에
완공되었다.

52 크리스토퍼 렌(Christopher Wren, 1632-1723): 영국의 건축가. 자연과학에도 뛰어난 재능을
보여 1657년 옥스퍼드대학의 천문학 교수가 되었으나, 1663년경부터 건축에 열중했다. 1666
년 일어난 런던 대화재 후 바로크적 도시 재건을 제안해 1669년 건설 총감이 되었다. 그 결과
세인트 폴 대성당을 포함한 시내의 50여 개의 교회와 그리니치병원 등 매우 많은 건축물을 건
조했다. 1673년에 기사에 서위되었고, 하원의원을 지냈다.

의 둥근 돔이 있어 바닥에서부터 십자가 꼭대기까지 높이가 398척이다. 벽은 모두 푸른 돌로 축성되었으며 견고하고 아름답다. 비용은 747,954파운드로, 중국 은전 2,656,733냥에 부합한다. 건축 기간이 길어 비용이 많아진 것이라고 할 수 있다.

余嘗與理君雅各攬衣陟其巓, 憑欄遠眺, 則都中宮殿樓臺園林景物歷歷在目。惜其日風力太猛, 駐立稍久, 身幾爲之掣去。堂之頂有圓球, 上置十字架。球空其中, 可容三五人。繼往半月樓小憩, 余坐於東, 理君雅各坐於西, 兩面遙對, 約距五丈許。而出言問答, 猶在耳際, 亦奇矣哉。

나는 레그와 함께 옷자락을 붙들고 꼭대기에 올라가 보았다. 난간에 기대어 멀리 바라보니 도성의 궁전과 높은 건물들, 정원의 풍경들이 뚜렷하게 시야에 들어왔다. 아쉽게도 그날은 바람이 너무 사나운 까닭에 서서 몸을 조금 내밀면 거의 뽑혀 나갈 것 같았다. 예배당의 천장에는 위에 십자가를 세운 돔이 있었다. 돔 안은 비어 있어 3-5명 정도 들어갈 수 있다. 이어 반달 모양의 첨탑으로 가서 잠시 쉬며 나는 동쪽에, 레그는 서쪽에 앉아 양쪽에서 멀리 마주했다. 대략 5장 남짓의 거리였지만, 말을 꺼내 묻고 답했을 때 마치 귓가에 있는 듯해서 신기할 따름이었다.

堂之正中, 其上有自鳴鍾, 式制甚巨, 高約丈有二尺, 鍾聲洪亮, 響徹十餘里。出入闢三門, 以白石雕琢古賢哲像, 鐫刻工麗, 非爲美觀, 蓋以銘功德而樹儀表也。堂中多韶年童子詠歌誦詩, 樂人奏琴以諧其聲, 和音雅節, 淸韻悠揚, 聽者忘倦。

예배당의 정중앙에는 위쪽에 자명종이 있는데 규격이 매우 크고 높이가 약

1장 2척 정도였다. 소리가 크게 울려 10여 리까지 퍼졌다. 출입하며 세 개의 문을 드나들었는데, 흰 돌에 옛 현인과 철인의 상을 새겼다. 새긴 솜씨가 뛰어났다. 미관을 위한 것이 아니라 모두 공덕을 새겨 의용을 세우기 위한 것이다. 예배당에는 노래를 부르고 시를 낭송하는 소년들과 아이들이 있었고, 연주자들이 건반을 연주해 그 소리와 하모니를 이루었다. 화음이 우아하고 리듬이 맞으며 청아한 소리가 그윽하게 울려 듣는 이가 피로를 잊을 정도였다.

此外禮拜堂, 多至指不勝屈。大約每大街通衢各建一所, 而推選一教師爲之主持。其堂規模不一, 類皆典麗喬皇, 高華宏敞, 垣庭棟宇, 製作瑰奇。建堂之費, 多由街民捐集。每逢禮拜安息日, 街內居民, 羣至堂中祝禱如儀。凡婚娶喜喪等事, 亦至堂中率循成例。蓋通國崇教, 嚴敬畫一如此。聖保羅禮拜堂之外, 即爲塚墓, 多葬昔年名將名臣名師。

이 예배당 이외에도 너무 많아 다 헤아릴 수 없다. 대략 큰길마다 하나씩 있는데, 교사 한 명을 선출해 주임으로 삼았다. 예배당의 규모는 다 달랐으나 모두 아름답고 웅장하고 높고 넓었으며, 담벼락, 정원, 지붕 등이 매우 독특하고 아름답게 지어졌다. 예배당의 건축 비용은 대부분 그 거리의 시민들이 충당해 모은 것이다. 예배하는 안식일이 될 때마다 거리의 거주민들은 모두 예배당에 모여 의식을 갖추어 기도를 드렸으며, 혼례나 장례 또한 예배당에서 관례를 따랐다. 온 나라가 이 종교를 신봉함에 이처럼 하나같이 엄숙하고 경건하다. 세인트 폴 대성당 외부에는 묘지를 조성해 과거의 여러 이름난 장군, 관료, 교사들을 모셨다.

其次曰綿式達, 華麗稱爲都城巨擘。建造日月之久, 凡經兩王乃始藏

事。東院爲顯理第七所建, 深三百五十五尺, 廣約一百九十二尺。英國
王即位踐阼, 即於此堂受朝賀焉, 既沒, 陵寢即在此堂之南。將相師儒,
亦多陪葬焉。

다음은 웨스트민스터 사원(Westminster Abbey)으로, 화려하기로는 도시에서
으뜸으로 꼽힌다. 건조 기간이 길어져 두 국왕의 임기를 거치며 비로소 완
공되었다. 헨리 7세 때 건조된 동쪽 건물은 깊이 355척에 넓이 약 192척이
다. 영국의 국왕은 즉위할 때 동편 계단을 오르며 이 사원에서 조하를 받
고, 서거하면 이곳의 남쪽에 묻힌다. 장군, 재상, 교사, 학자들 또한 이곳
에 묻힌다.

有圓室曰哥羅西雍, 規制與禮拜堂相髣髴。層樓高聳, 構造精華, 四周
垣牆, 砌以白石, 雕琢諸石像, 刻畫精緻。最上一層於四壁繪畫英都全
圖, 宮室園囿, 街衢城市, 歷歷備載。其頂皆嵌玻璃, 明淨亮徹。堂中亦
有童子謳歌作樂, 風韻娛人。通國士民, 無論遐邇貧富, 皆得入而縱觀
焉。

콜리세움(Coliseum)이라 불리는 원형 건물이 있는데, 건축 양식은 예배당과
비슷하다. 섬세하고 화려하게 지어진 우뚝 솟은 다층 건물로, 주위의 네 벽
은 흰 돌로 쌓아 만들고 석상을 조탁해 아름다운 그림을 새겼다. 최상층의
네 벽에는 영국 수도의 전도(全圖)를 그렸는데, 궁실, 정원, 도시의 크고 작
은 길이 뚜렷하게 모두 갖추어져 있다. 천장에는 유리를 끼워 넣어 밝고 깨
끗했다. 안쪽에 노래를 부르고 악기를 연주하는 아이들도 있어 운치 있고
흥겹다. 온 나라의 귀족과 백성들은 원근과 빈부를 막론하고 모두 들어와서
자유롭게 관람할 수 있다.

有地球亭, 式制亦圓, 中分三層, 盤旋而登。外則垣牆四周, 渾圓如雞卵。人入其中, 即如置身地球之上。壁繪五大洲輿圖, 名山大川, 雄城小島, 燦若列眉, 誠爲奇製偉觀也。牆外多設市肆, 貿易各物。有鬻小地球者, 可以挈攜細閱, 亦極細緻精巧。有繪圖所, 制亦如圓球。中分上下二層, 登者必宛轉曲折以升。上層繪古昔君王宮室園囿, 山水樹石, 渲染流動。下層繪歷代戰伐之蹟, 殊功偉業, 分列而備載焉。所以資考鏡而垂無窮, 非徒供遊玩而已也。

파빌리온 또한 원형으로 지어졌다. 가운데는 세 층으로 나뉘어 나선형으로 돌아 올라가게 되며, 바깥은 달걀처럼 둥근 형태의 담벼락으로 사방을 둘러서, 가운데로 들어가면 지구 위에 있는 느낌이 든다. 내벽에는 오대양 지도가 그려져 있다. 명산, 대천, 웅대한 성, 작은 섬들이 매우 상세해서 실로 독특한 장관을 이룬다. 담벼락 외부에는 상점들이 있어 여러 물건을 판매한다. 지구 모형을 파는 곳이 있어 들고 자세히 볼 수 있었는데, 매우 세밀하고 정교했다. 회도소(繪圖所) 또한 원형이다. 가운데는 상, 하의 두 층으로 나뉘어 있어 올라가려면 반드시 꾸불꾸불 돌아서 올라야 한다. 상층에는 옛 군왕의 궁실과 정원, 산수와 수석(樹石)이 그려져 있는데, 채색이 생동감이 넘쳤다. 하층에는 역대 전쟁의 자취를 그려 놓았는데, 탁월한 공적과 위대한 업적은 별도로 분류해서 갖추었다. 이는 영원토록 후세에 전하여 본보기가 되도록 하기 위함이지, 단지 재미를 주기 위함이 아니다.

國人多信奉耶穌, 而闢天主教爲謬。故以耶穌教爲新教, 而以天主教爲舊教。然新教中亦分民教國教。都中所有禮拜堂, 大抵崇敬耶穌。向有古天主堂一所, 千餘年前舊物也。其高一百二十尺, 四周皆石柱穹窿數十仞, 極爲工細, 惟閱歲既多, 漸形剝蝕矣。古君主大臣皆葬其上, 刻石肖其形, 而立碑誌紀勳伐焉。

영국인들은 대부분 예수를 믿으며 천주교를 이단으로 배척한다. 따라서 예수교를 신교, 천주교를 구교라고 하고, 신교 또한 민교와 국교로 나눈다. 도성의 모든 예배당은 대체로 예수교를 숭상한다. 전에 오랜 천주교 성당이 한 곳 있었는데, 천 년이 더 된 오래된 건물이었다. 높이는 120척이었고, 주위에는 수십 인(仞) 크기의 석주와 아치가 정교하게 세공되어 있었다. 다만 세월이 흐르면서 점차 형태가 침식되었다. 옛 군주와 대신 모두 그곳에 모셔져 있으며, 그들의 모습을 본떠 돌에 새기고 기념비를 세워 공훈을 기록했다.

제30장

풍속류지(風俗類誌): 갖가지 풍속의 기록

英倫氣候少燠多寒, 歲中日月陰多於晴, 盛夏無酷暑, 隆冬無祁寒。徧地林木花卉, 舒放濃茂, 花葉亦耐久不凋, 風景淸美, 洵樂土也。其地素稱沃壤, 然可事耕耘植穀麥者, 不過什之二三。此外平原曠野, 百草蕃蕪, 多供牧畜。春夏之際皆不入圈, 散置於郊, 與中國北地之放靑牧場相似。亦無庸監守羈勒, 從無攘竊事, 可見風俗之醇良也。

런던의 기후는 더위가 적고 추위가 많으며, 한해의 날씨는 흐린 날이 맑은 날보다 많다. 한여름에는 혹서가 없고, 한겨울에는 혹한이 없다. 온 땅에 수목과 화초가 있어, 짙은 향기를 풍기고, 꽃잎 역시 오래 견디고 잘 시들지 않으며, 풍경이 맑고 아름다우니 참으로 낙토이다. 그 땅은 본래 옥토라고 불리지만, 경작을 행하고 곡식을 심을 수 있는 땅은 열에 두셋에 불과하다. 이밖에 평원과 광야에 온갖 풀이 무성하여, 목축에 많이 제공된다. 봄과 여름에는 모두 우리에 들어가지 않고 교외에서 방목한다. 중국 북방의 방목식 목장과 비슷하여, 역시 지키는 자도 없고 굴레도 없지만, 훔쳐 가는 일은 전혀 없으니, 풍속의 순량함을 알 수 있다.

倫敦郊外設有牧畜所, 場圃寬廣, 中構樓閣亭臺, 以備游覽。圃中芳草如菌, 綠縟爭茂, 夕陽斜照, 可入畫圖。所畜牛羊之屬, 類皆肥茁。此外各處, 亦有所畜。歲中有一公會, 凡各農人自牽其所牧者, 羣集而比賽。

肥者由公會獎之, 有如蒙古部落之較牲口, 比丁壯者然。故孳生蕃育而牧畜日盛, 亦可儥鬻於人, 論價出沽。樓閣之上, 置貯農器。耰鋤未耜之類, 紛錯雜陳, 皆有機捩可轉, 式亦精巧, 異於尋常。

런던 교외에는 목장을 두었는데, 풀밭이 넓다. 그 안에는 망루를 세워 둘러볼 수 있게 했다. 풀밭의 향기로운 풀은 마치 깔개와 같이 무성하며, 석양이 비스듬히 비추면 그림 속으로 들어가는 듯하다. 거기서 치는 소와 양의 무리는 모두 잘 자라 살졌다. 이밖에 각처에 또 기르는 것들이 있다. 한 해에 한 차례 대회가 있는데, 모두 각 농민이 스스로 자신이 기르는 것들을 끌고 와서 모여서는 겨루기를 하는 것이다. 살진 것은 대회에서 상을 주는데, 몽골 부락에서 가축들과 장정들의 우열을 가리는 것과 같은 면이 있다. 그러므로 생장하고 번식하여 목축이 날로 성하고, 남에게 팔 수도 있는데, 가격을 따져 내다 판다. 누각 위에 농기구를 쌓아두었는데, 곰방메와 호미와 쟁기와 보습 류가 어지러이 뒤섞여 널려 있다. 모두 기관(機關)이 있어서 회전이 가능했다. 만든 방식도 정교하여, 보통과 달랐다.

都中街衢間嘗見有鐵絲巨籠, 下承以輪, 亦能運動。籠中所畜飛走之屬, 多取其相制相仇者。如猫與鼠, 鷹與雀, 皆同處一區。然馴良親狎, 若同類相依, 尤可異也。

시내의 거리에서 철사로 만든 큰 조롱을 본 적이 있는데, 아래에서는 바퀴가 받치고 있어서 움직일 수도 있었다. 조롱 속에서 기르는 새와 짐승은 서로 천적인 경우가 많았다. 예를 들면 고양이와 쥐, 매와 참새를 모두 한곳에 두었다. 그러나 온순하게 길들여져 서로 친해졌기에, 마치 같은 종류가 서로 의지하는 것 같은 모습이 특히 이채로웠다.

都中橋梁之制, 多高華璚瑋, 有石砌者, 有鐵鑄者。然最奇莫如懸橋。亘空飛渡, 遙望之如長虹之環天而遠跨工制獨創, 尤爲中土所稀。

시내 교량의 양식은 높고 화려하고 아름다운 것이 많은데, 돌로 쌓은 것이 있고 쇠로 주조한 것이 있다. 그러나 가장 특이하기로는 현수교만 한 것이 없다. 허공을 가로질러 날듯이 물을 건너는데, 멀리서 바라보면 마치 긴 무지개가 하늘을 둘러싸고 멀리서 다리를 벌려 앉은 것 같다. 건설방식이 독창적으로, 특히 중국에는 드문 것들이다.

英地亦産鹽鹵, 煮井可成, 頗類川滇之鹽池鹽井。惟其造鹽之法, 鎔鐵爲巨池, 下闢地鑪, 以煤火煎熬, 收功似廣, 捷於鼎鑊。

영국 땅에도 소금이 나는데, 염정에서 끓여 만들고, 사천성과 운남성의 염지나 염정을 꽤 닮았다. 다만 그 소금 제조법은, 쇠를 녹여 거대한 못을 만들고 아래에는 지로(地爐)를 열어 석탄불로 끓이는데, 수율(收率)이 좋아서 솥이나 가마보다 빠르다.

都中酒樓在在有之, 酒之佳品不一而足, 大抵以葡萄釀爲差勝. 色如琥珀, 味極芳醇。最上者,　瓶置數金。亦有別墅, 乃同人合建, 爲賦閒習靜之所。藉以息塵躅, 娛閒情。每室月收數金, 以供經費。室皆精潔, 古鼎寶彝, 陳設古雅, 牀褥帷帳, 俱極華麗。夏可逃暑, 冬可避寒。閱新編異說或圍棋, 洵足以消憂而破寂, 亦韻事也。至於酒樓寓客, 晨夕飲膳, 亦極豐腴。酒炙紛陳, 奢於自奉。最豪者饔飧所需, 月費百數十金, 寓租傭値稱是, 旅居誠非易事。別有飯肆, 司庖廚掌烹調者, 法蘭西人爲最精。其食飲精潔, 固不待言。釜之製有外鐵而內磁者, 式亦新異。

시내에는 곳곳에 주점이 있는데, 술 가운데 훌륭한 것은 한둘이 아니며, 대체로 포도주가 다소 낫다. 색깔은 호박과 같고, 맛은 극히 향기롭고 진하다. 가장 좋은 것은 한 병에 몇 금(파운드)이나 한다. 또 별장이 있는데, 동인들이 함께 지으며, 한가한 시간을 보내면서 조용히 지내는 곳이다. 이를 빌려 세속에서 벗어나 한가로움을 즐긴다. 각 방마다 매달 수 금을 (몇 파운드를) 거두어 경비에 충당한다. 방은 모두 청결하며, 오래되고 귀중한 골동품들이 고색창연하고 우아하게 진열되어 있으며, 침구와 커튼은 모두 극히 화려하다. 여름에는 더위를 벗어날 수 있고, 겨울에는 추위를 피할 수 있다. 새로 나온 신기한 이야기를 읽거나 체스를 두니, 참으로 근심을 해소하고 적적함을 깨뜨리기에 충분하며, 역시 풍류가 있는 일이다. 주점의 손님이 아침저녁으로 먹는 음식 역시 극히 풍성하다. 술과 고기가 풍성하게 차려지는데, 혼자 먹기에는 사치스럽다. 가장 호사스러운 자의 아침밥과 저녁밥을 대는 데에는 매달 백수십 금을 (백수십 파운드를) 쓰는데, 숙박비와 고용인의 비용도 이에 걸맞은 수준이니, 여객으로서 머무르기가 참으로 쉬운 일이 아니다. 따로 식당이 있는데, 주방에서 요리를 주관하는 이로는 프랑스인이 가장 뛰어나다. 그 음식의 훌륭함은 말할 것도 없다. 솥의 종류 중에 바깥은 쇠이고 안은 자기인 것이 있는데, 그 형태 역시 신기하다.

英人最重問學, 童穉之年, 入塾受業, 至壯而經營四方。故雖賤工粗役, 率多知書識字。女子與男子同, 幼而習誦, 凡書畫, 曆算, 象緯, 輿圖, 山經, 海志, 靡不切究窮研, 得其精理。中土鬚眉, 有媿此裙釵者多矣。國中風俗, 女貴於男。婚嫁皆自擇配, 夫婦偕老, 無妾媵。服役多用婢媼, 侯門甲第以及御車者, 則皆用男子。

영국인은 학문을 매우 중시하는데, 어린 나이에 기숙학교에 들어가 수업하고, 성인이 되면 사방을 경영한다. 그러므로 천하고 거친 일을 하는 이들도 모두 글을 읽고 쓸 줄 안다. 여자도 남자와 마찬가지로 어려서부터 책을 읽으며, 글과 그림, 역법과 수학, 천문, 지도, 산에 대한 기록과 바다에 대한 기록 등에 대해 절실히 연구하여 그 정교한 이치를 얻지 못하는 것이 없다. 중국의 남자로서는 이 여성들을 보고 부끄러워할 것이 많다. 나라의 풍속으로는 여자가 남자보다 귀하게 대접받는다. 결혼은 모두 스스로 배우자를 택하며, 부부가 해로하며, 첩이 없다. 허드렛일하는 이는 여자가 많고, 귀족이나 부잣집의 집사 및 마차꾼은 모두 남자를 쓴다.

每日清晨, 街衢中呼賣乳酪, 挈盒提壺, 類皆女子。率用橫担垂於兩肩負之, 殊不費力。國中乳酪之用最多, 茶羹餅餌, 恒所必需, 幾與菽粟同功。

매일 새벽, 거리에서는 소리지르며 유제품을 파는 이가 상자와 주전자를 들고 있는데 모두 여자인 듯하다. 모두가 가로로 메는 지게를 양쪽 어깨에 늘어뜨려, 짊어져도 전혀 힘이 들지 않는다. 이 나라에서는 유제품의 쓰임이 아주 많은데, 차와 스프와 케이크와 비스킷에 반드시 필요하여, 거의 콩이나 조와 같은 역할을 한다.

英國風俗醇厚, 産物蕃庶。豪富之家, 費廣用奢。而貧寒之戶, 勤工力作。日競新奇巧異之藝, 地少慵怠游惰之民。尤可羨者, 人知遜讓, 心多慤誠。國中士庶往來, 常少鬪爭欺侮之事。異域客民旅居其地者, 從無受欺被詐, 恒見親愛, 絶少猜嫌。無論中土外邦之風俗尙有如此者, 吾見亦罕矣。

영국은 풍속이 순후하고 산물이 풍부하다. 부유한 집에서는 소비가 많고 씀씀이가 사치스러우며, 가난한 집에서는 힘써 열심히 일한다. 날마다 새롭고 정교한 기술을 다투니, 이 땅에는 게으르거나 놀고먹는 국민이 적다. 더욱 부러운 것은, 사람들이 겸손과 양보를 알고, 마음이 진실한 이가 많다는 것이다. 모든 계층의 국민들 사이의 관계는 늘 다투거나 속이거나 모욕하는 일이 적다. 이역의 객으로서 그 땅에 머무는 이는 속임을 당하는 일이 결코 없고, 늘 친절하게 대해지며, 시기나 혐오의 대상이 되는 일이 극히 적다. 중국이건 외국이건 풍속이 아직 이러한 곳은 내가 역시 드물게 보았다.

제31장

제도약술(制度略述): 영국의 제도

倫敦都外建立稅館, 高敞堂皇, 規模華煥。凡各國商舶載貨抵其處者, 查閱殊嚴。循例, 須取舶中貨物, 盡臚列於稅館, 權其輕重而估征之。其法周詳, 絶無瞞漏之弊, 其嚴明公正如此。

런던 도시 외곽에 세관이 세워져 있는데, 높고 널찍하여 기세가 자못 화려하다. 각 나라의 상선이 화물을 싣고 그곳에 이르면 매우 엄격하게 심사한다. 관례에 따라 선적된 화물을 가져다가 모두 세관에 늘어놓고 무게를 달고 값어치를 산정하고 징세한다. 그 방법이 주밀하여 결코 속이거나 누락하는 폐단이 없으니, 엄격하고 공정함이 이와 같다.

余改道從法京至英, 而行李仍由叟坦敦海口入, 遲八日始至。稅館遣人送來, 略犒以賚。蓋稅館自有運物公司經理其事, 不煩客慮也。所攜茶葉、煙捲以饋遺友朋者, 概不徵稅, 箱篋亦不啟視, 其待遠人也可謂寬矣。英例, 緝查嚴於入口, 而寬於出口, 且出口竝無稅餉, 其加惠於商賈也如此。故納稅雖繁重, 而人無怨焉。

나는 경로를 바꿔 프랑스 수도로부터 영국으로 왔지만 짐은 원래 여정대로 사우샘프턴항을 통해 들어왔는데, 8일이 지나서야 도착했다. 세관에서 사람을 시켜 짐을 보내와서 사례로 돈을 조금 주었다. 세관은 운송회사를 두고서 짐 보내는 일을 처리하기 때문에 고객을 수고스럽게 하지 않았다. 가지고 온 찻잎과 담배는 벗들에게 선물로 줄 것이었기에 세금을 징수하지 않았으며, 트렁크도 열어서 조사하지 않았던데, 멀리서 온 사람을 대접하는 것이 관대했다고 하겠다. 영국의 법규에 따르면, 화물을 조사하는 것이 들어올 때 엄격하고 나갈 때는 관대하며, 나가는 물건에 대해서는 또한 세금을 부과하지 않으니, 상인에 대한 우대가 이와 같다. 그러니 납세가 과중하더라도 사람들이 불만을 갖지 않는 것이다.

泰西利捷之製, 莫如舟車, 雖都中往來, 無不賴輪車之迅便。其制略如巨櫃, 左右啟門以通出入, 中可安坐數十人, 下置四輪或六輪不等。行時數車聯絡, 連以鐵鉤, 前車置火箱。火發機動, 輪轉如飛, 數車互相牽率以行。車亦分三等, 上者其中寬綽, 几席帷褥光潔華美, 坐客安舒。中者位置次之。下者無篷帳蔽遮, 日曝雨飄, 僅可載粗重貨物或栖息僕役而已。其行每時約二百里或三百餘里。

유럽의 편리하고 빠른 제조품으로는 배와 기차만 한 것이 없다. 도시 안에서 왕래할 때에도 늘 기차의 신속함에 기댄다. 그 모양새는 대략 커다란 궤짝처럼 생겼는데 좌우로 문이 열려 출입할 수 있으며, 그 안에 수십 명이 편안히 앉을 수 있다. 아래에는 네 개의 바퀴 또는 여섯 개의 바퀴를 두었다. 운행 시에는 몇 개의 차량을 이어 붙인다. 철 고리로 연결하고 맨 앞에는 기관차를 둔다. 불이 붙으면 기관이 움직이고 바퀴가 날 듯 돌고 몇 개의 객차가 서로 끌며 달린다. 객차는 또한 세 개 등급으로 나뉜다. 상등이 그 가운데 넓고 여유로운데, 좌석과 커튼, 깔개가 깨끗하고 화려하여 승객이 편안하다. 중등이 그다음이다. 하등은 가려주는 덮개가 없어 태양이 그대로 내리쬐고 비와 바람에 노출되니, 다만 거칠고 무거운 화물을 싣거나 노복을 태울 뿐이다. 기차가 달리는 거리는 매 시 약 2, 3백여 리에 달한다.

轍道鑄鐵爲渠, 起凸線安輪, 分寸合軌, 平坦堅整, 以利馳驅, 無高低凹凸欹斜傾側之患。遇山石則關鑿通衢大道, 平直如砥。車道之旁, 貫接鐵線, 千萬里不斷, 以電氣秘機傳達言語。有所欲言, 則電氣運線, 如雷電之迅, 頃刻千里。有如覿面晤對, 呼應問答。其法精微, 有難析述者。兩車相遇, 猝不及避, 有撞裂傾覆之虞。故凡往來起止, 預有定期。其當車路要衝, 置驛吏郵役晝夜守立, 嚴謹値班須臾不懈。

궤도는 철을 주조해 만들었는데, 돌출한 선에 바퀴를 얹혔다. 정밀하게 바퀴 축의 길이와 합치하며 평탄하고 견고하고 가지런하여 달리기에 적합하다. 높았다 낮았다 하거나 튀어나오고 움푹 들어가고 비스듬히 기울어서 생기는 우환도 없다. 산의 바위를 만나면 굴을 뚫어 큰길을 내었는데 숫돌처럼 평평하고 곧았다. 철로의 곁으로는 철선이 이어져 천만리를 끊이지 않고 전기의 비밀스러운 작용을 통해 언어를 전달한다. 말하고자 하는 바가 있으면 전기가 선을 통해 옮기는데, 번개처럼 빨라 순식간에 천 리를 간다. 마치 얼굴을 마주하고 이야기를 나누는 듯하다. 그 방법이 정밀하고 미묘하여 풀어서 설명하기 어렵다. 두 기차가 마주쳐 창졸간에 피할 수 없게 되면 충돌해 파손되거나 뒤집힐 우려가 있다. 그래서 모든 왕래와 출발과 정차에는 미리 정해진 일정이 있다. 철로의 요충지에는 역무원과 우체국 직원이 밤낮으로 지키는데, 엄격하게 근무하며 잠시도 소홀함이 없다.

余居英商士排賽家, 每至前任總司稅李泰國家晚餐, 車必由地道中行, 閱刻許始覩天光。或言地中兩旁設有闤闠, 燈火輝煌, 居然成市集, 絶無長夜冥冥之苦, 此亦創見也。

나는 영국 상인 사배새(士排賽)의 집에 묵었는데, 전임 총세무사 레이[53]의 집에 가 만찬을 할 때마다 기차는 반드시 지하도로 다녔고 얼마큼 지난 뒤에야 하늘빛을 볼 수 있었다. 누군가 말하길, 땅속 양측으로 거리가 있는데 등불이 휘황하여 버젓이 시장을 이루고 있어 결코 어두컴컴해서 생기는 고충 따위는 없다고 하니, 이 또한 독창적 발상이다.

都中道途極平坦整潔, 高岡車路不通處, 中砌石階, 左右置鐵欄, 以便行人往來。有於欄後種樹栽花者, 尤足助遊者淸興。西人最喜種樹, 言其益有五。一氣淸, 令人少病, 二陰多, 使地不乾燥, 三落其實可食, 四取其材可用, 五可多雨, 不患旱乾。故倫敦街市間, 有園有林。人家稍得半弓隙地, 莫不栽植美蔭, 郊原尤爲繁盛。盛暑之際, 莫不得濃陰而休憩焉。

도시의 도로는 매우 평탄하고 깨끗했으며, 높은 언덕 위 차도가 통하지 않는 곳에는 돌계단을 놓고 좌우로 쇠 난간을 설치해 행인들이 편하게 다니도록 했다. 난간 밖으로는 나무를 심고 꽃을 가꾸어 다니는 사람들의 흥취를 돕는다. 서양인들은 나무 심기를 매우 좋아하는데, 그 유익함에는 다섯 가지가 있다고들 한다. 첫째, 공기가 맑아져 사람들이 병이 덜 걸리게 한다. 둘째, 그늘이 많아져 땅이 마르지 않게 한다. 셋째, 그 과실을 따서 먹을 수 있다. 넷째, 목재를 취해 사용할 수 있다. 다섯째, 비를 많이 내리게 해 가뭄 걱정이 없도록 한다. 그래서 런던의 거리와 시장 곳곳에 공원과 숲이 있

---

53 레이: 호레이쇼 넬스 레이(Horatio Nelson Lay, 중국 이름 李泰國, 1832-1898). 하문(廈門)의 영국 영사를 지낸 바 있는 부친의 영향으로 중국에서 근무했다. 상해 부영사를 거쳐 1855년에 청국의 첫 해관총세무사(海關總稅務士)로 임명되었다. 태평천국 공략의 일환으로 영국에서 증기군함을 구매하는 것을 주선했는데, 1863년에 선단을 이끌고 온 오스본(Sherard Osborn, 1822-1875)이 청 정부와 명령 체계를 두고 이견을 보이다가 선단을 이끌고 귀국해 버림에 따라 파직되었다. 하트(Robert Hart, 1835-1911)가 총세무사 자리를 이어받았다.

다. 사람들은 손바닥만 한 공터만 있어도 꼭 좋은 그늘을 드리우는 나무를 가꾸며, 교외의 들판에는 더군다나 번성한다. 한여름이면 어디고 짙은 그늘이 드리워져 그곳에서 쉰다.

偶過電信總局, 入而縱觀。是局樓閣崇宏, 棟宇高敞, 左爲郵部, 右爲電房, 室各數百椽。內植奇花異草, 種數繁多, 幾莫能名。盆中一樹, 高約二尺, 上罩玻璃, 其葉如艾似榕, 葉上生葉, 攢簇茂密。詢其名曰子母樹, 乃從遠地攜來。總辦師蔑導覽各處。堂中字盤縱橫排列, 電線千條, 頭緒紛錯。司收發者千餘人, 皆綺年玉貌之女子。

어쩌다 전신총국을 지나게 되어 들어가 두루 관람했다. 총국의 건물은 웅장했으며 들보와 천장은 높다랬다. 왼쪽은 우체국이고 오른쪽은 전신국이었는데, 사무실이 각 수백 개에 이르렀다. 건물 내부에 특이한 화초를 심었는데, 종류와 수량이 매우 많아서 이루다 이름을 헤아리기 힘들었다. 분에 심은 어떤 나무는 높이가 약 2척으로 위는 유리로 씌웠는데, 잎이 쑥 같기도 하고 용(榕)나무 잎 같기도 했다. 이파리 위로 또 이파리가 자라 촘촘히 조밀했다. 그 이름을 물으니 자모수(子母樹)라고 했는데 먼 지방에서 가지고 온 것이었다. 총책임자 사멸(師蔑)이 각처를 안내해 보여주었다. 방 안에 자판이 종횡으로 배열되어 있고 전선 천 가닥이 얽혀 있었다. 수신과 송신을 관장하는 이가 천여 인이었는데, 모두 젊은 나이의 고운 용모의 여인들이었다.

按電學創於明季, 雖經哲人求得其理, 鮮有知用者。道光末年, 民間試行私製, 而電線之妙用始被於英美德法諸國。其利甚溥, 其效甚捷。凡屬商民薈萃之區, 書束紛馳, 即路遙時逼, 頃刻可達, 濟急傳音, 人咸稱

便。同治七年, 英議政院以電線獲貲甚鉅, 遂禁私設, 悉歸於官而徵稅
焉。通國設局五所, 以京都爲總滙, 內外分局五千五百四十所, 歲稅金
錢百數十萬, 可云盛矣。余至英時, 蓋屬於國家猶未數月也。

살펴보건대, 전기공학은 명나라 말에 해당하는 때에 시작되었는데, 과학자
들이 그 원리를 알아내긴 했지만 응용할 줄 아는 이는 드물었다. 도광 말년
에 와서 민간에서 사사로운 제조를 시도했으며, 전선의 오묘한 응용이 비
로소 영국, 미국, 독일, 프랑스 여러 나라에서 행해졌다. 그 이로움이 매
우 광범하고 그 효과가 매우 신속하다. 상인들이 모여 있는 구역이라면 편
지가 정신없이 오가는데, 거리가 멀고 시간이 급해도 순식간에 도달할 수
있어 급함을 해결하여 소식을 전할 수 있으므로 사람들이 모두 편리하다고
한다. 동치 7년, 영국 의회는 전선으로 얻는 이득이 매우 크기 때문에 결국
사사로이 설치하는 것을 금하고 모두 관방에 귀속시키고 세금을 거두었다.
전국에 다섯 곳에 본부를 두었는데, 수도의 것이 총국이다. 수도 안팎으로
분국이 5,540곳이 있어 매년 세금으로 금전 백 수십만 파운드가 걷히니, 대
단하다. 내가 영국에 도착했을 때는 국가에 귀속된 지 아직 몇 개월 되지
않았다.

제32장

유람쇄진(遊覽瑣陳): 유람의 상세한 기록

英國凡有盛集, 及陳宴會雜戲, 必設樂兵, 奏樂臺下, 鏗鏘中節。樂兵有班食, 無口糧, 一切皆由爲善者供給。門外或庭中, 必預築水窖, 以機激起十數丈, 磅礴噴流, 極爲可樂, 富室園圃中多有之。

영국에서는 대개 축제가 있거나 파티, 공연을 열 때면 반드시 군악대를 두었으며, 무대 아래에서 낭랑하고 박자에 맞게 음악을 연주했다. 군악병에게 음식은 제공되나 급료는 없으며, 일체 비용은 모두 자선가가 기부한다. 입구나 정원에는 반드시 미리 분수를 설치한다. 기계로 십여 장(丈) 높이로 치솟게 하면 드높이 뿜어내어 큰 즐거움을 선사한다. 부유한 집의 화원에는 대부분 설치되어 있다.

都內有公園二所, 廣袤無際, 空闊異常, 能令入者心胸爲之開拓。雜植花果卉木, 無種不備。夕陽欲下, 芳草如茵, 千紅萬紫中, 必有平蕪一碧者爲之點綴。中構樓閣亭軒, 曲折高下, 皆因天然巧妙, 而絕不假以人力。池以蓄魚, 籠以蓄禽, 皆羅致異地遠方者, 悉心參養。蛇蟲各物, 俱收竝蓄。歲中經費頗煩, 故入園欲觀者, 徵一銀錢。更有藏花之窖, 各國奇葩異卉, 靡所不有。從暖地來者, 則置之玻璃室內, 下更益以煤火, 四周悉有鉛管, 貫注熱水, 有時密爲灑布, 霖霖廉纖, 極似微雨, 備極氤氳化醇之趣。甫入, 已覺奇香襲人。余游時剛值隆冬, 見架上紫葡萄結實纍纍, 巨如雀卵。園主摘數顆以奉予, 非常甘美。

도시 안에는 공원이 두 곳 있다. 그 너비는 가없이 광활하여 찾아온 이들의 가슴을 탁 트이게 할 수 있다. 없는 종류가 없을 정도로 꽃과 과일, 초목이 어우러져 심겨있다. 석양이 질 무렵, 향긋한 풀은 마치 융단을 깔아놓은 듯 하다. 울긋불긋한 가운데에는 반드시 온통 푸르게 펼쳐진 풀밭을 두어 단장 했다. 공원의 중앙에는 누각과 정자를 세웠는데, 휘어짐과 높낮이가 모두 자연스럽고 교묘하여 결코 사람의 힘으로 이루어진 것이 아닌 듯했다. 못에 는 물고기를 두고 새장에는 새를 두었다. 모두 외지와 먼 곳에서 수집한 것 으로 온 마음을 다해 기른다. 뱀과 벌레 등 여러 생물들은 모두 모아 함께 수용했다. 해마다 드는 돈이 꽤 많으므로, 공원에 입장하여 구경하려는 이 들에게서 은전 한 닢을 받는다. 그밖에 꽃을 모아둔 곳도 있다. 각국의 진 기한 꽃과 특이한 풀들로, 없는 것이 없었다. 따뜻한 지역에서 온 것들은 유리로 이루어진 실내에 두고, 그 아래에 다시 석탄불을 가하여 사방에 두 루 설치된 납으로 만든 관으로 뜨거운 물을 흘러가게 하고는, 때때로 살며 시 살포했다. 보슬보슬한 것이 가랑비와 흡사했으니, 천지의 기운이 얽히 어 만물이 화한다는 취지를 한껏 다한 것이다. 들어서자마자, 기이한 향이 끼쳐오는 것이 느껴졌다. 내가 유람할 때는 한창 한겨울을 맞이하고 있었으 나, 시렁 위에 자줏빛 포도가 주렁주렁 새알만큼 큰 열매를 맺고 있는 것이 보였다. 공원의 주인이 몇 알을 따서 내게 주었는데 매우 달콤했다.

遊觀之所, 非止一處。城中街衢, 多樹華表植石柱, 以銘功勳, 而彰儀 表, 如中土之造塔立碑建牌坊然。其制度鉅細高低不一, 銳上而豐下, 四周鐫字, 刻名其頂, 肖鑄其人之像, 或立或乘馬, 觀其像如覩其人。彼 有豐功偉績德望崇隆者, 託貞珉吉石以垂不朽, 令後之人仰止褎褎, 倍

유람의 장소는 한 곳에 그치지 않는다. 도시의 거리에는, 중국에서 탑을 짓거나 비를 세우거나 패방(牌坊)을 건립하는 것과 마찬가지로 대개 화표(華表)를 세우거나 돌기둥을 두어 공훈을 새기고 모범적인 모습을 선양했다. 그 제작 방법은 대소, 고저가 제각각이지만 위는 뾰족하고 아래는 두툼했으며 사방에는 글자를 새기었다. 그 꼭대기에는 이름을 넣었고 해당 인물의 형상을 닮게 주조해 두었는데, 어떤 이는 서 있고 어떤 이는 말을 타고 있었다. 그 형상을 보면 마치 그 사람을 보는 것 같았다. 큰 공로와 뛰어난 업적을 남기거나 덕망이 높은 이들을 굳고 고우며 상서로운 돌에 기탁함으로써 천추에 길이 빛나게 했고, 후인들에게 주위를 서성이며 우러러 사모하게 하여 선망하고 경모하는 마음을 배가시키니 세상을 교화하려는 뜻이 참으로 깊다.

도시 내에 궁전은 한 곳이 아니나, 금지구역으로 삼엄하여 외지 여행자가 감히 구경할 수 있는 곳이 아니었다. 버킹엄 궁전(Buckingham Palace), 세인트 제임스 궁전(St. James Palace), 윈저 궁전(Windsor Palace) 등은 모두 나라의 대신들과 회견하거나 각국 공사들을 접견하거나 연회를 베푸는 곳이다.

그 밖의 별궁들도 각양각색으로 펼쳐져 있으며, 모두 지극히 웅장하고 널찍했다. 서까래는 우뚝 솟고 마룻대와 추녀는 거대하고 휘황찬란하여 규모와 양식이 일반적인 건물들과는 확연히 구별되었다. 버킹엄 궁전은 흰 돌로 지어졌고 성처럼 공고했다. 궁전과 누각이 화려하고 훌륭하여 성대한 장관을 이루었다. 하지만 독일, 프랑스 등 여러 나라와 비교하면 사치를 중시하지 않고 역시나 검소함을 숭상한 것이다. 궁전 앞에는 철책이 둘러있고 일반적으로 문을 세 곳 두었다. 문밖에 대개 병사와 호위병을 두었는데, 분위기가 근엄했다.

有蠟像室, 牆壁周嵌玻璃, 表裏朗徹, 不沾纖塵。甫入門, 即見有華人男女各一, 侍立門側, 若司閽然。男則衣冠翎頂, 女則盛服朝裙。余驚詢何人, 以林文忠公對。蓋焚煙啟釁, 雖始自林, 而因此得通商五口, 皆其功也, 故立像以紀其始。當室之中, 則塑君主儀容, 眉目手足, 妍好如生, 珠貌璧人, 呼吸欲動, 衣服冠履, 隨時更易, 直與生人無毫髮異, 洵推絕技哉。旁侍者爲太子公主, 外周以闌干。更進一室, 則皆古昔聖賢及列國良臣名宦遺像, 意態紓徐, 神氣軒朗, 各臻其妙。室後別有幽邃之地, 則皆古之叛人戮民不得其死者, 藉以垂示炯戒。至此須另輸一金錢, 然後許入。

다음으로 밀랍 인형 전시관은 벽면에 두루 유리가 설치되어 있었고, 안팎이 환히 보일 만큼 맑았으며 털끝만 한 먼지도 묻어있지 않았다. 막 들어서자 중국인 남녀 각 한 명이 마치 문지기와 같은 모습으로 문 옆에 시립하고 있는 것이 눈에 들어왔다. 남자는 관모의 깃털과 구슬 등 의관을 정제하고 있었고 여자는 대례복(大禮服)으로 성대히 갖춰 입은 옷차림이었다. 깜짝 놀라

누구인지를 물었더니, 임칙서(林則徐)[54] 공이라고 알려주었다. 아편을 금지 시켜 전쟁이 발발한 것은 비록 임칙서 공으로부터 비롯되었으나, 이로 인해 다섯 항구를 통상항으로 얻은 것은 모두 그의 업적이었기 때문이다. 그래서 밀랍상을 세워 그 시작을 기념하는 것이다. 그 방의 안에는 군주의 의용을 빚어놓았는데, 눈과 눈썹, 손과 발이 살아있는 것처럼 훌륭했고 아름다운 용모는 숨을 쉬며 살아 움직일 듯했다. 의복과 관모, 신발을 수시로 바꾸어 그야말로 살아있는 사람과 조금도 차이가 없었으니 참으로 뛰어난 기예라 할 만했다. 옆에 시립하고 있는 것은 태자, 공주이고, 외부에는 난간을 둘 러놓았다. 다시 방 한 곳을 들어서니, 모두 고대의 성현과 각 나라의 저명 하고 훌륭한 관리들의 초상이었다. 몸가짐은 너그럽고 표정은 환했으며 제 각기 그 미묘한 부분을 남김없이 표현해내었다. 방의 뒤쪽에는 별도의 깊숙 한 공간이 있었고, 모두 예전의 반역자나 중죄인 등 제명에 죽지 못한 사람 들로, 분명한 교훈을 일깨우려는 것이었다. 이곳에 들어가려면 추가로 금 전 한 닢을 내어야 출입이 허용되었다.

有集議院, 垣牆高峻, 棟宇寬宏, 窗牖雕鏤工細, 屋頂藻繪鮮華, 錯采塗 金, 倍增喬麗。國中遇有大政重務, 宰輔公侯薦紳士庶, 羣集而建議於 斯, 參酌可否, 剖析是非, 實重地也。然閒暇之日, 門庭肅清, 亦許人進 而遊覽焉。

다음으로 의회는 담장이 매우 높고 건물은 크고 넓으며 창문의 조각이 정교

---

54 임칙서(1785-1850): 자는 원무(元撫), 소목(少穆) 등이고, 호는 사촌노인(俟村老人), 사촌퇴수 (俟村退叟) 등이다. 복건(福建) 후관현(侯官縣) 출신으로, 청대 정치가, 사상가이다. 1839년 청 정 부가 아편을 금지시키기 위하여 임칙서를 광동으로 파견하여 강력한 금연정책을 실시하자, 1840년 영국 정부는 아편 무역을 비호하기 위해 무력을 동원하여 중국을 공격했다. 이것이 제1차 중영전쟁 으로, 그 결과 중국은 1842년 영국 정부와 남경조약(南京條約)을 맺었다.

하고 세밀했다. 지붕의 문양은 산뜻하고 아름다우며 다채로운 빛깔에 금색을 칠하여 화려한 아름다움을 배가했다. 나라에 중대한 정책이나 중요한 일이 있을 때면 수상과 귀족, 관리, 시민 등이 모두 모여 여기서 의견을 내고 가부를 고려하고 시비를 분석하니 참으로 중요한 장소이다. 하지만 일이 없을 때에는 건물 안팎이 적막했는데, 또한 사람들이 들어가서 구경하는 것을 허용했다.

由倫敦至阿爾蘭, 輪船一夜可達。氣候與倫敦略同。地多水利, 港汊瀠洄, 可以灌漑田畝。風俗民情, 亦尙醇樸。士人多崇天主教。惟是閭閻市肆, 遠遜倫敦之繁華富盛。有勸余往游者, 余以將至蘇格蘭辭之。蓋英邦實爲西土之沃國, 而倫敦又爲英國之腴區焉。

런던에서 아일랜드에 갈 때는 증기선으로 하룻밤 새면 도착할 수 있다. 기후는 런던과 대체로 비슷하다. 지역에는 수리시설이 많고 하천의 지류가 감돌아 경작지에 관개를 할 수 있다. 풍속과 민심은 역시나 꾸밈없고 소박함을 숭상하며, 사람들은 대부분 천주교를 신봉한다. 다만 거리나 상점 등은 런던의 번화하고 부유한 것에 크게 못 미친다. 내게 유람을 가자고 권하는 사람이 있었으나 스코틀랜드로 갈 예정이어서 거절했다. 영국은 실로 서양 중에서 비옥한 나라이고, 런던은 또한 영국 중에서도 풍족한 곳이다.

출유소지(出游小誌): 런던의 곳곳을 거닌 기록

英都時有盛會, 而博覽院尤爲鉅觀。院高數丈, 椽柱皆銅鐵, 嵌壁皆以厚玻璃, 寬廣綿亘約三里之程。院中之物, 無美不具, 無奇不備, 博采廣蒐, 分室收貯。四海各邦奇器異物, 新製巧作及日常耕織之具, 動植之件, 咸悉羅致。凡遠近衆庶, 無貧富貴賤, 入而縱觀閱視者, 日以萬千人, 如中土之大市會。最奇者, 堂中儲有大煤二方, 高約二丈, 黝黑光潔, 幾不辨其煤也, 扣之淵然作金石聲。

영국의 수도에는 때때로 성대한 행사가 열리는데, 박람회장이 특히 장관이다.[55] 박람회장은 몇 장의 높이에 서까래와 기둥은 모두 구리와 쇠이고 벽에는 모두 두꺼운 유리를 끼웠으며, 너비는 약 3리에 이르도록 뻗어있었다. 박람회장 안의 물건은 모두 아름답고 기이한 것만 갖추었으며, 폭넓게 수집하여 구획된 방에 나누어 보관했다. 세계 각국의 기이한 기구와 이색적인 물품, 새로 제작된 뛰어난 발명품 및 일상적인 경작과 방직에 사용되는 도구, 동식물 따위를 모조리 수집해 놓았다. 무릇 원근 도처에서 사람들이 몰려와 빈부귀천에 상관없이 입장한 관람객이 하루에 수천 명이니, 마치 중국 도시의 큰 묘회와도 같았다. 가장 신기한 것은 홀에 전시된 거대한 석탄 두 덩이였는데, 약 2장 높이에 검고 광채가 나서 거의 그것이 석탄인지 분

---

55 영역본에서는 博覽院을 museum으로 옮겼는데, 아래 기술된 내용으로 보건대 만국박람회를 했던 박람회장을 가리킨다.

간하기도 어려웠다. 두드리면 웅 하는 악기 소리가 났다.[56]

有奇觀院, 名百里的謬翁, 亦甚雄敞。室中藏貯上古文字器皿, 名人圖
畫及製作奇禽怪獸, 形模偉巨, 意態飛動。他如鱗介之屬, 羽革之倫, 龜
鼈魚鼇, 鳥雀犀兕, 下而昆蟲微物, 蜂蛭蜂蝶, 布置陳設, 新巧璀璨, 皆
勃勃有生動流走之致。此外珊瑚珠玉, 珍奇瓌寶, 燦呈於几案之間, 尤
爲希世之玩。更可異者, 洪荒太古之世, 棺槨之具, 死人之骨, 亦竝搜購
而羅列。遊斯地者, 詫爲奇逢, 歎爲觀止。然非居其院中一二旬, 亦難徧
閱所蓄也。

브리티시 뮤지엄이라는 이름의 박물관 또한 아주 웅장했다. 여기에는 상고
문자가 새겨진 그릇, 명가의 그림 및 형상이 거대하고 자태가 생동적인 온
갖 기괴한 금수의 표본을 소장하고 있다. 그 외에 비늘과 껍질이 있는 부류
와 깃털과 가죽이 있는 부류로 거북, 악어, 물고기, 자라, 새와 코뿔소와
같은 것이 있고, 그 아래로 크고 작은 벌레로는 나방, 거머리, 벌, 나비 등
이 있는데, 그 배치와 진열이 신선하고 정교하며 모두가 살아 움직일 듯 생
기가 넘친다.[57] 이 밖에 산호와 주옥, 여러 진귀한 보석들이 탁자 위에서 그
찬란함을 드러내고 있으니, 특히나 세상에 드문 보물이었다. 더욱 기이한

---

56 수정궁 홀 입구에 24톤 무게의 석탄 덩어리가 전시되어 있었다는 소개가 있다. 그러나 구체
적인 출처를 찾지는 못했다. 박람회 전시 목록에 따르면 건축/장식에 사용되는 광물을 전시하
는 Class27 전시실에 "파이프주 커콜디의 웨스트 웨미스 탄광에서 온 앵무새 석탄 덩어리. 부
분 광택 처리(Class27. 140. A block of Parrot coal from West Wemyss colliery, Kirkaldy,
Fifeshire, partly polished.)" 등 몇몇 전시실에서 석탄이 전시되고 있다. *Official catalogue
of the Great exhibition of the works of industry of all nations, 1851* (London, England,
1851) p.6; p.139. 이와 별도로 박람회의 기념비를 세우기 위해 자른 20톤 규모의 석탄 덩어리
(Great Exhibition Lump of Coal)는 운송 도중 5톤이 떨어져 나가고, 수정궁까지 운송하기 어
려운 것으로 판단되어 베드웰티 하우스(Bedwellty House)에 설치되었다.

57 이상의 자연사 소장품은 1887년 자연사박물관으로 이관했다.

것은 까마득한 태곳적의 관곽에 든 시신과 사자의 뼈 또한 수집하여 진열했다는 점이다. 이곳을 유람하는 사람들은 예기치 못한 만남에 놀라며 감탄을 금치 못했다. 그러나 이 박물관에서 열흘이나 스무날을 머물지 않으면 소장품을 다 보기가 힘들다.

都中藏書之庫林立, 咸許人入而覽觀。有典籍院, 中貯四海各邦之書, 卷帙浩繁, 簡編新潔, 異冊名篇, 分儲於架閣。玉軸牙籤, 綈函錦帙, 望之如城。中土經史子集, 罔不賅備。都中人士, 無論貧富, 入而披覽誦讀者, 日有數百人。然只許在其中繙閱不得攜一卷一篇外出, 其例綦嚴。

런던에는 책을 소장하는 곳이 즐비한데, 모두 외부인이 입장하여 관람하는 것을 허용한다. 한 도서관에는 세계 각지의 책을 모았으니, 서적의 종류가 대단히 많고 책의 상태는 새롭고 깨끗했으며, 희귀본과 명작들이 서가에 나누어 꽂혀 있었다. 첩첩이 쌓인 서적의 상아 표지와 비단으로 만든 책갑이 성벽처럼 눈앞에 펼쳐져 있었다. 중국의 경사자집이 모두 완비되어 있었다. 런던 사람들 중 빈부를 막론하고 입장하여 열람하는 자가 하루에 수백 명에 이르렀다. 그러나 그 안에서 들춰보는 것만 허용되었지, 한 권이라도 가지고 나가는 것은 불가했으니 그 규정이 지극히 엄격했다.

英人於畫院之外, 兼有畫閣。四季設畫會, 大小數百幅, 懸掛閣中, 任人入而賞玩。入者必予以畫單, 畫幅俱列號數, 何人所畫, 價值若干, 竝已標明。最小者亦須金錢四五枚, 其價之昂如此。

영국인들은 미술관 이외에도 별도의 화랑이 있다. 분기별로 전시회를 열어 크고 작은 수백 편의 그림을 전시회장에 걸고 사람들이 입장하여 감상하게 했다. 입장객에게는 반드시 그림 소개 책자를 주는데, 화폭을 모두 일련번호로 배치하여 누가 그렸고 가격이 얼마인지를 모두 명기해 두었다. 가장 작은 것도 4-5파운드는 지불해야 하니, 그 가격이 얼마나 높은지 알 수 있다.

偶過軍器局, 入而縱觀。其中多制造火器槍砲之屬。造法多用圓輪轉捩, 日役工匠千人。大小銅鐵砲及丸彈, 刀劍, 矛戟之類, 不可指數。地廣數頃, 中亦有園亭樓閣。凡砲械諸式及遠近列國器械之制度長短, 皆圖而列之, 取以爲法, 而以新法變通, 宜其器之精良而繁富也。近日所造之鎗, 長皆三尺餘, 後膛熟鐵爲之。自膛而上漸狹, 至口僅半寸。筒內作三棱線, 彈子直出, 可不乖所向, 其遠能擊一千三百步。鐵極純而工亦精, 雖裝三倍火藥, 燃之不炸。

어쩌다 지나치게 된 조병창[58]에 들어가 둘러보았다. 여기서는 화기와 총포 등을 제조했다. 제작 방식은 주로 엔진의 동력을 사용했으며, 하루에 천여 명의 노동자가 일했다. 크고 작은 동포와 철포 및 탄환, 도검, 창 등이 헤아릴 수 없을 정도로 많았다. 부지는 몇 경(頃)[59]에 이를 정도로 넓어 그 안에 정원과 누각도 있었다. 병기의 여러 제식 및 원근 각국의 기계 제작법의 장단점을 모두 그림으로 나열하고 그것에서 취사선택하여 새로운 방식으로 융통했으니, 영국의 병기가 정교하고도 풍부한 것이 당연했다. 최근에 만든 총은 길이가 3척 정도이고 후장 부위를 단철로 만들었다. 총신에서 위로 갈수록 점점 좁아져 총구 크기는 반 촌에 불과했다. 총열의 안에 세 개의 나선형 강선을 만들어 총알이 똑바로 나가 방향이 어긋나지 않을 수 있었으

---

58 런던 북부 엔필드에 위치한 왕립 소화기 공장(Royal Small Arms Factory; RSAF)을 가리키는 것으로 보인다. 소총을 주로 생산하는 국영 조병창으로, 흔히 엔필드 조병창(Enfield armory)으로 불린다.

59 1경은 2만 평 정도.

며, 거리는 천삼백 보를 사격할 수 있었다. 철의 순도가 지극히 높고 공정 또한 정밀하여 비록 세 배의 화약을 장전해도 터지지 않고 발사되었다.[60]

西人收儲軍器, 亦極有法。恐地潮生鏽, 於宏敞屋中建築木架, 上接屋梁, 分爲數層, 排列懸掛, 派人專司擦抹洗刷。門扇按日開放, 以通風氣, 不令霉濕損壞, 自不致耗費帑金。中土營伍之中, 購藏鎗械, 宜以此法, 廠局所造未經施用者, 其收儲尤宜謹慎。

서양인들은 병기의 보관 또한 지극히 법도에 맞았다. 땅이 습하여 녹슬 것을 우려하여 높고 넓은 건물 안에 나무 선반을 만들고, 위로는 지붕에까지 연결하여 여러 층으로 나눈 곳에 줄지어 걸어두었으며 전문관리인을 파견하여 닦게 하고 세척을 맡겼다. 정해진 날짜에 따라 문을 개방하여 통풍을 시켜 습기에 의해 파손되지 않게 함으로써 국고를 낭비하지 않도록 했다. 중국의 군영에서 구입해 보관하는 병기도 마땅히 이 방법을 따라야 할 것이며, 병기창에서 만든 후 아직 사용하지 않은 것은 보관에 특히 신중을 기해야 할 것이다.

西國鎗礮, 其式日改。砲之頭大尾小, 頭尾勻稱及後膛堵門弱小者皆廢, 改鑄螺螄或胡盧形。以火藥初燃力大, 故砲頭宜粗, 乃不易炸。槍之身重口闊或用圓彈, 管內不作螺螄槽紋者亦皆廢, 改鑄筒膛漸狹至口僅半寸, 內含斜紋線路, 彈子形如棗, 頭尖尾圓, 而近尾處中空。蓋有線

---

60 1853년에서 1867까지 사용된 "1853년형 엔필드 강선 머스킷(Enfield Pattern 1853 rifle-musket)"이 이 설명에 부합한다. 엔필드 조병창에서 개발된 이 전장식 소총(강선 총)은 39인치(99cm) 길이의 총신에 1:78 나선형 강선의 세 개의 홈이 있으며, 세 개의 금속 밴드로 스톡에 고정되어 있어 '3 밴드' 모델로 불렸다. 높은 명중률과 1,000야드의 사정거리로 보병 운용의 기본 개념을 바꾸게 한 소총이며, 태평천국의 난에도 사용되었다.

路逼迫彈子出口, 則不致旋轉, 又恐彈子不遵路而行, 於近尾處空其中, 使受火藥之氣, 自然漲開而行依線路矣。近日尤尚棉花火藥, 轟力極大。試以巨木立柵, 埋藥八磅於其下, 燃之, 柵倒而木亦碎。或以鐵條粗一尺者橫於地, 用藥三兩轟之, 則鐵條裂而爲二。

서양의 총포는 그 제식이 날로 개선되었다. 포두가 크고 포미가 작았는데, 포두와 포미가 같은 크기이거나, 후장의 입구가 약한 것은 모두 폐기하고 나선형 혹은 표주박 형태로 바꿔 주조했다. 화약은 처음 연소할 때 힘이 강하므로 포두가 두꺼워야 쉽게 터지지 않는다. 총신이 무겁고 입구가 넓거나 원형 총알을 사용하는 것, 총 열 안에 나선형 홈을 만들지 않은 것 또한 모두 폐기하여 총열이 점점 좁아져 입구가 반 촌이 되고 안쪽에 나선형 강선을 넣은 것으로 바꾸어 주조했다. 총알의 형태는 대추 모양으로, 탄두가 뾰족하고 탄미는 둥글며, 탄미 부위에는 가운데가 비어 있다. 무릇 나선형 강선이 있어도 총알에 압력을 가하여 배출되게 할 뿐, 저절로 회전하지는 않는다. 혹시 총알이 강선을 따라 움직이지 않을 것을 우려하여 탄미 부위의 가운데를 비워 화약의 힘을 받도록 함으로써, 자연히 팽창하여 강선의 경로를 따라 움직이게 한 것이다. 최근에는 면화약을 특히 선호했는데, 폭발력이 지극히 강력했기 때문이다. 시험 삼아 거목으로 울타리를 세운 후 화약 8파운드를 그 밑에 부설하여 불을 붙이면, 울타리가 넘어지고 나무 또한 산산조각이 났다. 또는 1척 두께의 철봉을 바닥에 놓고 화약 3량으로 폭발시키면 철봉이 반으로 쪼개졌다.

又有軍營渡水之具, 其法甚巧。數十年前所用者, 係以鐵筒長八尺粗六七尺者數十, 橫浮水面, 駕木成橋, 易於攜運, 然仍嫌其重滯。今則用鐵帶寬三寸者, 根根相扣, 接爲兩條, 一端釘於次岸, 令善泅者拽一端釘於彼岸, 有如亙空之長虹, 雖渡萬人而帶不斷, 此真捷法也。或用漆布小艇, 縛小木橋以渡, 謂之浮橋。艇係由底而上皆漆布兩重爲之, 夾以木板, 使布不下弛, 摺疊作大弓形, 亦不甚重, 可一人負之而走。英人之心思靈巧, 造器無不適於用也如此。

또한 군영에서 도강용 기구가 있는데 그 방법이 상당히 정교하다. 수십 년 전에 사용한 것은 길이 8척, 두께 6-7척의 철관 수십 개를 묶어서 수면에 띄우고 나무로 다리를 만들었다. 이는 운송에는 편했지만, 여전히 너무 무겁다는 불편함이 있었다. 지금은 3촌 두께의 쇠 띠를 사용하여 한줄 한줄 서로 엮어서, 한쪽을 이쪽 기슭에 고정하고 헤엄 잘 치는 자를 시켜 다른 한쪽을 저쪽 기슭에 고정하게 하면 창공의 무지개처럼 되어 만 명이 건너도 띠가 끊어지지 않으니, 진실로 빠른 방법이다. 혹은 방수포로 만든 작은 배를 이용하여 소형 나무다리를 엮어 건너기도 하는데 이를 부교라 한다. 이 배는 아래에서부터 위까지 모두 방수포를 이중으로 둘러서 만들었는데, 목판을 끼워 방수포가 아래로 처지지 않게 하면 접었을 때 큰 활 모양이 되어 별로 무겁지 않으므로 한 사람이 짊어지고 갈 수 있다. 영국인의 머리는 아주 영민하니, 기계 제작 또한 이렇게나 사용에 적합하지 않은 것이 없다.

제34장

제조정기(製造精奇): 영국의 뛰어난 제조술

英人心思慧巧, 於制造一切器物, 務探奧窔, 窮極精微, 多有因此而致
奇富者。此固見其用心之精, 亦由國家有以鼓舞而裁成之, 而官隱爲之
助也。按英俗, 凡人創造一物不欲他人摹仿, 即至保製公司, 言明某物,
納金令保, 年限由五六年至二十年。他人如有摹仿者, 例所弗許。違例,
準其控官而罰鍰焉。設貧人創物, 無力請保而乏資自造者, 可告富人令
驗。如效, 則給價以求其法, 往往有一二倍之價而獲利至千百倍者。

영국 사람들은 생각이 슬기롭고 공교하여, 일체의 기물을 만들 때 심오한
이치를 힘써 탐구하고 정미함을 끝까지 다 하니, 이를 통해 큰 부자가 된 사
람들이 많다. 이는 진실로 그들이 정교하게 생각에 힘쓴 것을 보여주는 것
일뿐더러, 나라에서 그들을 고무하여 길러내고 관(官)에서 조용히 그들을
도운 때문이기도 하다. 영국 관습에 따르면 한 사람이 한 물건을 만들었는
데 다른 사람이 그것을 모방하기를 원하지 않으면 바로 특허 회사에 가서
어떤 물건인지를 밝히고 돈을 내어 보호를 받는데, 연한은 5-6년에서 20년
까지 이를 수 있다. 다른 사람이 모방하는 일이 있어도 규례에 따라 허가하
지 않고, 규례를 어기면 당사자가 관에 알려 벌금을 부과하게 한다. 만약
가난한 사람이 물건을 만들었는데 보호를 요청할 힘이 없고 직접 만들 수
있는 돈이 부족하면 부자에게 말하여 증험해 보게 할 수 있다. 만약 유효하
면 값을 치르고 그 비법을 취득하는데, 한두 배의 값에 사서 천백 배까지 이

익을 얻는 일도 적지 않다.

原其製物也, 竭心思, 廣見聞, 不惜工本, 不避勞瘁, 不計時日, 徧訪寰區, 歷試諸法, 以務求其當, 而報之官。如官驗之果濟於用, 則給以文憑, 共保若干年, 禁止他人私摹其式。其有奉明倣傚者, 則納資於創造之人。又恐他國私摹, 於是徧告鄰封, 官爲主持。凡有倣傚而不納貲者, 則倍其罰。故一物旣成, 其利幾以億兆計。否則幾經硏求, 以發其秘, 他人坐享其成, 無所控訴, 誰甘虛費財力以創造一物乎。未卒業而有惴心者, 亦可報聞。如器有實用, 而官不以爲然, 及禁人私摹, 而官反陰用之者, 皆可訟諸刑司。人有一得之技, 雖朝廷不能以勢相抑, 故人勇於從事也。

그들이 물건을 만드는 일을 살펴보면, 온 생각을 기울이고 견문을 넓히고, 자본을 아끼지 않고 노고를 피하지 않으며, 시일을 헤아리지 않고 온 세상을 두루 다니며 갖은 방법을 모두 시도하여 힘써 그 마땅함을 구한 뒤에 관에 알린다. 만약 관에서 시험하여 사용하기에 적합하면 인증서를 발급해 주고 몇 년 동안 보호하여 다른 사람이 몰래 그 방식을 모방하는 것을 금지시킨다. 공개적으로 모방하고자 하는 이가 있으면 처음 만든 사람에게 돈을 내게 한다. 또 다른 나라에서 몰래 모방하지 않도록 관에서 주관하여 이웃나라에 널리 알린다. 모방하고도 돈을 내지 않는 자에게는 모두 두 배의 벌금을 부과한다. 그런 까닭에 한 물건을 만들어 내면 그 이익이 억조를 헤아리게 되는 것이다. 그렇지 않다면 몇 차례나 연구를 거듭하여 그 비밀을 밝혔는데 다른 사람이 앉아서 그 성과를 누려도 호소할 데가 없을 것이니 누가 기꺼이 돈과 힘을 허비하며 새로운 물건을 만들려고 하겠는가? 만드는 일을 아직 완료하지 않아 걱정되는 경우에도 관에 알릴 수 있다. 만약 기물이 실용적인데도 관에서 인정하지 않거나, 다른 사람들이 몰래 모방하는 것을 금지해 놓고 관에서 도리어 무단으로 사용하는 경우에는 모두 형사 관서에 고소할 수 있다. 사람이 한 가지 기술을 얻는다면 조정이라도 권세로써 억누를 수 없으니 사람들은 과감히 일할 수 있는 것이다.

鐘表之制, 中土人多有知者, 造作以英人爲最精。他如以水氣運機, 以風推磨, 以水舂碓, 固未足爲奇也。千里鏡之巨者, 於日中登最高處仰窺, 星斗皆現, 能察月中諸山。夜間於海面借天光窺之, 舟船檣桅, 倒掛下垂, 歷歷可辨。顯微鏡以之覷纖細之物, 如蚊睫蟻足, 察及毫芒。至於銀工雕鏤, 尤爲精絶。嘗見一銀塔高不盈寸, 分三層, 每層有人物形象, 眉目面貌細巧明晰, 幾疑神斧鬼工, 不可思議。又有以女子頭髮結爲指環手釧, 贈貽交好。男女相知者, 得此以爲榮。復有畫工, 描寫形容, 纖微畢肖, 盡態極姸, 惟妙惟肖。

시계라는 물건은 중국 사람도 아는 이가 많지만 이것을 만드는 일은 영국 사람이 가장 뛰어나다. 그밖에 증기기관, 풍력 방아, 물레방아는 특별히 기이할 것이 없다. 거대한 망원경은 낮에 아주 높은 곳에 올라 쳐다보면 별들이 모두 나타나고 달 속의 여러 산도 관찰할 수 있고, 밤에 해수면에서 빛을 받아 살펴보면 배의 돛대가 거꾸로 매달린 듯한 모습을 뚜렷하게 식별할 수 있다. 현미경은 작고 가는 물건을 볼 수 있어서 이를테면 모기의 눈썹이나 개미 발의 터럭까지도 관찰할 수 있다. 또 은세공은 특히 정밀하다. 1촌이 채 안 되는 은탑을 본 적이 있는데, 3층으로 나뉘어 있고 각 층에는 사람의 형상이 있는데 눈썹과 눈을 비롯한 얼굴 모양이 세밀하고도 뚜렷하여 귀신이 만든 것이 아닐까 할 정도로 불가사의했다. 또 여자의 두발을 꼬아서 만든 반지나 팔찌도 있는데 이를 주고받으며 서로 교제하고, 남녀 사이에 이

것을 받으면 영광으로 여긴다. 또 화가가 그리는 인물화는 섬세한 부분까지 다 닮았는데, 자태와 미모를 남김없이 잘 그려내어 절묘하고도 흡사하다.

英國以天文, 地理, 電學, 火學, 氣學, 光學, 化學, 重學爲實學, 弗尙詩賦詞章。其用由小而至大。如由天文知日月五星距地之遠近, 行動之遲速, 日月合璧, 日月交食, 彗星, 行星何時伏見, 以及風雲雷雨何所由來。由地理知萬物之所由生, 山水起伏, 邦國大小。由電學知天地間何物生電, 何物可以防電。由火學知金木之類何以生火, 何以無火, 何以防火。由氣學知各氣之輕重, 因而創氣球, 造氣鍾, 上可淩空, 下可入海, 以之察物, 救人, 觀山, 探海。由光學知日月五星本有光耀, 及他雜光之力, 因而創燈戲, 變光彩, 辨何物之光最明。由化學, 重學辨五金之氣, 識珍寶之苗, 分析各物體質。又知水火之力, 因而創火機, 製輪船火車, 以省人力, 日行千里, 工比萬人。穿山, 航海, 掘地, 濬河, 陶冶, 制造以及耕織, 無往而非火機, 誠利器也。

영국은 천문, 지리, 전학(電學), 화학(火學), 기학(氣學), 광학, 화학, 중학(重學, 역학)을 실학으로 여기고 시부(詩賦)나 사장(詞章)은 숭상하지 않는다. 그것들의 쓰임새는 작은 것으로부터 큰 것에 이르기까지 있다. 이를테면 천문을 통해서는 해, 달과 별 다섯 개[61]가 땅에서 얼마나 멀리 떨어져 있는지, 움직이는 것이 느린지 빠른지, 해와 달의 운행과 일식과 월식을 알 수 있고, 혜성과 행성이 언제 나타나는지, 그리고 바람, 구름, 우레, 비가 어디에서 오는지를 알 수 있다. 지리를 통해서는 만물이 생겨나는 바와 산수의 기복과 나라의 크기를 알 수 있고, 전학을 통해서는 천지간에 어떤 물건이 전기를 만들고 어떤 물건이 전기를 막을 수 있는지를 알 수 있다. 화학을

---

61 금성, 목성, 수성, 화성, 토성을 가리킨다.

통해서는 쇠와 나무 종류가 어떻게 불을 만들고 어떻게 불을 없애고 어떻게 불을 막는지를 알 수 있고, 기학을 통해서는 각 기체의 무게를 알 수 있어서 기구(氣球)를 만들고 기종(氣鐘, 잠수 장치)을 만들어 위로는 하늘로 올라가고 아래로 바다로 들어가서 사물을 관찰하고 사람을 구조하고 산을 살피고 바다를 탐지할 수 있다. 광학을 통해서는 해, 달과 별 다섯 개에 본래 빛이 있음과 다른 여러 빛의 힘을 알 수 있어서, 환등장치를 만들고 광채를 변화시키고 어떤 물건의 빛이 가장 밝은지를 판별할 수 있다. 화학과 역학을 통해서는 다섯 가지 금속의 기운을 분별하고 보석의 종류를 식별하고 각 사물의 체질을 분석한다. 또 물과 불의 힘을 알 수 있어서 증기기관을 만들고 이것으로 윤선과 기차를 만들어 인력을 아끼고 하루에 천 리를 가니 그 힘이 사람 만 명에 비길 만하다. 산을 뚫고 바다를 항해하고 땅을 파고 강을 준설하고 도기를 굽고 철기를 제련하고 물건을 만들고 밭을 갈고 베를 짜는 등, 어디에서든지 증기기관이 쓰이지 않는 곳이 없으니, 실로 이로운 기기이다.

余旅於詹那家, 由其地抵水晶宮, 往來必乘輪車, 中間凡三停車。有一賣酒處, 當壚者綺年玉貌, 娟麗多姿, 余過必往飲, 女必瑣瑣問華事。一日, 見有長髯者在, 則其父也, 乃司理輪車鐵路者, 爲言, 英國初創輪車, 國人莫不騰謗, 蜂起阻撓, 謂擧國牧御由此廢業, 妨民孔多。豈知輪車旣興, 貿易更盛, 商旅絡繹於途。輪車不及之處, 濟以馬車。輪車獲利, 尤在載貨, 貨多則生理大, 利息倍, 稅課亦增, 實爲裕國富民之道。國中苟有變亂, 聞報調兵, 朝發而夕至, 有如疾風之掃葉, 兵行速而軍需省, 無過輪車者。苟無輪車, 征夫騎行, 時虞盜劫。自建鐵路後, 人行萬里, 無意外之警, 卽有急務, 頃刻可達。飲畢, 送余至輪車所, 指謂余曰, 火車之行, 輪鐵迅捷, 輒生火燄, 昔時車每被焚。有阿士貝者, 創造涼油, 使車行久而輪不熱, 遂獲厚利, 富甲一鄉。泰西製造精微, 於此可見一斑。

나는 첨나(詹那)의 집에 묵었는데 그곳에서 수정궁에 다녀올 때에는 모두 기차를 타야 했고 중간에 세 번 정차했다. 한 술집이 있었는데 술 파는 이는 젊고 무척 고운 처자였다. 나는 그곳을 지날 때마다 꼭 가서 술을 마셨고 여자는 중국의 이것저것에 대해 시시콜콜 물었다. 하루는 그곳에 긴 수염이 난 사람이 있는 것이 보였는데 그의 부친이었고 기차와 철로를 관리한다고 했다. 그가 말했다. "영국에서 처음 기차를 만들었을 때는 사람들이 모두 거세게 비방하며 벌 떼처럼 일어나서 가로막으면서 온 나라의 목축업과 운수업이 이 때문에 폐업하게 될 것이라고 말하며 방해하는 사람들이 아주 많았습니다. 하지만 막상 기차가 운행되자 무역이 더욱 흥성하고 상인들이 길에서 끊이지 않게 되었고, 기차가 이르지 못하는 곳에는 마차가 다녔습니다. 기차의 수익은 특히 화물에서 많이 나오는데, 화물이 많아지면 사업이 커지고 이익이 배가되고 세금도 늘어나니 실로 나라와 백성을 풍요롭게 하는 길이 됩니다. 나라에 만약 변란이 일어나면 소식을 듣고 군대를 움직여 아침에 출발하면 저녁에 도착하여 질풍이 낙엽을 쓸어버리듯 하니, 군대의 이동이 빠르고 군수를 절약하기로는 기차만 한 것이 없습니다. 만약 기차가 없었다면 병사들이 말을 타고 가다가 자주 도적들을 만났을 것입니다. 철로를 세운 뒤로 사람들이 만 리를 가면서도 불의의 일을 염려하지 않아도 되고, 급한 일이 있으면 금방 도착할 수 있습니다." 술을 다 마시자 나를 기차가 있는 곳까지 전송해 주면서 말했다. "기차가 달릴 때에는 쇠로 된 바퀴가 빨리 돌기 때문에 금방 불이 나서 옛날에는 기차가 불에 타는 일이 많았습니다. 뒤에 아사패(阿土貝)라는 사람이 냉각유를 만들어 기차가 오래 달려도 바퀴가 뜨거워지지 않아 큰 이익을 얻어 마을의 갑부가 되었습니다." 유럽의 제조술의 정미함을 여기에서도 살펴볼 수 있다.

제35장

창유영유(暢游靈囿): 신비로운 원림에서 후련하게 노닐다

余既離倫敦, 乘車至蘇境之杜拉, 獨處一樓, 公餘之暇, 時偕二三朋儔, 出外遊覽。車轍所至, 輒窮其勝, 探幽涉阻, 頗盡山水之樂, 登臨之際, 富有篇章。

나는 런던을 떠나 기차를 타고 스코틀랜드의 달라(Dollar)로 갔다. 독채에 홀로 머물며 공무 중 여가에는 가끔 두세 친구와 함께 유람하러 나갔다. 기차가 이르는 곳마다 그곳의 절경을 만끽했고, 깊고 험한 곳을 찾아다니며 산수의 즐거움을 충분히 누렸다. 유람을 다니다 보니 쓰게 된 글도 많아졌다.

杜拉在蘇格蘭之北境, 其地萬山環合, 蒼翠萬狀, 岡阜蜿蜒, 樹木叢茂, 於夏爲尤宜。時當中國五月下旬, 節逾小暑, 而氣候清和, 猶如首夏, 早晚尙可著棉衣。地距北極三十度許, 每至春杪夏中, 徹夜光明, 爲日舒長, 正若小年。

스코틀랜드 북부에 위치한 달라는 수많은 산에 둘러싸여 있어 각양각색의 푸르름과 굽이진 산마루, 무성한 수목이 여름에 특히 빼어나다. 당시 중국은 5월 하순으로 소서(小暑)를 지났으나, 이곳의 기후는 초여름처럼 서늘해서 아침저녁으로 아직은 솜옷을 입어야 했다. 지대가 북위 30도에 있어서

늦봄과 여름에는 밤새 밝으며 해가 길어지는 것이 소년(小年)[62]과 같았다.

> 去杜拉十二里許, 有圍日倫伯靈, 名勝所也。譯以華語爲行雷橋, 謂橋
> 下泉聲之喧有若雷耳。境既幽邃, 候亦涼爽。每至夏日, 都人士女, 命儔
> 挈侶, 聯袂往遊, 藉以逭還炎暑而消長日。圍旁客舍數椽, 可供遊人小
> 憩, 或呼酒肴, 咄嗟立辦。

달라에서 12리쯤 가면 명소인 럼블링[63]이라는 원림이 있다. 중국어로 번역
하면 '천둥다리(行雷橋)'라고 하는데, 다리 아래로 흐르는 물소리가 천둥같이
요란해서 그렇게 이른 것이다. 깊은 곳으로 들어가니 날씨 또한 서늘했다.
매년 여름이면 도시의 남녀들이 벗들과 함께 무리 지어 놀러 와서 더위를
피하며 긴 낮을 보낸다. 원림 옆의 몇몇 객사에서는 여행객들이 잠시 쉴 수
있도록 했는데, 혹 술과 안주를 찾으면 바로 갖추어진다.

> 是圍廣袤百頃, 就山麓爲之結搆, 徑路曲折高下, 幽奇可喜。雖稍加人
> 工, 而無不出自天然。一澗瀠洄, 千峰合沓, 偶入其中, 爽氣撲人, 塵念
> 俱絕。有飛瀑數處, 從高注下, 鏗訇盈耳。顧聲喧境靜, 仰觀俯聽, 其趣
> 頗永。

---

62 소년: 중국의 전통 명절로, 북방은 음력 12월 23일, 남방은 24일, 강소·절강·상해 일대는 24일과
제석(除夕) 전일 등으로 기념하는 날이 지역마다 다르다. 설맞이, 먼지 청소, 부뚜막 제사 등을 하며
깨끗하고 풍요로운 해를 지낼 준비를 시작한다. 낮이 긴 '소서'를 밤이 긴 '소년'에 비유한 것은 대비
의 차원으로 보이는데, 단순한 표기상의 오류일 수도 있다.

63 럼블링(Rumbling): 럼블링 브릿지(Rumbling Bridge)를 의미한다. 럼블링 브릿지는 퍼스셔
(Perthshire)와 킨로스셔(Kinross-shire)의 경계를 형성하는 데본(Devon) 강 협곡의 양쪽에 지
어진 작은 마을이자 동시에 특유의 으르렁거리는 울림을 발산하는 특이한 이중 다리의 이름이
다. 1713년에 건설된 하부 다리는 길이 6.7m, 너비 3.4m이며, 약 10m 높이에 지어진 더 큰 상
부 다리는 1816년에 건설되었다.

이 원림은 면적이 백 경(頃)이다. 산기슭에 엮어 만든 것이라 길이 구불구불하고 험준하며 한적하고 기이하여 매력적이다. 비록 약간의 인공을 가했으나 자연에서 비롯되지 않은 것이 없다. 계곡이 돌아 흐르는 곳에 여러 봉우리가 첩첩이 모여 있는데, 마침 그 안으로 들어가니 상쾌한 기운이 덮쳐와 속된 생각이 모두 사라졌다. 몇몇 폭포는 높은 곳에서 쏟아져 우르릉 쾅쾅 소리가 귀에 가득하다. 소리는 요란하나 분위기는 한적해 고개를 들어 바라보고 고개를 숙여 들어보면 그 정취가 자못 길게 이어진다.

沿澗傍山而行, 約計十數里, 行盡處境, 忽窪下滙作一潭以承水。水從石竅中怒噴而出, 遙望之作白練一匹, 惜不甚長亘耳。水注潭中, 跳珠噴雪, 聲轟晴雷, 土人謂之大鑊, 以水聲若沸也。兩旁巨石嶙峋, 潭底石齒巉露。須下踐潭石, 面壁正觀, 乃盡其妙。蓋此山之奇, 固以飛瀑著名也。余作長歌以紀其勝云。

계곡을 따라 산을 끼고 약 십수 리를 가니 길이 끝나는 곳에 홀연히 움푹 꺼지며 못을 이루어서 물길을 이었다. 물이 바위틈에서 세차게 분출해서 멀리서 보면 한 필의 흰 비단 같았으나 충분히 길게 이어지지 않아 아쉬울 따름이었다. 물이 못으로 쏟아질 때 구슬을 튕기고 눈발을 내뿜으며 맑은 날의 천둥소리를 냈다. 현지인들은 이를 '큰 솥'이라고 부르는데, 물이 끓는 듯한 소리를 내기 때문이다. 연못 양옆에는 큰 바위들이 겹겹이 솟아 있으며 연못 바닥은 들쭉날쭉한 돌들이 뾰족하게 드러나 있다. 내려가 연못의 돌을 밟고 벽면을 마주해서 똑바로 바라봐야 그 묘미를 다 느낄 수 있다. 이 산의 기이함은 실로 폭포로 이름난 것이다. 나는 긴 시를 지어 그 빼어남을 기록했다.

同治戊辰夏五月, 我來英土已半年。
眼中突兀杜拉山, 三蠟遊屐聽鳴泉。
巖深澗仄勢幽阻, 飛泉一片從空懸。
我臨此境輒叫絕, 頓洗塵俗開心顏。

동치 무진년(1868) 여름 오월
내가 영국 땅에 온 지도 이미 반년.
우뚝 솟은 달라산을 바라보며
수차례 채비를 갖추어 물소리를 들으러 갔네.
깊은 절벽과 좁은 계곡으로 산세는 그윽하고 험한데
한 줄기 폭포가 하늘에 걸려있다.
나는 이 절경을 마주할 때마다 찬탄하고
세속의 먼지를 말끔히 씻어내며 즐거워했네.

居停主人雅好事, 謂此未足稱奇焉。
去此十里有名勝, 風潭廣斥萬頃田。
上有飛瀑如匹練, 下有雜樹相娟鮮。
爰命巾車急往訪, 全家俱賦登臨篇。

거주지의 집주인은 본디 즐거운 일 벌이기를 좋아하는데
이곳은 놀랄만한 곳이 아니라 하네.
이로부터 10리를 가면 명소가 있으니
바람 이는 호수와 너른 개펄이 만 경에 이른다네.
위로는 비단 같은 폭포가 쏟아지고,
아래로는 다양한 수목이 다채롭다네.

이에 비단 막을 친 마차를 불러 급히 가서는
모두가 함께 등림편(登臨篇)을 지었네.

其日佳客踐約至, 遂與同載揚輕鞭。
初臨猶未獲奇境, 漸入眼界始豁然。
意行不憚路高下, 疏花密蔭如招延。
澗窮路盡更奇闢, 忽如別有一洞天。

그날 좋은 손님이 약속대로 이르러
드디어 함께 마차를 타고 가볍게 채찍을 휘두르네.
처음에는 놀라운 절경을 보지 못했는데
들어갈수록 시야가 확 트이네.
험한 길 나아감에 거리낌 없으니
성긴 꽃들과 울창한 녹음이 이끄는 듯했네.
계곡과 길이 끝나자 더욱 놀라운 곳이 펼쳐지니
문득 별천지가 있는 듯하네.

水從石竅疾噴出, 勢若珠雪相跳濺。
至此積怒始奔注, 一落百丈從峰巔。
側耳但覺晴雷喧, 聲喧心靜地自偏。
徑穿犖確躡澗石, 獨從正面觀真詮。
四顧幾忘身世賤, 來往忽冀逢飛仙。

바위 사이에서 세차게 뿜어져 나오는 물은
구슬과 눈발처럼 튀고 흩날리네.

여기에 이르러 쌓였던 물길이 비로소 거칠게 쏟아지며
산 정상에서 백 길 아래로 떨어지네.
귀를 기울이면 맑은 천둥소리만 들리는데
소리는 요란하나 마음은 고요해져 절로 호젓해지네.
바위가 많고 험한 길을 뚫고 가 계곡의 돌을 밟고서
홀로 정면에서 진면목을 바라보네.
사방을 돌아보며 미천한 신세를 거의 잊으니
오가며 불현듯 신선을 만날 수 있기를.

萬山擁翠若環合, 中有一朵芙蓉妍。
惜非胸中具邱壑, 坐使腕底生雲烟。
媚梨女士工六法, 定能寫此圖其全。
勝情妙墨發奇想, 盍將造化形神傳。

만산(萬山)이 푸르름을 띠고 둘러싼 듯한데,
그 속에 한 송이 연꽃이 있네.
마음에 구학(邱壑)을 품고서
앉아서 손끝에서 운연(雲烟)을 피어나게 하지 못함이 안타깝네.
마리안(Marian)은 육법(六法)을 익혀서
필시 이 그림을 온전히 그릴 수 있으니,
빼어난 정취와 훌륭한 먹으로 기발한 생각을 표현해
자연의 형상과 정신을 생생하게 전하네.

嗟予窮厄世所棄, 胸貯萬斛憂愁煎。
山靈出奇爲娛悅, 令以文字相雕鐫。

我鄉豈無好山水, 乃來遠域窮搜研。

아! 불운하게도 세상에서 버려져
가슴에 수많은 근심과 슬픔이 쌓여 애태우던 중,
산령이 발산하는 놀라움은 기쁘고 즐거워
글로 새기게 되었네.
우리 고향에는 훌륭한 산수가 없던가
어찌 먼 곳에 와서 열심히 궁구하는가?

昨日家書至海舶, 滄波隔絶殊可憐。
因涉名區念故國, 何時歸隱江南邊。

어제 배편으로 가서(家書)가 도착했는데,
큰 바다로 막혀 있어 있어서 유독 안타까웠네.
명소들을 다니며 고국을 그리워하니,
언제 강남의 변방으로 돌아가 은거할 수 있을까?

時與偕遊者理君雅各媚梨女士。媚梨即理君第三女公子也, 雅嫺繪事,
是日攜筆爲圖粉本。德臣夫人從伊梨來, 以踐游約。詩成, 忽得家書, 復
綴二絶句於後。

당시에 함께 다닌 사람은 레그와 그의 셋째 딸 마리안이었다. 마리안은 그
림을 잘 그렸는데, 이날 붓을 챙겨와 밑그림을 그렸다. 딕슨의[64] 부인이 엘

---

64 앤드류 딕슨(Andrew Dixon): 1845년 앤드류 쇼트레드(Andrew Shortrede)가 홍콩에서 창간
한 영문 주간지 차이나 메일(The China Mail, 德臣西報, 1845-1974)의 수석 편집자였으며,

리(Elie)에서 돌아와서 함께 여행을 가기로 한 약속을 지켰다. 시가 완성되었을 때 갑자기 가서(家書)를 받게 되어 뒤에 다시 두 절구를 이어 썼다.

一從客粵念江南, 六載思鄉淚未乾。
今日擲身滄海外, 粵東轉作故鄉看。

한때는 광동의 객으로서 강남이 그리워
6년간 고향을 생각함에 눈물이 마르지 않았네.
지금 너른 바다 밖으로 몸을 던지니
광동이 오히려 고향이 되었네.

昨涉名園慰旅情, 正將秀句答山靈。
家書寄到愁千斛, 一片詩懷化涕零。

어제 유명한 원림을 다니며 객지의 울적함을 달래어
마침 시구를 지어 산령에 답하려던 차에,
가서가 도착하니 시름이 가득하여
한 편의 시상(詩想)이 눈물방울로 되었구나.

噫, 余處境雖厄, 而遊覽之奇山水之勝詩文之娛朋友之緣亦足以豪, 幾忘其身之在海外也。

아, 내 처지는 비록 불우하지만, 진기한 유람, 빼어난 산수, 시문의 즐거

1858년부터는 소유주가 되었다. 왕도는 홍콩에서 지낼 때 이곳의 편집자로 일한 바 있다. (더욱 상세한 설명은 제40장의 각주85번 참조)

움, 벗의 인연 또한 충분히 훌륭하여 내 몸이 바다 밖에 있음을 거의 잊게
되었다.

두랍유산(杜拉遊山): 달라에서의 산행

附近杜拉諸村, 皆可供瀏覽。余讀書之暇, 遊屐亦嘗至焉。杜拉一山, 高聳數千仞, 蒼翠環合, 葱菁萬狀。山泉下注, 滙成一澗, 甫臨山麓, 已覺泉聲瀧瀧然聒耳矣。隨山曲折高下, 俱有石磴, 行倦即可憩息。至山腰, 一山忽分为兩山, 一面翠嶂丹崖, 壁立無際, 有如巨斧削成。兩山聯合處, 駕以長橋。瀑布從高趨下, 迅若奔湍, 天日所不至, 至此覺心骨俱爽。傳聞野老遺言, 此山一夕劃然中分, 爲巨靈所擘開。盛夏至此, 不知有炎暑, 洵妙境也。

가까운 달라의 여러 마을은 모두 한번 돌아볼 만하다. 나는 독서를 하다가 쉬는 틈에 산수 유람을 나섰는데, 여기에도 와 본 적이 있다. 달라산은 우뚝 솟아 높이가 수천 길이다. 푸르고 싱싱한 빛이 둘러싸고 있고, 모든 경치가 푸른 빛으로 가득하다. 산의 샘물이 아래로 흘러 하나의 계곡으로 모여드는데, 발길이 산록에 닿자마자 벌써 콸콸콸 요란스럽게 샘물 소리가 들린다. 산을 따라 구불구불 위아래로 모두 돌층계가 있어, 가다가 피곤하면 쉴 수 있다. 산허리에 이르면 산은 갑자기 두 산으로 나뉘는데, 한쪽 면은 산봉우리와 절벽이 끝없이 서 있다. 마치 큰 도끼로 잘라 두 산이 된 것 같다. 두 산이 만나는 곳에 긴 다리를 설치했다. 폭포는 높은 곳으로부터 아래로 쏟아지는데, 여울물처럼 빠르고, 햇볕이 닿지 않으니, 여기에 이르면 뼛속까지 모두 서늘해진다. 어느 촌로의 말에 따르면 이 산은 어느 날

저녁 마치 자른 듯이 가운데가 나뉘었는데, 강의 신(巨靈)에[65] 의해 잘린 것이라고 한다. 한여름에 여기에 오면 폭염이 있음을 모르니 참으로 묘경(妙境)이다.

盤折而上, 有古宮室。昔時諸侯之所居, 基址猶存, 牆壁尙峙。遺三楹略完好, 守者處其中。出示鉛丸斗許, 謂昔年攻戰時遺跡。想見蘇格蘭當時豆區瓜分蠻爭觸鬪者, 正非一處也。

굽이굽이 올라가면 오래된 궁실이 있다. 옛날 제후가 거처하던 곳인데, 그 터는 아직 남아있고, 담벼락도 아직 우뚝 서 있다. 방 세 칸이 남았는데 대체로 온전하게 잘 있고, 지키는 이가 그 안에 있다. 납 탄환 한 말 정도를 꺼내 보여주며 말하기를, 예전에 전쟁할 때의 유적이라고 한다. 스코틀랜드는 당시 콩이나 박처럼 이리저리 갈라져 야만스럽게 다투어 싸운 곳이 한 곳이 아님을 미루어 알 수 있다.

四山樹木鬱茂, 溪壑瀠洄, 蹊徑幽邃, 隨處可通。一日, 余欲窮其勝境, 循澗而行。澗水澄淸徹底, 游鱗隱約可數。同遊者攜有釣竿, 臨流投餌。久之竟不得一魚, 乃笑而轉往他處。余賈勇陟一土阜, 忽陷泥淖中, 韈履沾濡, 遊興爲之頓阻, 乃歸而易衣。得二律以紀其事。

네 산의 수목은 울창하고 무성하며, 골짜기의 냇물은 소용돌이치며, 오솔길은 깊고 요원한데, 가는 곳마다 통한다. 어느 날 나는 그 뛰어난 경치를 다 보고 싶어서 계곡을 따라서 갔다. 계곡물은 바닥까지 맑고 투명해서 물고기를 어렴풋이 헤아릴 수 있었다. 동행한 사람은 낚싯대를 가지고 갔는

---

65 거령: 신화전설에서, 화산(華山)을 깨고 나온 하신(河神)이다. 거령신(巨靈神)이라고도 한다.

데, 흐르는 물을 만나자 미끼를 던졌다. 한참 있었으나 끝내 한 마리도 잡지 못하자, 웃으면서 다른 곳으로 옮겨갔다. 나는 용감하게 흙으로 된 언덕에 올라갔다가 갑자기 진흙 속에 빠져 신발이 다 젖어 버렸고, 유람의 흥은 그 때문에 갑자기 막히고, 돌아와서 옷을 갈아입었다. 율시 두 수로 그 일을 기록한다.

一云

今朝縱目陟烟巒, 景物殊方詎異觀。

故國河山消戰劫, 邊隅草木立春寒。

林深鳥自鳴幽谷, 水急魚難上釣竿。

循步沿溪尋去路, 不辭仄徑獨廻盤。

제1수

오늘 아침 마음 껏 경치를 즐기러 안개 낀 산을 올랐네

지역이 다르다 하여 어찌 경관이 다르겠는가

옛 나라의 산하엔 전쟁이 사라졌건만

변방의 초목은 입춘에도 여전히 을씨년스럽다

깊은 숲속 새들은 그윽한 골짜기에서 스스로 울고

급한 물에 고기 낚시는 어렵네

발길 좇아 계곡 따라 진로를 찾으니

좁은 길 마다 않고 그저 굽이굽이 돌아다닐 뿐

二云

披榛便識非通徑, 陷淖幾驚作半人。

到此已難尋退步, 憨余隨處値迷津。

不容藤葛求容足,終拔泥塗肯辱身。
本是探幽翻蹈險,卻猜山鬼故自嗔。

제2수
덤불을 헤치다 길이 아님을 알았네
진흙에 빠져 놀라 거의 몰골이 말이 아니네
여기에 이르니 이미 되돌아갈 길을 찾기도 힘드네
내가 가는 곳마다 길을 잃으니 부끄럽네
등나무 갈나무도 들어갈 틈이 없는데 발을 들여놓을 틈을 찾다가
끝내는 진흙탕길에서 빠져나오려다 어찌 몸을 욕되게 하고 말았는가
본래 깊은 골짜기를 찾으려 험한 곳을 딛어놓고
오히려 산귀신을 원망하여 스스로 성을 내네

距杜拉九里許,有得厘姑德釐村,亦一小市集。一日設畫像會,余往觀
焉。會中列繪影三千幅,皆傾國名姝,冶容媚態,殆罕其儔,悉出自名人
之筆。入觀者輸一金錢,若有欲售其畫者,索價動至百金或千金。

달라와 9리 정도 거리에 틸리콜트리(Tillicoultry)라는 마을이 있는데, 역시 작
은 도시이다. 하루는 초상화 전시회를 열었기에 나도 가서 보았다. 전시회
에서는 그림 3천 폭을 전시하고 있었는데, 모두 경국지색이라 할 이름난 미
녀들로서, 농염하게 아름답고 유혹하는 자태는 비길만한 것이 드물었는데,
모두 명인의 붓에서 나왔다. 들어가서 보려면 금화 한 닢을 냈고, 그 그림
을 사고자 하는 이가 있으면, 요구하는 금액은 걸핏하면 백금 혹은 천금에
이르렀다.

再六里許, 至阿羅威, 其地有波斯忒母女, 以才學著聞, 設女書塾, 及門頗盛。由此而至斯德零, 爲蘇京一府城, 棟宇崇隆, 屋舍華美, 廛市亦極整齊, 有前王之離宮在焉。

다시 6리 정도를 가 알바(Alva)에 이르렀는데, 그 지역에는 재학(才學)으로 유명한 파사특(波斯忒) 모녀가 여학교를 열고 있고, 다니는 학생이 꽤 많았다. 이곳을 지나 스털링에 이르렀는데, 이곳은 에든버러(Edinburgh)의 한 부성(府城)으로서, 건물은 우뚝 솟았고 집들은 화려하고 아름다웠으며, 시장의 상가도 극히 가지런히 배치되어 있었고, 전왕(前王)의 별궁이 있었다.

一日, 有馴獸者至其地, 波氏女學士飛箋招余往觀。其人多蓄珍禽異獸, 奇詭萬狀, 大抵皆捕獲於各地, 非一處所有也。蓄養之法, 植木爲欄, 架板作屋, 内以鐵格間之. 每室之下皆有四輪, 以便行運。環列之則成小室數十, 分居虎狼獅豹及麋鹿猿猴之屬, 亦有各種野熊, 猙獰可畏。中一大房, 則居二象。鐵檻之外又籠諸籠, 則禽鳥之類也。又以玻璃作櫝, 中蓄巨蛇數十尾, 俱長尋丈, 腹粗於臂。或有蜿蜒其中昂首驟起者, 亦有偃臥伏卵者, 卵亦巨於尋常。

하루는 짐승을 조련시키는 자가 그 지역에 왔고, 여학사 파사특씨가 나에게 초대장을 보내 보러오라고 했다. 그 사람은 진기한 짐승을 많이 길렀는데, 온갖 형태의 기괴한 것들이 있었고, 대체로 모두 각지에서 포획했지, 한 곳에 있던 것들이 아니었다. 그것들을 기르는 법은 다음과 같다. 나무를 세워 울타리를 삼고, 나무판자로 지붕을 만들고, 철로 된 창살로 그 사이를 띄웠다. 매 사육실 아래에는 모두 네 바퀴가 있어 이동하기 편하도록 했다. 둥글게 배열하니 작은 사육실 수십 개가 되었다. 범, 늑대, 사자, 표범 및 크고 작은 사슴과 원숭이 종류가 나누어 거했다. 또한 각종 야생곰이 있는데, 흉악하여 무서웠다. 그중 큰 방 하나에는 코끼리 두 마리가 있었다. 쇠 울타리 바깥에는 또 여러 조롱을 걸어두었으니 곧 조류들이었다. 또 유리로 상자를 만들고 그 속에서 큰 뱀 수십 마리를 길렀는데, 모두 길이가 2m가 넘었고, 몸통이 사람 팔보다 굵었다. 간혹 그 속에서 기어다니다가 머리를 쳐들고 갑자기 일어서는 것도 있었고, 또 드러누워 알을 품는 것도 있었는데, 알도 역시 보통보다 컸다.

繼而獸人入虎豹獅熊之房, 令其圈環繞作諸戲劇, 不肯前者以鞭笞之。各獸或有怒目張牙咆哮作搏噬狀者, 獸人即出手鎗向空迅發, 火燄震烈, 諸獸無不悚伏, 然後前後馴擾, 惟所指揮。獸人於是履虎尾, 捋虎鬚, 攀虎牙, 探首於虎口吻間, 虎涎淋漓滿面, 博觀者笑樂。於獅豹房亦然, 獅豹無不弭耳搖尾, 狎之幾如貓犬, 後復以一象作樂, 一象環行。象能以鼻掉動諸器, 鏗鏘中節。

이어서 조련사가 범과 표범과 사자와 곰이 있는 방에 들어와 뛰고 뒹굴고 맴도는 등 여러 재주를 부리게 했는데, 앞으로 나아가려 하지 않으면 채찍으로 때렸다. 짐승들 중에는 혹 눈을 부릅뜨고 이빨을 크게 벌려 포효하며 덤벼들어 허비고 물려는 모습을 보이는 것도 있어, 조련사는 곧 권총을 꺼내 공중을 향해 재빨리 쏘았는데, 화염이 진동하고 작렬하니 여러 짐승은 두려워 엎드리지 않는 것이 없었으며, 그런 후 앞뒤에서 조련하니 오로지 지휘하는 바에 따랐다. 조련사가 이에 범의 꼬리를 밟고 범의 수염을 쓰다듬고 범의 이빨을 잡아당기고 범의 입 사이로 머리를 들이밀었다. 범의 침이 얼굴 전체에 흥건해지면 보는 이들은 웃으며 즐거워했다. 사자와 표범의 방도 그러했으니, 사자와 표범은 귀를 늘어뜨리고 꼬리를 흔들며 거의 고양이나 개처럼 친근하게 굴었다. 후에 다시 코끼리 한 마리는 음악을 연주하고, 또 한 마리는 빙빙 돌아다녔다. 코끼리는 코를 흔들어 악기를 움직일 수 있었는데, 연주가 리듬에 맞았다.

攜有阿洲阿皮西尼國王子, 約十二歲許, 衣繡衣, 戴花冠, 坐於象背, 遊行數匝。此國之王本英屬, 繼而叛英, 故为英戮而併兼其土, 此子固一乞食之王孫也。

아프리카 아비시니아국 왕자[66]를 데려왔는데, 대략 12세 정도였다. 수놓은 옷을 입고 화관(花冠)을 쓰고 코끼리 등에 앉아 몇 바퀴 돌았다. 이 나라의 왕은 본래 영국에 속했는데, 후에 영국에 반란을 일으켰기에 영국에 의해 살해되었고, 그 땅은 병탄되었다. 이 왕자는 참으로 한 사람의 걸식하는 왕손이다.

---

66 아비시니아국 왕자: 당시 영국에는 에티오피아(즉 아비시니아) 황제 테오도로스(Tewodoros) 2세의 아들인 데자마치 알레마예후 시므옌 테오도로스(Dejazmatch Alemayehu Simyen Tewodoros, 1861-1879)가 와 있었다. 그는 1868년 로버트 네이피어(Robert Napier) 경이 이끄는 영국의 원정으로 막달라 전투에서 패배한 후 부친이 자살하자 영국으로 끌려왔다. 그는 영국 정부의 보살핌을 받았으나 18세의 나이로 사망했다. 2007년 에티오피아 정부는 그의 시신 반환을 영국에 요청했으나 거절당했다. 정황상 본문에서 언급되는 인물은 서커스단이 내세운 가짜인 듯하다.

제37장

소경고궁(蘇京故宮): 스코틀랜드의 옛 궁궐

余薄游海外將十閱月矣, 同治戊辰秋七月至埃丁濮, 得以徧覽境中諸名勝, 芳蹤遺跡, 勝槪遙情, 亦足以豪矣。此行也, 蓋以出遊爲銷夏計, 亦兼以閱歷河山, 訪問風俗, 擇其地士大夫之賢者而交之, 雖遊歷而學問寓其中焉。

내가 나라 밖을 유람한 지 십 개월이 지났다. 동치(同治) 무진년(1868년) 가을 칠월에 에든버러에 이르러 경내의 여러 명승지를 두루 구경할 수 있었다. 아름다운 옛 자취와 빼어난 경치며 고아한 정취가 또한 호쾌했다고 하겠다. 이때의 행보는 대개 피서할 요량으로 나들이를 나선 것이지만, 또한 겸하여 강과 산을 두루 살피고 풍속을 탐방하며 현지의 사대부 가운데 현량한 이들을 찾아 교제했으니, 유람이라고 해도 학문이 또한 그 가운데 깃든 것이었다.

七月初旬, 由杜拉乘馬車至鄧飛林。車從萬山中行, 林樹鬱茂, 蔥翠撲人, 衣袂皆作碧色。遙望村落, 屋宇高下疏密, 正如在圖畫中, 余不禁於車中叫絕。時理君第三女公子媚梨女士亦同乘, 因舉以問曰, 此景勝於江南否。余曰, 吾吳如鄧尉莫釐, 亦有此勝, 惜無好事者領略之耳。若其位置得宜, 則不逮也。在鄧飛林小住兩日, 主於李君家。往遊古禮拜堂, 五百年前所建也。牆石斑剝, 古致陸離。堂極高敞, 登其巔, 目及數十里外。旁有古王宮, 蓋曾爲蘇格蘭前王駐蹕地。李君有姊, 年未三十, 已孀居, 人頗靜婉。

칠월 초순 달라에서 마차를 타고 던펌린(Dunfermline)으로 갔다. 마차가 여러 산 가운데로 달렸는데, 숲의 나무가 울창하여 그 푸르름이 사람을 덮쳐 옷이 죄다 옥색으로 물들었다. 멀리 마을을 바라보니 집이 높고 낮고 촘촘하고 성긴 것이 마치 그림 속에 있는 듯하여 나는 마차 안에서 찬탄을 금치 못했다. 당시 레그의 셋째 딸 마리안 여사가 동승했는데, 그에 대해 내게 물었다. "여기 경치가 강남보다 낫지 않습니까?" 내가 말했다. "우리 오(吳) 지방의 등위산(鄧尉山)과 막리산(莫釐山)에도[67] 이러한 빼어난 경치가 있습니다만, 그곳을 즐기는 호사가 없는 것이 애석할 뿐입니다! 위치가 적당한지를 가지고 따지자면 여기가 낫습니다." 던펌린에서 짧게 이틀을 머물렀는데, 이 씨의 집에 묵었다. 옛 예배당[68]에 가서 구경했는데, 500년 전에 세운 것이었다. 담벼락의 돌이 얼룩덜룩하여 오래된 정취가 물씬 풍겼다. 건물이 매우 높고 널찍해 맨 위에 오르니 시야가 수십 리 밖까지 미쳤다. 그 옆에는 옛 왕궁이 있는데, 스코틀랜드의 옛 왕들이 출행 중 머물던 곳이다. 이 씨에게는 누이가 있었다. 나이가 서른이 못 되었는데 벌써 과부였다. 사람이 참했다.

翌日至埃丁濮都城, 小憩旅舍。埃丁濮向爲蘇格蘭國京師, 二百年前始倂於英, 今人猶相呼曰, 此蘇國王城也。城中尚有前王宮殿, 相傳已

---

67 왕도는 태호(太湖) 가의 막리산에 관해 『만유수록』의 한 편을 할애해 서술한 바 있다. 「제9장 막리람승(莫釐攬勝): 막리봉의 빼어난 풍경」(『만유수록(漫游隨錄) 역주 1』, 서울: 동문연, 2023)을 볼 것.

68 행궁 옆에 있다는 것으로 보아 던펌린 애비를 가리키는 것으로 보인다. 현 건물은 중세 베네딕토 수도회 건물군 가운데 스코틀랜드 종교개혁 중 1560년에 일부가 파괴되고 남은 것이다.

三百餘年矣。樓宇三層, 崇閎巍煥。雖不及中國皇居之壯麗宸苑之輝煌, 高不及齊雲落星, 華不逮建章麗譙, 而規模恢廓, 氣象自異。內有王后寢宮六所, 牀榻帷褥陳設俱備, 鏡檻香匳, 芳澤猶在。牆壁皆幕以錦繡, 上織人物花草, 刻畫如生, 真鉅制瑰工, 其巧不減針神也。

다음날 에든버러 도성에 도착해 호텔에서 잠시 쉬었다. 에든버러는 예로부터 스코틀랜드의 수도였다. 200년 전에 잉글랜드에 병합되었지만 지금도 사람들은 서로 "이곳은 스코틀랜드의 왕성이지"라고들 한다. 도성에는 아직도 전 왕의 궁전이 남아있는데, 전하길 이미 300여 년 된 것이라고 한다. 건물은 3층으로, 거대하고 화려했다. 비록 중국 황궁의 장려함이나 황실 정원의 휘황함만은 못하며, 높이가 제운루, 낙성루에 미치지 못하고[69], 화려함이 건장궁(建章宮), 여초루(麗譙樓)에는 미치지 못하지만,[70] 그 규모가 거대하고 기상이 특별했다. 안으로 왕후의 침궁이 여섯 곳 있는데, 침대와 의자, 휘장과 침구가 모두 갖추어져 있었고, 경대 위의 향합에는 향유가 남아 있었다. 벽에는 모두 수놓은 막을 쳐 놓았고 그 위에는 인물과 화초를 수놓았는데 그림이 마치 살아 있는 듯하여 참으로 거작이며 아름다워, 그 솜씨가 바느질 신에 뒤지지 않았다.

有一宮爲古惡王殺死王后之處, 板上尚留血跡人影, 濯之愈明。司啟閉者以手拭之, 隱隱若見, 不覺毛髮盡戴。宮中尚有王后手刺繡紋, 貯以玻璃寶匣, 製極工巧。觀其像, 端淑秀麗, 亦一慧心女子也。乃遘暗君,

---

69 제운루와 낙성루: 제19장 각주 2번 참조.

70 건장궁은 한나라 때 장안의 궁전 이름이다. 여초루는 광동 조경(肇慶)에 있는 누각으로 송대에 지어졌다. 휘종(徽宗)이 제위에 오른 후 자신이 왕으로 봉해졌던 단주(端州)를 부(府)로 승격시키고서 '조경부(肇慶府)'라고 쓴 어필을 내려 걸게 해 '어필루'라고 불리다가 명대에 중건되면서 '여초루'라고 불렸다.

竟至廢戮, 怨甚長門, 寃深鉤弋, 惜哉。

한 궁전은 예전의 악한 왕이 왕후를 죽인 장소로, 마루에는 아직도 혈흔이 사람 모양으로 남아, 닦아낼수록 분명해졌다. 문 개폐를 담당하는 이가 손으로 문지르니 은은하게 보일 듯하여 불식간에 모골이 송연해졌다. 궁중에는 아직도 왕후가 손수 놓은 자수가 유리 보물함에 보관되어 있는데, 지극히 솜씨 좋게 만들어졌다. 그녀의 초상을 보니 단정하고 아름다워 지혜로운 심성의 여인이었겠다. 암군을 만나 결국 죽임을 당하여 애통함이 장문궁(長門宮)의 진황후(陳皇后)보다 더하고 원한이 구익부인(鉤弋夫人)보다 깊었을 테니, 서글프도다![71]

最下一殿中繪蘇國列王像。自創國以至見倂英倫之代, 共一百三十六王。內有女王二, 其一年齒甚少, 妍麗罕儔, 天人不啻也。其名曰媚李, 聞多穢行, 爲國史所不齒。原蘇國之倂入於英, 非以征伐, 乃以揖讓。其時英王薨後無嗣, 遂以蘇王入繼大統, 自此議勿別立蘇王, 而蘇英遂合爲一國。故至今蘇格蘭人皆自稱爲蘇國, 示別於英人也。

맨 아래쪽 궁전에는 스코틀랜드 역대 임금의 초상이 그려져 걸려 있다. 건국 이래로 잉글랜드에 병합된 대에 이르기까지 도합 136명의 왕이 있었다. 그 가운데 여왕이 둘이었는데, 그중 한 명은 나이가 매우 어렸으며 아름답기가 비할 데 없을 정도여서 선녀도 따를 수 없었다. 이름이 메리였는데,

---

71 진황후는 한 무제의 첫 황후로, 후궁에 대한 투기로 장문궁에 쫓겨 가 있을 때 사마상여(司馬相如)에게 거금을 주고 자신의 억울함을 호소하는 「장문부(長門賦)」를 지어 무제에게 헌상케 했고 이로써 무제의 총애를 다시 얻었다고 한다. 구익부인은 한 무제가 총애하던 조씨부인(趙氏夫人)으로 소제(昭帝)의 생모다. 무제는 조씨의 소생을 세자로 책봉하고 곧이어 그녀를 역모에 연루시켜 자결하도록 내몰았다. 혹여 그녀가 훗날 어린 황제의 생모로서 권력을 휘두를 가능성을 차단하고 외척이 발호하는 것을 경계하기 위해서였다고 한다.

전하기로 비열한 행위를 많이 하여 역사가들이 입에 담지 않는 바 되었다. 당초 스코틀랜드가 잉글랜드에 병합되었을 때, 정벌에 의한 것이 아니라 양도에 의한 것이었다. 당시 잉글랜드의 왕이 서거했을 때 후사가 없었는데, 결국 스코틀랜드의 왕을 영입해 대통을 이었다. 이로부터 따로 스코틀랜드의 왕을 세우지 않기로 합의함에 따라 스코틀랜드와 잉글랜드는 합쳐져 한 나라가 되었다. 그래서 오늘날까지 이곳 사람들은 모두 스스로 스코틀랜드라고 부르면서 잉글랜드 사람과 구별됨을 드러낸다.

王宮旁有大禮拜堂一所, 今已傾圮, 僅存遺址。復登高塔, 陟衛所。其日適値演練之期, 兵士皆嚴裝持戟, 排列甚整。其第十九營, 則前二十年曾駐札香港爲守兵者也。演時隊伍嚴肅, 步伐止齊, 倏爲方陣, 倏爲斜陣, 俄又如鳥之張兩翼。其施放槍也, 正若火龍百道, 無一參差先後者。衛所高塔係建於山上, 遙相對峙, 可以擧目眺遠。環海[72]皆係大海, 浩渺無際, 眼界頓爲空濶。

왕궁 곁으로 대예배당이 한 곳 있는데, 이제는 이미 허물어져 유적만 남아 있다.[73] 다시 높은 망루에 오르고, 요새에도 올라갔다. 그날 마침 훈련하는 기간이었다. 병사들은 모두 엄정하게 군장을 하고 창을 들었는데, 대열이 매우 정연했다. 제19대대는 앞서 20년 동안 홍콩의 수비대로 주둔했던 부대다. 훈련 중에 대오는 엄숙했으며, 행진하는 걸음걸이가 가지런했다. 순식간에 사각형의 진을 만들고, 순식간에 비스듬한 진을 만들었다가, 갑자기 다시 새가 두 날개를 펴듯 했다. 총을 발사하니 마치 화룡(火龍) 백 마리가 조금도 선후의 차이가 없는 것 같았다. 요새와 망루는 산 위에 세워져 있

---

72 주향세계총서본의 교정에 따라 '環海'는 '環城'으로 풀었다.

73 홀리루드 애비(Hollyrood Abbey)를 가리킨다.

는데, 멀찌감치 서로 마주하고 있으며 눈으로 멀리 조망할 수 있다. 성을 둘러서 모두 대해로서 아득히 끝이 없어 시계가 문득 드넓어졌다.

城中街衢廣潔, 廛市殷闐, 大厦崇樓, 連甍接棟。屋皆高七八層, 其後有高至十五層者。巍峻華煥, 蘇國中殆罕與埒。遠近皆以此爲第一名都, 蓋不亞於英京倫敦矣。惟士女服飾之便娟, 兒童語容之淸麗, 雖覺稍遜於倫敦一籌而已, 非他處所能逮矣。

성안에는 도로가 넓고 청결했고 시장이 성황을 이루었으며 크고 높은 건물들이 연이어 있었다. 건물들은 모두 높이가 7, 8층이었고 그 뒤쪽으로는 15층에 이르는 것이 있었다. 높다랗고 화려하니 스코틀랜드에서 견줄 대상이 드물 터였다. 원근 각지에서 다들 이곳을 으뜸가는 이름난 도시라고 하니, 대개 잉글랜드의 수도 런던에 뒤지지 않았다. 남녀 복식의 간편하고 예쁜 모양새나 아이들의 말소리와 용모의 고움을 보면 비록 런던에는 약간 모자라지만, 다른 곳이 넘볼 바 아니었다.

埃丁濮爲北方一大都會, 居民二十餘萬, 戌守愼固, 堡衛堅完。官民所建禮拜堂, 不下二百餘所, 每所專設一牧師, 以司訓導。遠人之至其地者, 無不競相延接, 雅意殷勤。關無譏察之煩, 吏無詰訶之擾, 從無以異服異言而疑其爲宄爲慝者。入其境, 市不二價, 路不拾遺, 是足以見其寬大之政昇平之治矣。

에든버러는 북방의 대도시로, 거주민이 20여만 명이며 방비가 견고했다. 관민이 건립한 예배당이 200여 군데 이상이었는데, 각각 한 명의 목사가 전속되어 훈도를 관장한다. 먼 곳 사람이 그 지방에 이르면 모두 다투어 마중

하니 친절한 마음이 은근했다. 관문에는 심하게 따지는 번거로움이 없으며 아전에게 힐문 받는 곤란함도 없고, 다른 복장과 말씨 때문에 도둑이나 간악한 사람으로 의심받는 일이 결코 없다. 그 경내에 들어가면 시장에는 이중 가격이 없으며 길거리에서 떨어진 물건을 주워가는 법이 없으니, 이로부터 그곳의 관대한 승평세의 정치를 볼 수 있다.

제38장

유박물원(游博物院): 박물원 구경

埃丁濮城中設有大書院, 藏書數百萬冊, 士人皆可入觀, 惟不能攜取出
外。每歲讀書子弟約一千四百餘人, 學成名立而去者不知凡幾。慕君維
廉, 前在上海傳道者也, 少亦嘗肄業於院中。近以給假旋英, 家在利的,
距城約六七里, 聞余至, 因來相見, 遂與同遊, 偕往書院。其日爲考試
期, 掌院者於羣學者中甄別其高下, 取其優者立爲牧師。其論學以論識
各國之方言文字爲長, 而於臟頂希百來上古之文, 亦當貫通。知余爲中
國儒者, 延往觀試。翌日即以其事刊入報章, 呼余爲學士, 一時徧傳都
下。

에든버러 도성에는 대서원이 설립되어 있다. 장서가 수백만 권으로 학문을
닦는 이들이라면 누구나 열람할 수 있으나 다만 들고나올 수는 없다. 매년
재학생은 천 사백여 명으로, 학업을 이루어 명성을 떨치며 나가는 이들이
부지기수이다. 뮈어헤드(慕維廉)[74]는 이전에 상해에서 선교 활동을 했던 인
물로, 젊었을 때 그 역시 이곳에서 수학한 바 있다. 최근에 휴가를 얻어 영
국으로 돌아왔다. 집은 리스(利的)[75]이며, 도성에서 6-7리 떨어져 있다. 내

---

74 뮈어헤드(William Muirhead, 慕維廉, 1822-1900): 리스 출신의 선교사 윌리엄 뮈어헤드로, 대
    학 시절부터 선교에 뜻을 두어 영국 런던선교회 소속 선교사가 되었다. 1847년에 중국 상해로
    와서 선교를 시작하며 상해묵해서관(上海墨海書館)을 창립했으며 저서로 『대영국지(大英國
    誌)』, 『지리전지(地理全誌)』 등이 있다. 평생을 중국에서 거주하다가 상해에서 세상을 떠났다.
75 리스(Leith): 영국 스코틀랜드 에든버러 북동쪽에 위치한 항만 지역이다.

가 왔다는 소식을 듣고 찾아와 만났으며 곧이어 함께 유람을 나서 서원을 찾아갔다. 그날은 시험 기간이어서, 서원 책임자는 많은 학생들 가운데 그 고하를 평가하고 그중 우수한 학생을 뽑아 목사로 발탁했다. 그의 학술 지향은 각국의 언어, 문자에 이해가 깊은 것을 으뜸으로 삼았으나 라틴어, 히브리어의 상고 문자에 대해서도 정통해야 했다. 내가 중국의 학자임을 알고서 시험을 참관토록 안내했다. 다음날 바로 그 일이 신문에 실렸다. 나를 학사(學士)라 호칭했고, 일시에 도성에 널리 퍼졌다.

按英例, 各省書院皆於夏間給假之時會齊考試, 甄別高下, 品評甲乙。列於優等者, 例有賞賚, 如銀牌銀表紙筆書籍, 各種均值重價, 以示鼓勵。顧所考非止一材一藝已也, 歷算兵法天文地理書畫音樂, 又有專習各國之語言文字者。如此, 庶非囿於一隅者可比。故英國學問之士, 俱有實際, 其所習武備文藝, 均可實見諸措施, 坐而言者, 可以起而行也。

영국의 관례에 따라, 각 성의 서원에서는 어느 곳에서나 하계 방학을 실시할 때 일제 고사를 치러 고하를 평가하고 석차를 매긴다. 상위 등급을 차지하면 의례적으로 포상을 한다. 예컨대 은메달·은시계·필기 용구·서적 등 각종 값나가는 것들로 격려의 뜻을 표시한다. 그런데 평가하는 것은 한 가지 재능이나 기예에 그치지 않으며, 역산·병법·천문·지리·서화·음악뿐만 아니라 각국의 언어·문자를 전문적으로 익혔는지 등도 해당된다. 이러하니, 어느 한쪽에 꽉 막혀있는 이들과는 비교할 수가 없다. 그러므로 영국의 학식을 지닌 이들은 모두 실용적이어서 그들이 익힌 군사훈련, 문학과 예술은 모두 여러 시책에 실제로 반영된다. 앞서서 논의한 것들을 일어나서 실행할 수 있는 것이다.

余偕理君慕君游博物院。動植飛潛, 搜羅畢備, 凡奇珍異物, 寶玉明珠火齊木難之屬, 悉羅而致之。璀璨錯雜, 光怪陸離, 無不瑰色內含, 寶光外露。他若山嶽之所蘊藏, 淵海之所產貯, 俱收竝蓄, 以供覽觀而備察核焉。院中有一几長丈餘, 黝黑滑澤, 光可以鑒, 叩之, 其聲鏗然。慕君曰此何木也。司院告以礦煤琢成, 然諦視之, 亦不能辨。其餘凡石之自礦中出而內藏金銀銅鐵者, 無不一一品第分別之。司院者皆一一指示, 且曰聞今中國山東境內, 其山礦產金甚夥。苟掘取之, 國家可以致奇富, 足用增課, 於兵食國餉兩有所濟。惜官民皆疑以爲多事也。

나는 레그, 뮈어헤드와 박물원을 구경했다. 동물, 식물, 날짐승, 물고기를 수집하여 모두 갖춰놓았다. 기이한 사물이나 귀중한 보석, 진귀한 구슬 등이 두루 망라되어 각양각색으로 찬란하고 다채로웠으며 아름다운 빛깔을 머금고 보배로운 빛을 뿜어내지 않는 것이 없었다. 산악에 묻힌 것이나 심연에서 나는 것들도 모두 구해 한데 둠으로써 관람하고 살펴볼 수 있도록 했다. 박물원의 안에는 한 자 남짓한 탁자가 있는데, 거무스레하고 반들반들하며 빛이 나서 거울로 삼을 만했다. 두드려 보니 그 소리가 크고 맑았다. 뮈어헤드가 "이것은 무슨 나무인가요?"라고 묻자, 박물원 관리자가 석탄을 다듬어서 만든 것이라고 알려주었으나, 자세히 살펴도 알아볼 수가 없었다. 여타 광산에서 채굴한 돌 가운데 금, 은, 동, 철을 함유한 것들을 일일이 등급에 따라 분류해 두었다. 박물원 책임자는 다 하나하나 일러주고는 더불어 "듣자니 지금 중국의 산동 일대 산의 광석에서 금이 대단히 많이 산출된다고 하더군요. 만약 채굴한다면 나라는 대단한 부를 쌓고 세금을 늘리기에 충분하니 군비나 국가 수입 양쪽으로 도움이 될 것입니다. 안타까운 것은, 관민들이 모두 의심하며 쓸데없는 일이라 여기는 것이네요."라고 말했다.

有埃及古棺, 植土爲之, 而頗堅緻, 斂尸以白布周裹之, 雖已歷千年, 而
布色猶隱隱可辨。所有駝鹿象豹, 係三千餘年以前之物, 軀幹高大雄
偉, 迥異尋常。有鱷魚骨一具, 懸於空中, 其巨過於海舶十數倍。

이집트의 고대 관은 흙을 다져 만들었으나 매우 견고했다. 시체를 흰 천으
로 둘러서 염했는데, 이미 천 년이 흘렀음에도 천의 빛깔을 여전히 은은하
게나마 분별할 수 있었다. 그곳의 모든 낙타, 사슴, 코끼리, 표범은 삼천여
년 이전의 것들로 몸체가 거대하고 웅장하여 여느 것과는 확연히 달랐다.
고래의 골격이 하나 공중에 매달려 있었는데, 선박 크기의 십여 배도 넘을
정도로 컸다.

其最難制造者, 爲海中塔燈, 用以遠照行舶。四周皆用玻璃, 一面則令
發光至遠, 一面則令收光返照, 此亦光學之一端也。所鑄大砲, 從尾入
藥, 而用機器轉鐵以塞砲尾之門, 既速且固。其法之便捷精通, 無以逾
此。砲膛內多用螺絲槽紋, 使彈之去路徑直不斜, 能破空氣阻力。倘我
國仿此鑄造, 以固邊防而禦外侮, 豈不甚美。惜不遣人來英學習新法
也。司院爲講製砲之法, 亦甚精微, 幷論子母砲各圖說。余問以可有制
禦砲彈之術否, 則笑曰無之, 其謂以柔制剛之法, 亦未必盡然。司院者
長髥偉貌, 議論風生, 亦一博識之士。索余一名片, 曰謹當寶藏之, 爲異
日重見左券。

그중 가장 제조하기 어려운 것은 바다의 등대로 이를 통해 멀리 선박에 빛
을 비춘다. 사방은 모두 유리로 되어있으며, 한쪽으로는 멀리까지 빛이 이
르게 하고 다른 한쪽은 빛을 모아 되비추게 했으니, 이 또한 광학의 일면이
다. 주조한 대포는 포미에서 작약을 투입하고 기기로 쇠를 돌려 포미의 문

을 잠그는 것으로, 신속하고 견고했다. 그 방법은 간편하고 빠르며 정밀하고 원활하니, 이보다 나을 수는 없었다. 포신 안에는 대개 나선형 강선을 사용하여 포탄의 탄도가 엇나가지 않고 곧장 날아가 공기의 저항력을 극복할 수 있게 했다. 만약 우리나라에서 이를 모방하여 주조함으로써 변방을 튼튼히 하고 외국으로부터의 수모를 막을 수 있다면 참으로 훌륭한 일이 아니겠는가! 인원을 영국으로 파견하여 새로운 방법을 학습시키지 않는 것이 안타깝다. 박물원 관리자가 대포 제작 방법을 알려주었는데 또한 매우 정밀하고 자세했고 아울러 자모포(子母砲)[76]의 각 도면을 설명해 주었다. 내가 포탄을 막을 수 있는 방법이 있는지를 물으니 웃으며 없다고 대답했고, 부드러움으로 단단한 것을 이기는 방법 또한 반드시 그런 것은 아니라고 덧붙였다. 박물원 관리자는 긴 수염을 가진 우람한 용모로 거침없이 논의를 펼쳤다. 역시나 박식한 인물이었다. 내게 명함을 청하고는 "삼가 마땅히 보물처럼 간직하여, 훗날 다시 만날 때 징표로 삼겠습니다."라고 말했다.

余之至埃丁濮也, 主於紀君家。每菇訪友人之舍, 悉皆倒屣相迓, 逢迎恐後。名媛幼婦, 即於初見之頃, 亦不相避。食則竝席, 出則同車, 觥籌相酬, 履烏交錯, 不以爲嫌也。然皆花妍其貌而玉潔其心, 秉德懷貞, 知書守禮, 其謹嚴自好, 固又毫不可以犯干也。蓋其國以禮義爲教, 而不專恃甲兵, 以仁信爲基, 而不先尚詐力, 以教化德澤爲本, 而不徒講富强。歐洲諸邦皆能如是, 固足以持久而不敝也。即如英土, 雖偏在北隅, 而無敵國外患者已千餘年矣, 謂非其著效之一端哉。余亦就實事言之, 勿徒作頌美西人觀可也。

---

76 자모포: 일체형 대포가 아니라 자포와 모포, 곧 폭약을 재우는 장약통과 포신으로 분리하여 탄알과 화약을 뒤쪽에서 재우는 방식을 채택함으로써 간편하고 빠른 공격을 가능하게 한 개선된 방식의 대포이다.

나는 에든버러에 도착하여 길스피 씨(紀君)[77]의 집에 머물렀다. 매번 벗의 집을 방문할 때마다 모두들 반갑게 맞아주었고 서로 다투어 챙겨주었다. 명문가 규수와 젊은 부녀들은 설령 처음 만날 때라도 피하지 않았다. 식사할 때는 자리를 함께했고 외출할 때는 마차에 동승했으며 술잔을 주고받아 취흥이 올라 흐트러져도 불만스럽게 생각하지 않았다. 하지만 그 얼굴은 모두 꽃처럼 아리따웠고 그 마음은 옥처럼 맑았으며 미덕을 지키고 곧은 절조를 품었다. 또한 학식이 있고 예절을 갖추어, 신중히 자중하여 단연코 조금도 저촉이 될 만한 일을 하지 않았다. 대체로 그 나라는 전적으로 군대에 기대는 것이 아니라 예의를 가르침으로 삼고, 사기와 폭력을 앞세우지 않고 어질고 진실함을 기틀로 삼고, 공연히 부강만을 추구하지 않고 교화와 은택을 근본으로 삼았다. 유럽 여러 나라들이 모두 이와 같이 할 수 있다면 분명 오래도록 지속하며 쇠퇴하지 않을 수 있을 것이다. 곧 영국의 영토를 예로 들면, 비록 북쪽 구석에 치우쳐 있지만 적국의 외환이 없어진 지가 이미 천여 년이 되었으니 그 효력을 드러낸 단적인 예가 아니겠는가! 나 또한 실제의 일로 논한 것이니 공연히 서양인을 찬양하는 것으로 간주해서는 안 될 것이다.

---

77 길스피 씨: 원문에는 기군(紀君)으로만 표기되어 있는데, 이 책의 제44장에 나오는 "목사기리사필(牧師紀利斯畢)"과 동일인으로 짐작되며, 이는 정황상 윌리엄 길스피(William Gillespie)를 가리키는 것으로 추정된다. 길스피는 1819년에 데니(Denny)에서 출생했고 글래스고(Glasgow) 대학에서 수학한 후 중국 선교사로 파견되었다. 1844년에 홍콩에 도착하여 1850년까지 홍콩, 광동 등지에서 선교 활동을 펼쳤고 이후 영국으로 돌아와 목회 활동을 펼쳤으며 1854년에는 *The Land of Sinim or China and Chinese Missions*을 에든버러에서 출간한 바 있다.

제39장

소경쇄기(蘇京瑣記): 에든버러의 이모저모를 기록하다

埃丁濮都中設有太醫院, 第一專詳骨節筋絡, 第二備述奇症異疾。余偕
紀君往遊, 院中醫士爲余口講手畫, 娓娓不倦。所示胎內嬰孩, 自一月
至彌月者無不具。內有兩首而共一身者, 三人而連一腹者。始知宇宙間
戾氣所鍾, 竟是無所不有。

에든버러 시내에는 태의원(Royal Infirmary of Edinburgh)을 갖추고 있는데, 제
1병원은 관절과 근락을 전문으로 하고, 제2병원은 기이한 증상의 질병에
대한 설명을 잘 대비하고 있었다. 내가 길스피와 함께 갔더니 병원의 의사
가 나를 위해 말로 설명하고 손짓발짓해 가며 흥미진진하게 풀어줬다. 전시
품 중 태내의 영아를 1개월에서 10개월까지 모두 구비하고 있었다. 그중에
는 머리가 두 개인데 한 몸인 태아도 있었고, 세 명이 하나의 복부에 연결된
태아도 있었다. 이제야 이 우주 사이에 괴팍한 기운이 모여든 곳에는 없는
것이 없음을 알게 되었다.

余又偕紀君往一印書館。其館屋宇堂皇, 規模宏敞, 推爲都中巨擘, 爲
信宜父子所開設。其中男女作工者, 約一千五百餘人, 各有所司, 勤於
厥職。澆字, 鑄板, 印刷, 裝訂, 無不純以機器行事。其澆字蓋用化學新
法, 事半功倍, 一日中可成數千百字。聯邦教士江君, 曾行之於上海。其
鑄板則先搗細土作模, 而以排就字板印其上, 後澆以鉛, 筆畫清晰, 卽

印萬本亦不稍訛, 此誠足以補活字版之所不逮。苟中國能仿而爲之, 則
書籍之富可甲天下, 而鐫刻手民咸束手而無所得食矣。

나는 또한 길스피 군과 함께 한 인쇄소로 갔다. 이 인쇄소의 위풍당당한 건
물과 으리으리한 규모는 도성 안에서도 으뜸으로 꼽히는데, 신이 부자가 설
립했다. 이곳의 남녀 노동자는 1,500여 명이며, 각각 담당 분야가 있어 자
신의 맡은 직분에 부지런히 임했다. 자모(matrix) 주형, 조판(mould) 주조,
인쇄, 장정 등 모든 과정을 순전히 기계만으로 수행했다. 자모 주형의 경우
화학적 신공법을 사용하여 업무 효율이 두 배로 늘어 하루에 수천백 자를
만들 수 있었다. 이 방식은 미국 선교사 윌리엄 갬블[78]이 일찍이 상해에서
시행한 바 있다. 조판 주조는 우선 가는 흙을 개서 틀을 만들고 배열된 자
판을 그 위에 찍은 후 납을 부어서 만든다.[79] 이 방식의 인쇄물은 필획이 또
렷하여 만 권을 찍어도 조금도 잘못되지 않으니, 이는 진실로 활자판의 부
족한 점을 보완하기에 충분하다. 만약 중국에서 모방하여 사용할 수 있다면
서적의 풍부함이 가히 천하에서 으뜸이겠으나, 판각공은 모두 속수무책으
로 먹고살 수 없게 될 것이다.

---

78 윌리엄 갬블(William Gamble, 姜別利): 1860년부터 미화서관(美華書館, The American
Presbyterian Mission Press)의 책임자. 미화서관은 1860년 미국 선교사가 만들었으며, 서양
식 인쇄기로 선교 및 자연과학 서적 등을 인쇄했다. 『영연잡지(瀛壖雜誌)』에서도 비슷한 내용
이 서술되고 있다. "묵해서관은 훗날 폐해지고, 미국 선교사 갬블이 별도로 미화서관을 남문 밖
에 개설하여 자모 주조와 조판의 모든 것을 화학으로 했으니 실로 최근의 신공법이었다(墨海
後廢, 而美士江君, 別設美華書館於南門外, 造字製板, 悉以化學, 實爲近今之新法.)" 갬블
은 필라델피아와 뉴욕의 출판사에서 훈련을 받은 바 있으며, 기존의 연활자보다 정교한 인쇄가
가능한 전태판(electrotype, 電鍍版: 전주(電鑄)에 의해 복제한 인쇄판)으로 한자 활자를 만들
었다.
79 왕도의 이 묘사는 전기도금 과정을 생략한 상당히 소략한 설명이다. 전태판의 자모 제작 방식
및 송체(宋體)로 불리는 갬블의 한자 활자에 대해서는 다음을 참조하라. Christopher A.Reed,
Gutenberg in Shanghai: Chinese Print Capitalism, 1876-1937(University of Hawai'i
Press, 2004), pp. 45-8; Gilbert McIntosh, *The Mission Press in China*(Shanghai: APMP,
1895), pp. 19-24, 27(폰트 삽화).

余嘗至一浴室, 而笑其設想奇絶。設此浴者, 土耳其醫士拉唎也, 有名於時, 於三十九年前曾涖粤東, 深明荷蘭醫術, 活人無算, 求治者戶外履滿。其浴法迴不同於中國。男女異日而浴, 先至一溫室, 熱一百五六度, 內一室熱更甚, 幾至一百四十五度, 汗流浹洽, 垢膩盡浮。然後就湢室, 第無浴盤承水, 仍坐白水[80]榻上, 以機引水灌灑徧體。有一人專司滌濯之事, 呹搔洗剔, 自頂至踵, 無不周也。澡豆面藥, 其香沁鼻。既浴之後, 通體皆澤。其水冷熱咸備, 自上注下, 作醍醐灌頂勢。男浴則以男司之, 女浴則以女司之。第浴宜避人, 今一切須人爲之, 正如吳姁之相女瑩, 纖毫畢現, 未免難乎爲情矣。

나는 일찍이 목욕탕에 가 보고 그 기발한 발상에 웃음이 나왔다. 이러한 목욕법을 만든 이는 한때 유명한 인물이었던 터키 의사 라리이다. 39년 전에 광동에 온 적이 있으며, 네덜란드 의술에 밝아 목숨을 살린 이가 무수히 많았으니 치료받으러 오는 환자로 그득했다. 그의 목욕법은 중국과 아주 달랐다. 남녀가 서로 다른 날에 목욕을 한다. 먼저 105-6도 정도 열기의 온실에 들어간다. 그 내부에 있는 방은 열기가 더욱 심하여 거의 145도에 육박한다. 땀으로 뒤범벅이 되어 노폐물이 모두 솟아올랐다. 그런 다음 욕실로 갔다. 그런데 물이 담긴 욕조는 없고 그냥 백목 평상에 앉아 있으면 기계로 물을 끌어 온몸에 뿌려준다. 그리고 목욕 일을 전담하는 사람이 하나 있어 머리부터 발꿈치까지 빠짐없이 밀어서 때를 말끔히 벗겨 주었다. 비누와 얼굴 크림은 그 향기가 코에 스며들었다. 이렇게 씻고 나니 온몸에서 윤이 났다. 그곳에는 냉수와 온수를 모두 갖추고 있었는데, 위에서 아래로 쏟아부으니 감로수를 정수리에 끼얹는 듯 시원했다.[81] 남자가 목욕하면 남자가 전

---

80 주향세계본의 교정에 따라 백수(白水)는 백목(白木)으로 본다.
81 당시 유행하고 있던 수치요법(Hydropathy)이 적용된 목욕탕인 듯하다.

담하고, 여자가 목욕하면 여자가 전담한다. 그런데 목욕할 때는 남을 피하는 것이 마땅한데, 여기서는 모든 것을 반드시 남이 해주었다. 마치 오후가 여영을 살피듯[82] 솜털 하나까지 모두 드러내니 아무래도 부끄러워 쩔쩔매지 않을 수 없었다.

都中衙署林立, 余曾入而觀其審事鞫獄, 刑官特令人延余上坐。既畢一二案牘, 乃辭而出。蓋其讞事也, 與眾僉同, 一循中國古法, 歎爲醇風之未遠焉。

시내에는 관공서가 밀집되어 있었다. 나는 그 안으로 들어가 사건을 심리하는 과정을 지켜본 적이 있다. 재판관이 사람을 시켜 특별히 나를 청하여 앉게 했다. 한두 안건이 끝난 후 사양하고 밖으로 나왔다. 이곳의 재판과정은 여럿이 참여하여 동의하는 식이었는데, 중국의 옛 방식을 그대로 따른 것이라 순후한 기풍을 가까이 두고 있음에 감탄했다.

都中主理府事者, 新得日報, 由中國郵筒遞至, 內載曾中堂與某當軸書, 主筆者譯以西字。一論輪車鐵路之斷不能開, 二論西人不能擅入內地, 三論西商購買絲茶不能自入內地成交, 四論西人船舶不能在內河行駛, 五論西國駐京公使面聖須俟今上聖齡二十歲之外。後又論及西人所傳耶穌教, 任其至中國, 無害於中國之風俗人心, 蓋久必自敗耳。如佛教, 回教, 景教, 祆教, 挑筋教, 雖一時流傳於中土, 而今皆衰矣, 耶穌教猶是也。故於其來, 聽之而已。惟以上五事, 西人如有不從, 則必出於戰。今內亂已戢, 外侮當禦, 欲更和約, 當執此五端以與之周旋。

---

82 『한잡사비신(漢雜事秘辛)』에 따르면, 한 환제(桓帝)가 양여영(梁女瑩)을 황후로 맞을 때, 입궁 전에 여관인 오후(吳姁)를 보내 여영의 옷을 벗게 하고 온몸 구석구석을 살핀 것을 말한다.

에든버러의 주리부사가 막 받은 중국에서 우편으로 보내온 일보에는 증국 번이 한 요직자에게 보낸 글을 주필이 서양 문자로 번역한 것이 실려 있다. 그 대체적인 내용은 다음과 같다: 첫째, 기차와 철로는 결코 개통할 수 없게 한다. 둘째, 서양인은 내지에 함부로 들어와서는 안 된다. 셋째, 서양 상인이 비단과 차를 살 때 내지로 들어와 거래할 수 없다. 넷째, 서양 선박은 내륙의 하천에서 운행할 수 없다. 다섯째, 외국의 주북경공사가 황제를 대면하는 것은 반드시 황상의 나이가 20세가 넘어선 후를 기다려야 한다. 그다음으로 서양인이 전하는 예수교에 대한 언급이 있는데, 그것이 중국에 들어오도록 내버려 둬도 중국의 풍속과 인심에 무해한데, 시간이 지나면 자연히 패퇴할 것이기 때문이라는 것이다. 불교, 회교, 경교, 현교(조로아스터교), 유대교 등도 한때 중국 땅에 널리 퍼졌지만 지금은 모두 쇠락했으니, 예수교도 마찬가지일 것이기 때문이다. 그러므로 그들이 들어오겠다면 들어주면 그만이다. 이상의 다섯 가지 일에 대해 서양인이 만약 따르지 않으면 반드시 전쟁이 일어날 것이다. 지금 내란이 이미 평정되었으니 외부로부터의 모욕을 막아야 할 터, 조약을 개정하고자 한다면 이 다섯 가지를 놓고 그들을 상대함이 마땅하다.[83]

---

83 왕도가 본 기사를 특정하기는 힘들지만, 논의된 내용으로 봤을 때 당시 증국번의 입장은 1868년 10월 『웨스트민스터 리뷰』의 기사("ART. VI. —China", *Westminster review*, London Vol. 34, Iss. 2, (Oct 1868): 399-436.)를 참고할 만하다. 이 글은 '증국번이 황제에게 조언한 비밀 상소'의 번역본을 '중국인에 의해 쓰인 가장 주목할 만한 외교문서'로 소개하며 번역문의 핵심 내용을 발췌하여 간단한 논평을 덧붙이고 있다.(p.428) 기사 작성 시기인 1868년 6월 당시 사적으로 유통되고 있던 그 글의 제목은 다음과 같다: "양광총독 증국번이 황제에게 올린 비밀 상소: 외세와의 조약 개정에 대하여(*Secret Memorial of Tsen-Kwo-Fan, Governor of the Two Kiang, to the Emperor of China: on the Revision of the Treaty with the Foreign Powers* 1868)"(Unpublished.) 내용 확인 결과 이 글은 동치6년 11월 임신일(23일; 서기 1867년 12월 18일)에 작성된 「증국번이 조약 개정에 관해 올린 상소(曾國藩奏議覆修約事宜摺)」(『籌辦夷務始末』卷54(中華書局, 2008), 2226-9.)이다. 이 상소는 통상(철도, 증기선 등), 황제 알현, 해외 공사 파견, 선교 등을 다루는데, 기본적인 입장은 동일하다. 가장 문제가 되는 부분은 "서양인이 만약 따르지 않으면 반드시 전쟁이 일어날 것"이라는 주장인데, 상소에서 전쟁이 언급된 맥락은 다음과 같다. 철도 건설과 증기선의 내륙 운행 등을 반대하는 이

都中官民閱此報者, 疑中外必因此不和, 遂來詢余。余爲解之曰, 此非
曾中堂所致貴國之書, 不過有或人曾見此書, 因而傳錄之耳。其是否眞
僞, 要不可知。但以事理揆之, 曾中堂必不有此言。今星使東來, 方講修
睦, 傳聞之語, 置之勿論可也。於是浮議以息。

에든버러의 관민 중 이 신문을 읽은 이들은 중국과 외국이 이로 인해 불화
하게 될까 의심하여 나에게 와서 물어봤다. 나는 다음과 같이 해명했다.
"이것은 증국번 공이 귀국에 보낸 글이 아닙니다. 그저 누군가 이런 글을
본 적이 있어 풍문을 옮겨 적은 것에 불과합니다. 그것의 진위 여부는 알지
못합니다. 그러나 사리로 규명해 봤을 때 증국번 공은 절대 이런 말을 하지
않았을 것입니다. 지금 중국 사절단이 오고 있으니 바야흐로 친선을 도모할
시기입니다. 소문으로 떠도는 말은 거론하지 않는 것이 옳습니다." 그리하
여 헛된 의론이 가라앉았다.

先是, 斌公椿奉命遊歷各國, 中外之交漸洽。至此, 特簡蒲公宴臣爲星
使。蒲公美洲人也, 而爲之副者孫公家穀, 志公剛, 出使泰西, 徧臨各
國, 尙非專行駐劄者也。聞星軺業經在道矣。

유는 관련 업종의 중국 백성이 받을 피해 때문이다. 이어서 "중국의 친왕과 대신은 중국 백성
을 위해 어명을 청함에 변론할 말이 없을까 걱정하지 않습니다. 심지어 그로 인해 결렬에 이른
다 해도 우리는 백성의 생명을 구하기 위해 군사를 일으키는 것이지 결코 헛된 의론을 다투느
라 개전하는 것이 아닐 것입니다(其[甚]至因此而致決裂, 而我以救民生而動兵, 并非爭虛議
而開釁.)" 이 부분의 번역은 다음과 같다.(431쪽) "중국의 대공과 고위 장관들은 중국 인민들
의 생명을 위해 간청하는 말을 아끼지 않을 것입니다. 이러한 점에 재앙이 닥칠 경우, 우리가 인
민을 지키기 위해 무기를 든다면 그것은 공허한 선전포고가 아닐 것입니다(There would be
no empty *casus belli* were we to take up arms to defend the people, in the event of a
catastrophe on these points.)" 미묘한 어감 차이는 있어도 전쟁 협박으로 읽히지는 않으며,
기사에도 별다른 논평이 없다.

앞서 빈춘 공이 황명을 받아 각국을 유람한 후 중국과 외국의 외교가 점차 화목해졌다. 최근에는 벌링게임이 외교사절로 특별 임명되었다. 벌링게임이 미국인이라 그를 위해 부사로 손가곡 공과 지강 공이 함께 태서 사절로 나서 각국을 두루 다닐 예정이다. 이들은 아직 오롯이 현지에 주재하기 위해 오는 것이 아니다. 듣자 하니, 사절단이 이미 길에 올랐다고 한다.

제40장

해빈행기(海濱行紀): 해변 마을 기행

與埃丁濮相近者, 如利的, 紐希文, 赤削裴綠三處, 地皆濱海, 魚族眾
多。每至夏日, 男女輒聚浴於海中, 藉作水嬉, 拍浮沉沒, 以爲笑樂, 正
無殊鷗鷺之狎波濤也。其浴也, 男女各有地, 各有伴侶, 不相混也。亦有
以健馬拉一小室入海中, 脫衣入海, 著衣登岸, 人不見其徒跣淋漓之
狀, 似稍雅觀。余偶遊行鄉間, 男婦聚觀者塞途, 隨其後者輒數百人, 嘖
嘖歎異。巡丁恐其驚遠客也, 輒隨地彈壓。

에든버러와 가까운 곳에 리스, 뉴헤이븐(New Haven), 퀸즈페리(Queensferry)
세 곳이 있는데 모두 바닷가에 있어서 해산물이 풍부했다. 여름만 되면 남
녀가 모여 해수욕을 하면서 물놀이를 하는데 떠올랐다 가라앉았다 하면서
웃고 즐기니, 갈매기나 해오라기가 파도 가까이 내려앉은 것과 다르지 않았
다. 해수욕을 할 때는 남녀가 각각 구역이 나누어져 있어서 동행이 있어도
한데 섞여 물놀이를 하지 않았다. 또 큰 말에게 작은 방을 끌고 바다에 들
어가게 하여 옷을 벗고 바다에 들어갔다가 옷을 입고 뭍으로 나오는 사람도
있었는데, 맨발에 흠뻑 젖은 모습을 보이지 않으니 꽤 품위가 있게 보였다.
한번은 내가 어느 시골길을 가고 있을 때 남녀가 모여 길을 막고 우리 일행
을 구경하고 수백 명이 뒤따라오면서 기이하다며 뭐라고 떠들었다. 순찰하
는 이들이 멀리서 온 손님을 놀래킬까 걱정하여 즉시 이곳저곳에서 이들을
내쫓았다.

利的爲貨物薈萃之區, 貿易殊盛。慕君維廉家在其地。所居爲基利門
囿, 園圃空曠, 花木紛綺, 亦一勝區。特折柬來招, 因爲之作三日留。夕
間, 慕君姊倩畫歷招人放輕氣球。球以綢制, 長廣約四丈許, 燃以強水,
騰升空際, 久之冉冉入雲, 杳不知其所之, 觀者拊掌稱快。畫歷經營貨
殖, 爲巨商, 子女繁多, 大小參差如雁行, 並玉雪可念。余曰, 此玉筍班
聯也。長子習茶業, 行賈於漢皋。緣余至, 懸旗於屋頂, 大集戚友, 設盛
筵。宴畢, 行男女跳舞之戲, 彈琴奏樂, 其樂靡涯。

리스는 화물이 모이는 곳으로 무역이 특히 번성했는데, 뮈어헤드의 집이 그
곳에 있었다. 집은 클레어몬트(Claremont) 공원 옆에 있었는데, 광활한 공원
에는 화목이 무성하여 역시 명승지였다. 그가 특별히 초청장을 보내와서 그
곳에 사흘을 묵었다. 저녁에 뮈어헤드 씨의 자형 화력(畫歷)이 사람들을 불
러 경기구(輕氣球)를 띄웠다. 기구는 주단으로 만들었는데 길이와 너비가 약
4장쯤 되었고, 질산을 연소시켜[84] 공중으로 띄우니 한참 뒤에 어슴푸레해
지며 구름 속으로 들어가서 어디로 갔는지 알 수 없게 되니 사람들이 손뼉
을 치며 칭송하고 즐거워했다. 화력은 사업을 하여 큰돈을 벌어들인 거상
으로, 자녀가 많아 아이들이 기러기 행렬처럼 삐쭉 빼쭉 키가 달랐고 옥설
(玉雪)처럼 하얗고 귀여웠다. 내가 말했다. "이 아이들은 옥순반(玉筍班)[85]이
로군요." 큰아들은 차(茶) 사업을 배워 중국에서 장사를 했다. 내가 왔다고
하여 집 꼭대기에 깃발을 내걸고 친척과 친구들을 많이 모아 성대한 연회를
베풀어 주었다. 식사를 마치고 남녀가 피아노 연주에 맞추어 춤을 추었는데

---

84 기구(氣球)는 수소나 헬륨을 채우거나 공기를 데워 떠오르게 한다. 왕도가 본 것은 공기를 데
  우는 방식이었을 듯하다. 본문에서는 '강수(强水)'를 연료로 하여 연소시켰다고 했는데, 강수는
  'strong water'라는 별칭이 있는 질산 용액을 가리킨다. 그러나 질산을 연소시키면 독성 가스
  가 발생한다.

85 뛰어난 인재가 많은 조반(朝班)을 말한다. 아이들을 칭찬하는 말이다.

그 즐거움이 끝이 없었다.

旋至伊梨, 主德臣家。伊梨亦附近海口之一也, 距蘇京一水可通, 居民
多以輪舶往來, 無間朝夕。香港西字日報首創於德臣, 而孖剌繼之。其
時主筆者德臣也, 主持論斷, 辨別是非, 一准諸公, 而絕不混淆於衆口。
一時譽流遐邇, 而德臣之名由是鵲起。庚申和議既定, 溯遊江漢, 遊展
所至, 輒有記錄, 爲雅流所稱許。旋以久客思家, 倦遊知返, 遂著歸鞭,
優遊泉石。既而出其陸賈橐中裝, 治第於伊梨, 新築數椽, 軒窓四敞, 高
樓聳峙, 煥日臨波。其地當盛夏, 尤爲涼爽, 蘇人之逭暑者, 多往僦居。
爲消夏計, 余友戴拉亦自杜拉前往。書君寶珊, 黃君詠淸來英讀書, 主
於其家, 皆與其子女同來。並出散步海濱, 或垂釣, 或棹舟, 臨水登山,
各極遊覽之樂。瀕海築有長堤, 涼飆颯然, 爽人心骨, 可以瞻眺帆檣之
往來, 鷗鳥之出沒。每至薄暮, 遊人叢聚於此, 談言無忌, 嬉笑無猜, 亦
不問其相識與否也。

그곳에서 엘리(Elie)로 가서 딕슨의 집에 머물렀다. 엘리 또한 해구에 가까
운 곳으로 에든버러와 물길로 통하여 많은 주민이 증기선을 타고 밤낮없
이 왕래했다. 홍콩의 첫 서양어 신문을 딕슨이 창간했고, 머로우가 그 뒤
를 이었다. 그때 주필이 딕슨이었는데 논조를 잡고 시비를 변별하는 일
을 모두 그에게 비준을 받아 결코 중론과 뒤섞이지 않았다. 일시에 원근
에 이름이 알려지니 딕슨의 이름이 이로부터 커졌다.[86] 그는 경신화의(庚

---

86 딕슨은 앤드루 딕슨(Andrew Scott Dixson, ?-1873)이다. 그는 스코틀랜드 출신으로 인쇄업
을 배워 1840년대에 같은 스코틀랜드 출신의 앤드루 쇼트리드(Andrew Shortrede, ?-1858)와
함께 홍콩에 도착했다. 쇼트리드가 1845년에 홍콩의 첫 서양어 신문 차이나 메일(The China
Mail)을 창간할 때 딕슨은 부편집인 및 매니저를 맡았고 1856년 쇼트리드가 홍콩을 떠난 뒤에
는 편집인이 되어 1863년 병을 얻어 고국에 돌아갈 때까지 재직했다. 그는 홍콩 당국의 부패
에 맞서 싸웠고 홍콩 거주 중국인의 권리를 옹호하기 위해 힘썼다. 차이나 메일의 중국어 제호

申和議)[87]가 맺어진 뒤에 장강(長江)과 한강(漢江)을 거슬러 올라가 여행하며 발길이 닿는 곳마다 기록을 남겨 훌륭한 이들에게 칭송을 받았다. 그 뒤에 오랜 객지 생활로 고향을 그리워하며 여행에 피로를 느껴 돌아가고자 하여 마침내 서둘러 귀국하여 자연 속에서 휴양했다. 그 뒤 육가(陸賈)의 자루[88]에서 돈을 꺼내어 엘리에 몇 칸짜리 집을 새로 지었는데, 창이 사방으로 트이고 건물은 높이 솟았으며, 밝은 햇볕 속에 물결치는 바다가 가까이 있었다. 그곳은 한여름에 더욱 시원하여 스코틀랜드의 피서객들이 많이 찾아와 머물렀다. 내 친구 대랍(戴拉)도 여름을 나기 위해 달라에서 왔다. 서보산(書寶珊)과 황영청(黃詠淸)이 영국에 유학 와서 그의 집에 묵고 있었는데, 모두 자녀와 함께 왔다. 모두들 함께 해변에 나가 산보하다가 낚시를 하거나 배를 타거나 하며 바다에도 가고 산도 오르며 유람의 즐거움을 다 누렸다. 해변에는 긴 둑이 있었는데 시원한 바람이 불어와 뼛속까지 상쾌해졌다. 이곳에서는 오가는 범선들과 출몰하는 갈매기들을 바라볼 수 있었다. 저물녘만 되면 놀러 나온 사람들이 이곳에 모여 서로 아는지 모르는지 따지지도 않고 거리낌 없이 이야기를 나누며 천진난만하게 웃고 즐겼다.

는 '중국우보(中國郵報)'라고 했고 딕슨의 성을 따서 '덕신서보(德臣西報)'라는 이름으로도 널리 알려졌다. 이 신문은 130년 가까이 발행되다가 1974년에 종간되었다. 또 머로우는 요릭 머로우(Yorick Jones Murrow, 1817-1884)이다. 그는 리버풀 출신으로 1838년 영국 무역회사에 입사하여 홍콩에 파견되어 근무한 뒤 독립하여 10여 년 동안 홍콩, 마카오, 광저우 등지에서 여러 사업체를 이끌었고, 조지 라이더(George M. Ryder)가 1857년에 창간한 '데일리 프레스(Daily Press, 每日雜報)'에서 편집인을 맡았고 1858년에는 신문을 인수하여 역시 홍콩 당국을 신랄하게 비판하면서 명성을 얻었다. 이 신문은 그의 성의 홍콩식 표기인 마랄(孖剌)을 따서 '마랄보(孖剌報)', '마랄서보(孖剌西報)', '마랄사서보(孖剌沙西報)' 등으로도 널리 알려졌다.

87 경신화의: 제2차 아편전쟁의 결과로 1860년에 중국과 영국, 프랑스 사이에 맺어진 북경조약을 말한다.

88 남월(南越)의 왕 조타(趙佗, 기원전 257?-기원전 137)가 자신을 왕에 책봉하기 위해 한고조(漢高祖)가 보낸 육가(陸賈)에게 감사의 뜻으로 보물을 자루에 넣어주었다고 한다. 『사기(史記)』 「역생육가열전(酈生陸賈列傳)」에 나온다.

一日, 偕德臣觀團丁於海濱演炮。其法以廢舶置海中, 上張旗幟。自海濱距海面, 約遠二三里或四五里, 而後以炮擊之, 觀其中否。其炮度之高下, 鉛丸之大小, 藥料之重輕, 皆有一定准則。月凡四擧, 伊梨紳士董其事, 而兵官來教之習演。此民間於晏安之際, 武備不弛, 先事講求之一道也。伊梨雖彈丸黑子, 而海防之謹嚴猶如此, 他可知矣。時伊梨之守土官, 亦來與余揭冠執手爲禮。

하루는 딕슨과 함께 군인들이 해변에서 대포를 쏘는 모습을 구경했다. 훈련 방법은, 폐선을 바다 가운데 가져다 놓고 그 위에 깃발을 걸어두었다. 해변에서 폐선이 떠 있는 바다까지는 약 2-3리 또는 4-5리 정도였다. 그 뒤 포를 쏘아 적중했는지 살폈다. 포를 쏘는 각도의 높이, 포탄의 크기, 화약의 무게 등이 모두 일정한 기준이 있었다. 한 달에 네 번 포를 쏘는데, 엘리의 신사들이 그 일을 주관하고 군의 장교들이 와서 훈련을 지도했다. 이때 민간은 평화로웠지만 군사 태세를 늦추지 않았으니 먼저 준비를 갖추고 있는 모습이었다. 엘리는 비록 탄환이나 바둑돌만 한 곳이지만 해안 방비를 이처럼 엄정하게 하고 있었으니 다른 곳도 미루어 알만했다. 그때 엘리의 방위 장교도 와서 모자를 벗고 내 손을 잡으며 예를 표했다.

寶珊約會往觀花會, 歎爲奇絶。凡立東, 西, 中三厰, 聚天下花木名種, 羅致厰中, 品第甲乙。奇葩異卉, 不可名狀, 芬芳之氣, 遠徹數里。遊女之聯袂聚觀者, 絡繹不絶。凡入花會者輸一金錢, 不殊吳下之看西施也。於花會中逢一女友, 乃寶珊同學之母也。殷勤邀致其家, 設筵相款, 盛饌羅陳, 咄嗟立辦。其家以耕植爲生, 屋宇樸素而高爽, 田家風景, 亦殊不惡。其子讀書杜拉學塾中, 馴謹自守, 動循矩矱, 洵屬孺子可教也。

서보산이 청하여 화훼 전시회에 갔는데 그 대단함에 감탄이 나왔다. 동쪽과 서쪽, 그리고 중앙에 각각 전시장을 설치하여 천하의 이름난 화목들을 모아 전시장 안에 진열해 놓고 갑을의 등급을 매겨놓았다. 이루 말로 표현할 수 없는 기이한 꽃들이 짙고 아름다운 향기를 몇 리 밖까지 퍼뜨리고 있었다. 놀러 나온 여자들이 여럿이 모여 구경하는 모습이 끊이지 않았다. 화훼 전시회에 들어가려면 1파운드를 내는데 오중(吳中)에서 서시(西施)를 보는 것과 다를 바가 없었다.[89] 전시회에서 한 여자를 만났는데 서보산의 동학의 모친이었다. 그가 정중하게 자기 집에 초대하여 연회를 베풀어 환대했는데, 금세 성찬을 차려내었다. 그의 집은 밭농사를 했는데, 집은 소박하면서도 고상했고 전원의 경치도 무척 훌륭했다. 그의 아들은 달라의 기숙학교에서 공부 중이었는데 온순하고 삼가는 모습에 거동이 법도에 맞아 실로 가르쳐 볼 만한 아이였다.

---

89 오중은 지금의 쑤저우 일대를 말하고 서시는 춘추시대 월나라의 미녀이다.

제41장

유압파전(遊押巴顚): 애버딘에서 노닐다

蘇格蘭爲英國北土, 與英倫相毗連。長九百里, 廣五百里, 有大都會四。
一曰埃丁濮, 即蘇國舊京師也。二曰哥拉斯谷, 爲海口一大埠頭, 境土
之廣亞於倫敦。三曰敦底, 地亦瀕海。四曰押巴顚, 於四大都會中, 境爲
最狹, 其地處於蘇土北隅。春初, 乃偕理君北遊蘇境, 先至押巴顚, 往訪
湛牧師約翰, 居其家三日, 小作勾留。

영국의 북부에 위치한 스코틀랜드는 잉글랜드와 인접해 있다. 길이가
900리, 너비가 500리이고, 4개의 대도시가 있다. 스코틀랜드의 옛 수도
인 에든버러, 영토 면적이 런던에 이어 두 번째로 큰 항구도시 글래스고
(Glasgow), 역시 해안가에 위치한 던디(Dundee), 그리고 애버딘(Aberdeen)이
다. 애버딘은 4개 대도시 중 면적이 가장 작으며 스코틀랜드 북쪽 끝에 위
치한다. 이른 봄에 레그와 함께 스코틀랜드 북부로 여행을 갔는데, 먼저 애
버딘으로 가 존 차머스(John Chalmers)[90] 목사를 방문하고 그곳에서 3일을 머

---

90 존 차머스(John Chalmers, 湛約翰, 1825-1899): 청말 중국에서 활동한 스코틀랜드 개신
교 선교사이자 번역가로, 애버딘 대학을 졸업했다. 1852년 런던선교회에 가입한 후 홍콩에
서 영화서원(英華書院)을 주관했으며, 1859년 광주(廣州)에 교회를 세운 후 10여 년을 머물
렀다. *A Chinese Phonetic Vocabulary, Containing all the most common characters,
with their sounds in the Canton Dialect*(1855), *An English and Cantonese pocket
dictionary*(1859), *Origin of the Chinese*(1866), *The Speculations on Metaphysics, Polity
and Morality of "The Old Philosopher" Lau-tsze*(1868), *An account of the structure of
Chinese characters under 300 primary forms*(1882) 등 다수의 저서를 남겼다. 특히 1859
년에 출간된 *An English and Cantonese pocket dictionary*가 유통되면서 '광동 방언'을 뜻

물며 짧게 체류했다.

湛君向在粵東羊城主福音講席, 通中土語言文字之學, 精於疇人家言。時余方佐譯麟經, 著有春秋朔閏至日考春秋日食考, 與之商榷。湛君見之, 歎爲傳作, 謂此可以定古歷之指歸, 決千古之疑案, 於春秋二百四十二年中之日月, 瞭如指掌。

차머스 목사는 예전에 광동의 광주에서 복음을 설교한 적이 있으며 중국의 언어 및 문자학을 잘 알고 역법가의 학설에도 정통했다. 당시 나는『춘추』의 번역을 도우면서『춘추삭윤지일고(春秋朔閏至日考)』와『춘추일식고(春秋日食考)』를[91] 저술한 터라 이에 대해 그와 함께 논의했다. 차머스 목사는 그 책들을 보고 길이 전해질 역작이라고 탄복하며, 고대 달력의 핵심을 확정하고 오래된 의문점을 해결해 춘추시대 242년 동안의 날짜를 손바닥처럼 훤히 알 수 있게 되었다고 말했다.

余持論大旨謂, 春秋時歷雖與今歷不同, 然不由推步則無從知其失閏。必先以今準古, 而後古術之疏乃見, 失閏之故可明, 此固異於杜元凱顧震滄之徒, 以經傳干支排比者矣。余推日食, 有圖有說, 而又以中西日月對勘, 另爲一編, 務欲鎔西人之巧算, 入大統之型模, 而以實測得春秋之日月者也。湛氏謂, 此書出, 當駕陳泗源而上之。余何敢當。余於歷算一端, 僅見其淺, 窺豹一斑, 竊自憨已。

하는 'the Canton dialect'를 대신해 '광동어'를 뜻하는 'Cantonese'라는 표현이 널리 쓰이게 되었다.

91 이 두 저술은 왕도가 스코틀랜드를 방문할 당시 유럽의 천문학 연구 방법론을 통해 중국 고대의 일식 기록을 연구한 것으로, 주향세계본에서는『춘추일식고(春秋日食考)』를『춘추일식변정(春秋日食辨正)』이라고 했다.

내 논지의 핵심은 다음과 같다: 춘추시대의 역법은 지금과 다르나, 지금의 것으로부터 추산하지 않으면 윤달의 누락을 알 길이 없다. 먼저 현재로 과거를 바로 잡은 후에야 옛 방법의 부족함이 드러나며 윤달이 누락된 이유를 밝힐 수 있다. 이것은 경전의 간지만으로 배열했던 두원개(杜元凱)[92]와 고진창(顧震滄)[93] 무리의 것과는 다르다. 나는 일식을 추산할 때 글과 삽화를 사용했고 부록에서 중국과 서양의 날짜를 대조했으며 서양인의 독창적인 계산법을 접목해 대통력(大統曆)[94]의 틀에 넣어 춘추시대의 날짜를 실측할 수 있었다. 차머스 목사는 이 책이 나오면 마땅히 진사원(陳泗源)[95]을 능가할 것이라고 말했는데, 내가 어찌 감당하겠는가. 나는 역산의 일부만을 얕게 알며, 이는 표범의 한 반점일 뿐이다. 스스로 부끄러울 따름이었다.

押巴顚爲蘇境北方十二府之冠, 而亦居於最北。其地苦寒, 積雪滿山, 凝霜遍地, 日華照被, 亦不卽消。屋宇雖樸素不華, 弗尙雕繪, 而牆壁皆

---

92 두원개(222-285): 본명은 두예(杜預)이며, 원개는 자(字)이다. 경조군(京兆郡) 도릉현(杜陵縣), 즉 지금의 섬서성(陝西省) 서안시(西安市) 출신이다. 위진(魏晉) 시기 군사가, 경학가, 율학가로 문무 모두에 조예가 깊었다. 가충(賈充) 등과 함께 『진율(晉律)』을 편수했으며, 『춘추좌씨경전집해(春秋左氏經傳集解)』를 찬술했다.

93 고진창(1679-1759): 청대 경학자로, 본명은 동고(棟高)이며, 진창은 자(字)이다. 강소성(江蘇省) 무석현(無錫縣) 출신이다. 내각중서(內閣中書), 국자감사업(國子監司業), 좨주함(祭酒衛) 등을 역임했다. 고진창은 송·원·명대 유학자들의 학설을 종합하여 주륙조화론(朱陸調和論)을 주장했으며, 『춘추좌씨전』에 정통하여 『춘추대사표(春秋大事表)』, 『여도(輿圖)』 등을 저술했다. 『춘추대사표』는 춘추시대의 사실(史實), 천문역법, 세계관제(世系官制), 강역지리 등을 표로 나열하여 설명한 것으로 춘추사 연구에 큰 공헌을 했다.

94 대통력: 원(元)의 수시력을 바탕으로 일부 응수(應數) 값을 수정해 만든 명(明)의 역법으로, 지원(至元) 신사년(1281) 천정동지(1280년 동지)를 역원으로 하는 유기(劉基)의 대통력과 홍무(洪武) 갑자년(1384) 천정동지(1383년 동지)를 역원으로 하는 원통(元統)의 대통력법통궤(大統曆法通軌)가 있다.

95 진사원(1648-1722): 본명은 후약(厚耀)이며, 사원(泗源)은 자(字)이다. 태주(泰州) 출신이다. 어려서부터 매문정(梅文鼎)을 사사하며 천문과 역산을 연구했으며, 강희 45년(1706) 진사가 되었다. 내각중서(內閣中書), 한림원편수(翰林院編修), 국자감사업(國子監司業) 등을 역임했다. 『춘추』에 정통하여 『춘추세족보(春秋世族譜)』, 『춘추전국이사(春秋戰國異辭)』, 『통표(通表)』 등을 남겼다.

以石築, 殊甚鞏固。人民十萬有餘, 戶口殷繁, 街衢闐溢, 亦一盛集也。

스코틀랜드 북부의 12개 도시 중 가장 발달한 애버딘은 북쪽 끝에 위치한다. 도시는 매우 추워 산에 쌓인 눈과 땅을 뒤덮은 서리가 햇볕이 쬐어도 바로 녹지 않는다. 비록 그곳의 집들은 소박하고 화려하지 않으며 조각 장식도 없지만 담벽은 모두 돌담으로 지어져 매우 견고하다. 거주민은 10만 명이 넘으며 인구가 매우 많아 거리에 가득 넘친다. 이곳 또한 번성한 도시인 것이다.

地罕所産, 以寒故, 五穀弗饒, 食物多運自他方。山礦中盛産巨石, 堅致異常, 居人皆以剗削山骨爲業。輦致邑中, 磨礱裁琢爲墓碑塚碣柱磴几案, 販鬻於四方。以是購石者自遠畢至。而其石之華美, 實足爲天下稱最。他邑民嘗以押巴顚地瘠物鮮輕之, 而押巴顚人獨以所出石板之盛傲於他邑民曰, 此固爾地所無也, 夔一足矣。

애버딘은 물산이 부족하고 날씨가 추워 오곡(五穀)이 충분하지 않으며, 식료품들은 대부분 타지에서 조달한다. 광산에는 견고하고 기이한 거석(巨石)이 나서 주민들은 모두 산석(山石) 채굴에 종사한다. 시내로 운반해 갈고 자르고 다듬어 묘비, 총갈(塚碣), 석주(石柱), 탁자로 만들어 각지에 판매한다. 이 때문에 돌을 구매하려는 자들이 멀리에서 온다. 돌은 화려하고 아름다워 실로 천하 으뜸이라고 할 만하다. 전에는 다른 지역의 주민들이 땅이 척박하고 물산이 부족해 애버딘을 무시했으나, 애버딘 사람들만은 채굴된 석판의 성대함을 자랑하며 다른 지역 사람들에게 "이는 진실로 당신들 땅에는 없는 것이다"라고 말하니, 기(夔) 하나면 충분한 것이다.[96]

---

96 기(夔)는 외발을 가졌다고 알려진 고대 중국의 상상 속의 동물이며, 요순(堯舜) 시대 한 악관의

余謂其地不獨產佳石, 即琢石之良工, 亦罕與儷。嘗入磨石房觀其工作, 鋸解剖截, 磨光刮垢, 悉以機輪代人力。有一石, 鋸之十年未竟。所製器物, 光澤可鑑毫髮, 撫不留手, 絕無纖翳。碑碣鐫字, 大小皆有程式。石房主人出埃及一古石持贈予, 石上有埃及古篆文隱約可辨, 云係三千年前物, 彼中視之, 不啻希世寶也。余轉以貽周西女士。

내 생각에 애버딘은 훌륭한 석재를 생산할 뿐만 아니라 석재 조각의 뛰어난 솜씨도 견줄 곳이 없다. 한 번은 석방(石房)에 가서 그 작업을 보았는데, 돌을 자르고 갈고 광택 내고 깎아 내는 모든 것을 사람의 힘을 대신해 기계로 한다. 어떤 돌은 10년 동안 절단해도 완성되지 않는다. 완성된 물건의 광택은 가는 머리털까지 비출 정도이며 너무나 부드럽고 작은 흠조차 없다. 비석에 새기는 글자의 크기에는 모두 규칙이 있다. 석방 주인이 고대 이집트의 돌을 꺼내 내게 선물로 주었다. 돌 위의 이집트 고문자는 어렴풋이 알아볼 만했는데, 3천 년 전의 물건이라고 한다. 주인은 그것을 너무 아끼며 희귀한 보물로 여겼다. 나는 몸을 돌려 주서(周西) 여사에게 주었다.

押巴顚所出大呢洋布殊夥。有巨機房二所, 余往觀其一, 從所請也。其中男女操作者二千餘人, 自緝絲編線濯染排比舒架經緯成匹之後, 平熨量卷, 無一非機器為助, 人但在旁收縱轉易而已。力不費而功倍捷, 誠功奪天工矣。機房主人一一為余指視其法, 口講手畫, 余頗能領會於意外。

이름이기도 하다. 『여씨춘추(呂氏春秋)』에 따르면, 노나라 애공이 공자에게 기라는 악공이 다리가 하나라고 들었다며 사실이냐고 묻자, 공자는 다음과 같이 설명했다. 즉, 요임금이 기의 능력에 크게 흡족하여 "기 하나로 족하다(夔一足)"고 답한 것으로, 이는 기의 능력을 칭송한 것이지, 다리가 하나라는 의미가 아니다.

애버딘은 대니(大呢)와 양포(洋布)를 특히 대량으로 생산한다. 그곳에는 두 개의 큰 공장이 있는데, 나는 그중 하나에 초대받아 방문했다. 그곳에는 2천여 명의 남녀가 일하고 있었다. 생사를 꿰는 것에서부터 실을 엮어 짜고 염색하고 배열해서 선반에 넣어 직물을 만든 후 다림질하고 측정하는 것까지 모두 기계의 도움을 받으며, 사람은 단지 그 옆에서 기계를 작동할 뿐이었다. 힘은 들지 않고 성과는 배로 빠르니, 실로 하늘의 솜씨와 다툴 만하다. 공장주는 나에게 하나하나 그 방법을 알려주고 보여주었는데, 말과 몸짓을 이용해서 나는 뜻밖에도 상당 부분을 이해할 수 있었다.

余至押巴顚時, 適安徽長人詹五在其地, 因往觀焉。詹五與其妻金福, 俱服英國衣履。余向在阿羅威見金福時, 畫裙繡褌, 雙笋翹然。今則俯視其足, 亦曳革屨, 幾如女瑩之踁, 長八寸矣。余訝其可大可小, 變化不測, 不覺失笑。金福亦爲啟齒, 嫣然紅潮上頰。詹五重見余, 亦甚歡躍, 特出影像數幅爲贈, 余亦以楮墨筆扇報之。詹五將於兩月後航海至亞美利加, 小住紐約浹旬, 然後取道東瀛徑回上海。聞其言, 凄然動余鄉思矣。

내가 애버딘에 도착했을 때 마침 안후이 출신의 첨오(詹五) 노인이 그곳에 있어 만나러 갔다. 첨오와 그의 아내 금복(金福)은 모두 영국식 옷을 입고 있었다. 전에 알바에서 그녀를 만났을 때는 화려한 치마와 수 놓은 바지를 입고 있었고, 한 쌍의 죽순이 우뚝 솟아나 있었다. 이번에 그녀의 발을 내려다보니 가죽신을 신었고 여영의 발처럼 길이가 8촌이었다.[97] 나는 그녀의 발

---

97 후한(後漢) 시기 환제(桓帝)의 황후인 양여영(梁女瑩)은 8촌의 큰 발을 가지고 있었다. 『한잡비신(漢雜秘辛)』에는 다음과 같은 고사가 기록되어 있다. 당시 한 여관은 왕후 선발을 위해 양여영을 방문해 발을 포함한 신체의 주요 치수를 모두 상세하고 정확하게 재고 이를 기록하여 태후와 황제에게 바쳤다. 그때 양여영의 발 길이가 8촌이었다. 이는 여성의 큰 발을 속칭하는

이 컸다가 작았다가 한 것에 너무 놀라 나도 모르게 웃고 말았다. 금복 또한 활짝 웃었으며 어여쁜 홍조가 뺨에 올랐다. 첨오는 나를 다시 보게 되어 너무 기쁘다며 특별히 여러 장의 사진을 선물로 주었다. 나 또한 종이, 잉크, 붓, 부채로 그에게 답례했다. 첨오는 두 달 후 아메리카로 가 뉴욕에서 열흘 정도 짧게 머물고 난 후 일본을 경유해 상해로 돌아갈 예정이었다. 그 말을 듣자 쓸쓸히 향수가 일었다.

상투적인 표현이다.

제42장

유향득리(遊享得利): 헌틀리 유람

西國儒者, 率短窄袖, 余獨以博帶寬袍行於市。北境童穉未覯華人者, 輒指目之曰, 此載尼禮地也。或曰, 否, 詹五威孕耳。英方言呼中國曰載尼, 其曰禮地者, 華言婦人也, 其曰威孕者, 華言妻也。時詹五未去, 故有是說。噫嘻。余本一雄奇男子, 今遇不識者, 竟欲雌之矣。忝此鬚眉, 蒙以巾幗, 誰實辨之。迷離撲朔, 擲身滄波, 託足異國, 不爲雄飛, 甘爲雌伏, 聽此童言, 詎非終身之讖語哉。

서양의 지식인들은 모두 짧고 좁은 소매로 된 옷을 입었는데, 나만 크고 헐렁한 도포를 입고 저자를 돌아다녔다. 북쪽 변두리의 어린아이들 중 중국인을 본 적이 없는 이들이 문득 가리키며 "차이나 레이디이다"라고 했다. 또 어떤 이는 "아니다, 첨오의 와이프이다"라고 했다. 영국말로는 중국을 '차이나'라고 하며, '레이디'라는 말은 중국어로는 부인이라는 말이다. '와이프'라는 말은 중국어로는 처라는 말이다. 이때는 첨오가 아직 여기를 떠나지 않았기에 이렇게 말한 것이다. 아. 나는 본래 남성적이고 잘난 남자인데, 지금 모르는 이를 만나 끝내 여자가 되고 말았구나! 이 수염과 눈썹을 더럽히고, 스카프를 뒤집어쓴 꼴이니, 누가 제대로 분별하겠는가. 복잡한 사정에 사리 분별을 못 하고, 창파에 몸을 던져, 다른 나라에 발을 맡겼는데, 남자로서 웅비하지 못하고, 기꺼이 여자처럼 비굴하게 엎드린 것이니, 이 어린아이들의 말을 듣자 하니, 어찌 평생의 참언(讖言)이 아니겠는가!

按印度人稱震旦曰支那, 載尼即支那之轉聲。以是推之, 歐洲諸國, 其
聲音文字秝數格致之学, 多由印度西行。余向以算學中借根方一法, 亦
名東來法, 謂得自印度, 非得自震旦, 於兹益信。

내 생각에 인도인이 진단(震旦)을 지나라고 부르는데, 차이나는 곧 지나의
전성(轉聲)이다. 이로써 미루어 보건대, 유럽 여러 나라에서 그 성음, 문자,
역수, 격치의 학이 인도로부터 서쪽으로 간 것이 많다. 나는 줄곧, 산학 속
의 차근방(借根方)[98]이라는 방법, 동래법(東來法)이라고도 부르는 그 방법은
인도에서 유래한 것이지, 진단에서 유래한 것이 아님을 말하는 것이라고 여
겼는데, 이번에 더욱 확신하게 되었다.

越三日, 別湛君約翰, 偕理君往亨得利鄉, 亦一大聚落也。鄉爲理君生
長之所, 每經其童時釣遊舊地, 輒低徊不能去。其兄威廉居於是鄉, 時
已駕車道旁相迓。同入其舍, 童穉候門, 婦子盈室, 執手慰問, 全家笑
顔。威廉五子四女, 長者蘭芽挺秀, 少者玉雪可念, 長子今在香港司會
計。

사흘을 지나 존 차머스와 헤어지고, 레그와 함께 헌틀리로 갔는데, 그곳도
큰 취락이었다. 그 마을은 레그가 나고 자란 곳으로서, 어렸을 적 낚시하며
놀던 곳을 지날 때마다 문득 배회하면서 떠나지 못했다. 그의 형 윌리엄은
이 마을에 살았는데, 그때 이미 마차를 몰고 길가에서 맞아주었다. 함께 그
의 집에 들어가니 어린아이들이 문에서 기다리고 있었고, 부인과 자녀가 집

---

98 차근방: 청나라 강희 연간에 들어온 서양의 대수학. 『수리정온(數理精蘊)』하편 권31-36에 「차
근방비례(借根方比例)」가 있다. 다항식의 가감승제(加減乘除) 법칙을 소개하고, 덧셈부호, 뺄
셈부호, 등호 등의 부호와 이항(移項) 등의 개념을 들여오고, 대수의 방법을 통해 고차방정식의
해(解)를 구했다.

안을 가득 채우고서 손을 잡고 안부를 묻는데, 온 가족이 웃는 얼굴이었다. 윌리엄은 오남사녀를 두었는데, 큰아이들은 출중하고, 작은아이들은 귀여웠으며, 맏아들은 홍콩에서 회계를 관장하고 있었다.

亨得利鄉居民四百餘家, 犬牙相錯, 廬舍參差, 疏密有致。其地岡巒廻互, 溪澗瀠流, 叢林密蔭, 陰翳蔽天日。自亨得利至隣材一帶, 約十有餘里, 皆長林環之, 入其中者, 盛夏忘暑。余至時山容如睡, 林葉未萌, 祇覺枯木寒鴉, 凄戾萬狀而已。此所謂宜於夏而不宜於冬者也。其鄉蘇格蘭人多耆壽之民, 有一人年至百五十歲, 耳目聰明, 手足便利, 無異六七十歲人。博學之士遍考古今, 得享大年至百歲外者, 約七千人, 而蘇格蘭境十分居其一。

헌틀리의 주민은 사백여 가인데, 오두막들이 옹기종기 모여 있어 자못 정취가 있었다. 그 땅은 높고 낮은 산들이 빙 둘러싸고 있고, 개천이 흐르고, 빽빽한 숲이 짙은 그늘을 만드니, 그 그늘이 해를 가렸다. 헌틀리로부터 이웃 마을 일대까지 약 10여 리에 걸쳐 모두 긴 숲이 둘러싸고 있어서, 그 속에 들어가면 한여름에도 더위를 잊었다. 내가 갔을 때 산의 모습은 마치 잠든 것 같았는데, 숲의 나무들에는 아직 잎이 돋아나지 않아 그저 고목에 추위에 떠는 갈까마귀뿐, 처량하기 그지없었다. 이 지역은 여름에 적합하고 겨울에는 적합하지 않다고 할 수 있다. 그 고장 스코틀랜드인은 장수하는 사람이 많았는데, 어떤 사람은 백오십 세에까지 이르렀어도 귀와 눈이 밝았고, 손과 발이 자유로웠으니, 6-70세 된 사람과 다름이 없었다. 박학한 사람들이 고금을 두루 살펴본 결과, 백세 이상 산 사람은 약 7천 명인데, 스코틀랜드 경내에 그 가운데 10분의 1이 살았다.

亨得利山隅有衛所一區, 古諸侯宮室也, 高峻宏固, 可稱鉅觀, 蓋已閱
數百年矣。其旁有司管鑰者, 輸一金錢乃入。登其巔, 頗可瞩遠。上而堂
奧房闥, 中而庖湢客舍, 下而牢獄溷厠, 猶可髣髴, 尋其舊迹。幽暗處须
秉炬而進。廣庭巨廈, 鞠爲茂草。當其讌集烜赫之时, 歌舞管絃猶可取
想象。嗚呼, 盛衰興廢, 固何常哉。理君謂古昔苏国一方, 列侯割據。星
罗棋布者, 大抵不下数十邦, 莫不聚族雄視, 各君其国, 各子其民。如杜
拉之衛所, 亦其一也。

헌틀리의 산모퉁이에는 성채가 한 곳 있는데, 옛 제후의 궁실로서 높고 크
고 견고하니, 대단한 볼거리라고 할 만한데, 이미 수백 년은 지났을 것이
다. 그 옆에는 출입관리자가 있었는데, 1파운드를 내니 들여보내 주었다.
그 꼭대기에 오르니 꽤나 멀리 볼 수 있었다. 위층은 집무실과, 내실, 침실
이고, 가운데 층은 주방과 욕실과 객실이며, 아래층은 감옥과 화장실로서,
여전히 그 옛 흔적을 더듬어볼 수 있을 것 같았다. 어두운 곳은 횃불을 들어
야만 나아갈 수 있었다. 넓은 뜰과 큰 건물이 무성한 풀로 가득차 있었다.
모여서 잔치하며 환히 불을 밝혔을 때의 가무와 음악소리도 상상해 볼 수
있었다. 오호라! 성쇠와 흥폐가 있으니 어찌 한결같겠는가! 레그는 옛 스코
틀랜드에서는 열후가 할거하여, 별자리와 바둑판 같았는데, 적어도 수십
곳이었을 것이며, 동족(同族)을 모아 칭웅(稱雄)하고, 각기 자기 나라에서 임
금이 되고, 백성을 자기 자식처럼 여기지 않음이 없었다고 말했다. 달라의
성채 역시 그중 하나이다.

距亨得利十十里許, 有金亞爾鄉, 民秀而良, 秋冬農之暇, 多喜讀書講
理。近日衆人各釀貲創建書院, 庋典籍, 有志之士均可入院借觀。所藏
分内外二室。外室者准其携取出外, 書名于冊, 按期繳納。主院者折簡

招余往爲說法, 傾聽者男女千餘人。余別作金亞爾鄉藏書記以貽主院
者, 院成當勒諸石, 以垂不朽。

헌틀리에서 십 몇 리 가량 떨어진 곳에 키노어(Kinnoir)라는 곳이 있었는데,
주민들은 우수하고 선량했으며, 가을과 겨울 농한기에 독서하고 담론을 즐
기는 이가 많았다. 근래 많은 사람들이 자금을 갹출하여 서원을 창건하고
전적을 보관했는데, 뜻 있는 사람은 누구나 서원에 들어가 빌려 볼 수 있
다. 소장처는 내실과 외실 두 곳으로 나뉘었다. 외실은 외부 대출을 허락하
는데, 장부에 이름을 적고 기한에 맞추어 반납한다. 서원장이 내게 편지를
보내 강의를 요청했는데, 들으러 온 이가 남녀 천여 명이었다. 나는 특별히
『키노어장서기(金亞爾鄉藏書記)』를 지어 서원장에게 주었는데, 서원이 완성되
면 돌에 새겨 영원히 남길 것이다.

余曾至亨得利講堂以華言論事, 理君代爲譯英語。時有盛集, 掌敎者大
張華筵。來者皆新粧炫服, 各袒臂及胸, 羅綺之華, 珠鑽之輝, 與燈光相
激映, 紅男綠女, 善氣充溢。梅麗女士善操琴, 工歌曲, 威廉之長女公
子也, 抗聲爲長歌, 嚮遏行雲。繼以琴韵悠扬, 鏗鏘中節, 諸女士相續和
之。曲終餘音繞梁, 衆皆撫手稱善。

나는 예전에 헌틀리 강당에 가서 중국어로 강연한 적이 있는데, 레그가 영
어로 통역을 해주었다. 그때 많은 사람이 모였고, 교육 담당자는 잔치를 크
게 열었다. 참석자들은 모두 새롭고 화려한 복장을 하고, 각기 팔과 가슴을
드러내었는데, 화려한 비단옷과 휘황한 구슬장식이 등불과 서로 비추어주
니, 잘 차려 입은 젊은 남녀의 즐거운 표정이 가득 차 흘러넘쳤다. 매리 여
사는 피아노를 잘 치고 노래를 잘 불렀다. 윌리엄의 큰딸이 큰 목소리로 길

게 노래하니, 그 소리가 지나가는 구름을 막아설 정도였다. 이어서 피아노 소리가 울려 퍼지는데, 리듬에 잘 맞았고, 여러 여사들이 이어서 화창했다. 곡이 끝나자 그 여음(餘音)이 실내를 감쌌고, 모두가 박수를 치며 훌륭하다고 칭찬했다.

威廉之外舅曰士班時先生者, 齒德兼備之君子也, 年八十四卒于家, 余前往送葬。時來會執紼者數百人, 皆元衣冠, 從車喪輀悉蒙黑闈, 蓋喪禮尚黑也。按英俗人死沐浴其尸, 衣以生前禮服, 及斂, 遍體白衣。貧者木棺, 裹以氈呢。富貴者棺槨三重, 一松木, 二鉄, 三紅木, 亦有以鉛爲槨者。葬於官地, 不祭墓。思念所及, 則詣墓一觀, 挂鮮花一圈於碑碣而已。

윌리엄의 외삼촌은 스펜서 선생이란 분인데, 나이와 덕을 겸비한 군자로서, 여든네 살에 집에서 숨을 거두셨는데, 나는 장례식에 참석하러 갔다. 그때 장례식에 참석하러 온 이는 수백 명인데, 모두 검은 의관을 입었다. 상여를 따르는 이는 모두 검은 융단으로 된 옷을 입었는데, 상례에서는 검은색을 높이 치기 때문이었다. 생각건대, 영국인의 풍속은 사람이 죽으면 그 시신을 목욕시켜 생전의 예복을 입히고, 염을 할 때에는 온 몸을 흰옷으로 감싼다. 가난한 이는 목관을 사용하는데, 펠트로 감쌌다. 부귀한 이는 삼중으로 된 관곽을 사용하는데, 첫 번째는 소나무로, 두 번째는 철로, 세 번째는 마호가니(紅木)로 되어있으며, 납으로 곽을 만드는 이도 있다. 국유지에 매장하며, 묘에 제사를 지내지 않는다. 그리움이 닥칠 때면 묘에 가서 한번 보고 생화로 된 화환 하나를 묘비에 걸어둘 뿐이다.

余居亨得利鄕十日, 乃往敦底。

나는 헌틀리에 열흘간 머문 후 던디로 갔다.

제43장

양유돈저(兩遊敦底): 두 차례 던디 유람

蘇境中央八府, 最大者曰敦底, 亦爲海口一大市集。其地背山面水, 生
齒十五萬有餘, 百廛櫛比, 萬厦雲連。機房織室, 冠於他邑, 故爲洋布所
薈萃, 織紝之聲, 達於衢路。郊外瀕海多渠渠夏屋, 兼擅園亭池館之勝,
樹木蔽虧, 境地曠遠, 雖城市而有山林之樂, 誠閒居之勝槪也。

스코틀랜드 경내의 중부 여덟 지방 가운데 가장 큰 곳이 던디로, 역시 항구
의 큰 도시다. 그 땅은 산을 뒤로 두고 물을 앞에 두고 있으며, 인구가 15
만여 명으로, 가게가 즐비하고 건물이 운집해 있다. 방직 공장이 여러 고장
가운데 으뜸이어서, 양포의 집산지로서 옷감을 짜는 소리가 큰길까지 들릴
정도다. 교외의 바닷가에는 커다란 건물이 많은데, 정원과 정자와 연못과
객사의 빼어남을 두루 자랑한다. 수목이 촘촘히 무성하고 경내가 드넓어 도
시이지만 산림의 즐거움이 있으니, 참으로 한적하게 거처할만한 빼어난 경
관을 가진 곳이었다.

余主於士班時先生家。其人蓋博聞好學之儒也, 精象緯輿圖之學, 有聲
於藝苑間。士班時夫人産自英倫, 明敏持重, 有大家風。其長女公子字
愛梨, 年十有五, 聰警絶倫, 工琴能歌。作畵俱得形肖, 人物栩栩生動,
幾與宋北苑本相埒。以平日畵就一冊持贈, 謂展畵圖如見其面。愛梨姸
質羞花, 圓姿替月, 固世間慧心妙女子也。年雖幼, 雅重文人, 聞其父及

理君品評人物, 而獨道余爲曠世逸才, 益深欽佩。

나는 스펜서 선생 댁에서 묵었다. 그이는 두루 공부하길 좋아하는 학인인데, 천문과 지도의 학문에 정통하여 학계에 이름이 자자했다. 스펜서 부인은 잉글랜드에서 태어났는데, 명민하고 진중하여 큰 집안의 풍모가 있었다. 큰딸의 이름은 앨리로 15세였는데, 총명하기가 이를 데 없었으며 피아노를 잘 치고 노래를 잘 불렀다. 그림을 그리면 형태를 모두 닮게 그렸는데, 인물이 살아 움직이듯 했으니, 송나라 북방의 궁정화풍과 거의 같았다. 평상시에 그린 그림을 한 권 가져와 증정하면서, 화책을 펼쳐 그림을 보면 그 얼굴을 보는 것과 같을 것이라 했다. 앨리는 고운 바탕에 수줍은 꽃떨기 같았고, 동그스름한 맵시가 달님은 저리가라였으니, 참으로 세간의 지혜로운 심성의 젊은 여성이었다. 나이는 어렸으나 문인을 공경하여, 제 아버지와 레그 선생의 인물 품평을 듣고서는 나름 나를 절세의 빼어난 인재로 여겨 흠모의 마음이 더욱 깊어졌다.

酒罷茶餘, 時出其所作字畫與觀。並授余以西國字母, 辨其音聲, 娓娓不倦。每夕綺筵既散, 必爲余曼聲度曲, 彈琴以和之, 而並指示攏撚挑剔各法, 强捉余手彈之, 亦能成聲, 必盡數弄乃已。余亦爲哦白香山琵琶行一篇, 抑揚宛轉, 曲盡其妙, 愛梨爲之歎賞弗置, 而更使予逐字度之。靜聽移時, 曰得之矣。明日歌曲, 亦能作哦詩聲, 且響遏行雲, 餘韻繞梁, 猶能震耳。

술 마시고 차 마신 여가에 시시로 자신이 쓰고 그린 글씨와 그림을 보여주었다. 또한 내게 서양 나라의 글자를 가르쳐주고 그 소리를 구별해 주었는데, 사람을 끄는 힘이 있어 지루하지 않았다. 매일 저녁 흥겨운 자리가 파할 때면 꼭 나를 위해 노래를 하며 피아노로 반주해 주었다. 아울러 손가락을 놀리는 법을 보여주며 억지로 내가 손수 쳐보길 종용하니 역시 소리를 낼 수 있었는데, 몇 번 해보고서야 그치도록 했다. 나는 또한 그녀를 위해 백거이(白居易)의 「비파행(琵琶行)」을 읊조려 주었는데, 오르락내리락 변화가 있어 곡조가 그 오묘함을 다하니, 앨리가 찬탄을 금치 못하며 한 글자씩 읊어달라고 했다. 가만히 듣더니 시간이 지나자 "알았습니다"라고 했다. 다음 날 노래를 하는데 시 읊는 소리까지도 낼 수 있었으니, 그 소리가 흐르는 구름도 멈춰 서게 할 정도요 여운이 들보에 감도니 귀를 감동케 할 만했다.

日間, 偕愛梨驅車出遊, 凡歷數家園林, 皆其戚屬也。園中名花異卉, 目不給賞, 必供醴酒名果。余有所欲言未能達意者, 愛梨則代爲言之, 無不適如余意之所欲出。蓋女士於此別有會心, 能以目聽, 以眉語, 而不徒在口舌間也。

낮에 앨리와 마차를 타고 유람하러 나갔다. 몇 군데 정원을 구경했는데, 모두 친척들 소유였다. 정원의 이름난 특이한 꽃들을 이루 다 감상하기도 전에 반드시 달콤한 술과 좋은 과일을 내왔다. 내가 하고 싶으나 충분히 뜻을 전달하지 못하는 말은 앨리가 대신 전달했는데, 모두 내가 전하려는 뜻과 합치했다. 의미의 전달은 그저 입으로만 이루어지는 것이 아닌지라, 아마도 여사가 그 같은 상황에서 특별히 마음이 통하여 눈으로도 듣고 눈썹으로도 말할 수 있어서이겠다.

敦底所有織罽之房煮糖之室印字之館, 無一不以機器行事, 轉捩便捷, 力省功倍。水火二氣之用, 至此幾神妙不可思議矣。所織麻布雖粗厚, 而不甚堅靭。其麻來自印度, 色黃味濁。已撚成線者, 摘之卽斷, 遠不逮

安南之麻苧。印度産此麻幾於遍地皆是, 不假人力種漑, 然則其賤可
知。所製之糖, 各色皆有。或雜以橙柑梨橘諸果, 儲之瓶甖罐盎。入其
室, 芬馨撲鼻。主者導余遍觀諸處, 每類各以一二枚爲貽, 迨出則幾盈
一筐。來游者, 例必書名於冊。主者展冊求書, 余視其上有漢字一行, 則
包公伶也。包伶前爲五口總督, 駐箚香港。今致仕歸林下, 尚健在云。

던디의 모든 직조공장과 제당공장, 인쇄소는 하나같이 기계로 작업을 하니
동력 전달이 편리하고 신속하여 힘은 덜고 공은 배가된다. 물과 불 두 기운
의 쓰임이 이에 이르러 거의 신묘하여 불가사의한 경지다. 짜내는 삼베는
거칠고 두텁지만 그다지 질기진 않다. 삼은 인도에서 가져오는데, 색은 황
색이고 냄새가 탁하다. 꼬아 실을 만들었을 때 당기면 쉽게 끊어져서 안남
의 삼과 모시에 한참 못 미친다. 인도산의 삼은 도처에 널린 것으로, 인력
을 들여 파종하고 물을 대어 기른 것이 아니니 그 질이 떨어질 것임은 명백
하다. 제조하는 설탕은 여러 종류가 다 있다. 여기에 오렌지, 탄제린, 배,
귤 같은 과일과 섞어 병이나 단지에 저장해 두기도 한다. 보관하는 방에 들
어가면 향기가 코를 찌른다. 그곳을 운영하는 이가 나를 데리고 여러 곳을
두루 구경시키고 종류별로 한두 개씩 선물했다. 나올 때가 되니 한 바구니
가득했다. 와서 관람하는 이들은 모두 방명록에 이름을 적었다. 운영자가
책자를 열어 서명을 청했다. 거기에 보니 한자로 한 줄 적혀 있었는데, 다
름 아닌 '포령(包伶)', 즉 바우링 공[99]이었다. 바우링은 다섯 통상항구의 총
독으로서 홍콩에 주재했다. 이제는 관직을 그만두고 고향에 물러나 있었는
데, 여전히 건재하다고 했다.

---

99 존 바우링(John Bowring, 1792-1872): 1854년부터 1859년까지 홍콩 총독을 지냈고, 그 전에
광주(廣州) 영사 겸 중국무역감독관으로 임명되었다.

余之重遊敦底也, 愛梨女士以書相招, 情意懇至, 不能不往。蓋其戚友別余久, 亟思一見。既至, 供張之美, 陳設之華, 更勝前時。是日適有花會, 余與女士乘車往觀。未至數百步外, 已聞芬芳遠徹, 鼻觀爲淸。會中, 凡有奇花異卉, 名草仙葩, 無不羅致, 以至瓜蔬果實之屬悉集焉。春氣盎然, 滿於一室。士女往者千餘人, 幾於舉袂成雲, 揮扇障日。

내가 던디에 또 놀러간 것은 앨리 여사가 편지를 보내와 초대했기 때문으로, 그 마음이 은근하게 전해져 가지 않을 수 없었다. 그녀의 친척과 벗들이 나와 헤어진 지 오래되어 몹시도 보고 싶어 한다는 것이었다. 도착하니 베풀어진 연회가 저번보다 대단했다. 그날에는 마침 꽃 전시회가 열려서, 나와 여사는 마차를 타고 구경하러 갔다. 얼마 가기도 전에 벌써 꽃향기가 멀리까지 전해져 코끝이 청량해졌다. 전시회에는 기이하고 이름난 화초가 다 진열되어 있었고, 채소와 과실류도 죄다 모아 놓았다. 봄기운이 가득, 한 방에 꽉 차 있었다. 관람하러 온 신사 숙녀가 천여 명으로, 소매를 들면 구름을 이루고 부채를 펴면 해를 가릴 지경이었다.

鄰室司蔑氏, 鉅富家也, 折簡招赴華筵。男女集者幾百人, 女皆盛妝靚服, 悉坦上胸, 於燈光璀璨之下觀之, 雪膚花貌, 珠寶瓔珞, 交映成輝。讌畢, 女士入座彈琴, 署作跳舞之戲。司蔑氏聞余能華歌, 請之至再。余笑曰, 非歌也, 特能誦古人詩詞耳。乃爲曼聲吟吳梅村永和宮詞, 聽者俱擊節。席散, 已更闌。翌日, 余乃驅車而回。

이웃의 사멸(司蔑) 씨는 거부인데, 연회에 참석해 달라고 초청장을 보내왔다. 모인 남녀가 수백 명으로, 여성은 모두 성장을 하고 가슴 윗부분을 드러내었으니, 휘황한 등 빛 아래서 보자니 눈 같은 피부에 꽃 같은 용모, 갖은 보석 치장이 서로 비추어 광채를 이루었다. 주연이 끝나고 앨리 여사가 자리에 앉아 피아노를 치자 다들 춤추며 놀았다. 사멸 씨는 내가 중국노래를 잘한다는 이야기를 듣고 거듭 청했다. 나는 웃으며 "노래는 아닙니다. 그저 옛사람의 시와 사를 읊조릴 줄 알 뿐이지요"라고 하고는 오위업(吳偉業)의 「영화궁사(永和宮詞)」를 천천히 늘여 읊었더니 듣는 이들이 모두 손뼉을 쳤다. 자리가 파했을 때는 밤이 깊었다. 다음날, 나는 마차를 달려 돌아왔다.

제44장

유종류지(游踪類誌): 유람의 기록

余自敦底還杜拉, 廐門習靜, 壹志劬書。越三月, 有哥拉斯谷之遊。

나는 던디에서 달라로 돌아와 두문불출한 채 한적하게 지내며 오로지 책 읽
기에 집중했다. 석 달을 보내고 나서 글래스고로 여행을 떠났다.

蘇境南方十三府, 美麗宏壯則推埃丁濮, 而土地之大人民之衆貿易之
盛財賦之雄, 哥拉斯谷當首屈一指焉。地濱大海, 各處可通, 貨舶商艘,
羽集鱗萃。所出洋布尤饒, 多販運往米利堅西印度。生齒六十餘萬。余
主於羅氏, 其地富商也。供具之侈, 酒饌之美, 爲向時所未有。每日偕羅
夫人出外遊觀, 輕車怒馬, 徧覽四衢。

스코틀랜드 남쪽의 도시 13곳 가운데, 아름답고 웅장한 곳으로는 에든버러
를 꼽아야 하지만 거대한 토지, 많은 인구, 성대한 무역, 으뜸가는 재부로
는 글래스고를 마땅히 으뜸으로 삼아야 한다. 큰 바다를 면하고 있어 각지
로 연결될 수 있기에 화물선과 상선들이 많이 모여든다. 생산하는 양포가
매우 많으며, 대개 아메리카와 서인도제도로 수출된다. 인구는 육십여 만
명이다. 나는 현지의 부상인 나(羅) 씨의 집에 묵었다. 이전에 유례를 찾아
볼 수 없을 정도로, 술과 음식을 담은 그릇은 화려하고 술과 음식은 훌륭했
다. 매일 나 씨의 부인과 함께 외출하여 유람을 다녔다. 가볍고 빠른 마차

와 원기왕성한 말로 사방을 두루 구경했다.

至一巨囿, 周廣六十餘里, 林木葱蘢, 境地敞朗。嬌紅媚綠, 燦爛若圍錦屏, 芬芳遠徹, 鼻觀爲淸, 一入園中, 神志頓爽。男女聯袂來遊者, 日有千數百人, 誠一勝境也。

둘레가 육십여 리에 달하는 큰 동산 한 곳을 찾았다. 수목은 울창하고 부지는 훤히 탁 트였으며 알록달록 어여쁜 꽃들이 찬란하여 마치 비단 병풍을 둘러놓은 듯했다. 향기가 멀리까지 풍겨와 코가 맑아지고, 정원 안으로 들어서자 정신이 이내 상쾌해졌다. 날마다 천 수백 명의 남녀들이 짝을 지어 유람을 오니, 참으로 으뜸가는 명승지였다.

至一大書院, 層樓疊閣, 莫窮其境。月牖雲窗, 玲瓏四敞, 雕牆畫棟, 迴檻飛甍, 望之恍若縹緲天外。時創建猶未竣工, 聞土木之費計百數十萬金, 皆由士商所捐輸, 洵盛事哉。羅夫人約落成日飛車來迎, 一觀盛典。

대서원을 방문했는데, 높다란 건물들이 즐비하여 이루 다 살펴볼 수 없었다. 화려하고 아름다운 창호는 영롱하게 사방으로 트여 있고 조각한 담장과 그림으로 장식된 마룻대, 굽은 난간과 위로 들린 처마는 마치 하늘 밖에서 어른거리는 듯 보였다. 당시 건물은 아직 준공되지 않았으며, 백 수십 만 파운드에 달하는 건축 자재의 비용은 모두 관리와 상인들이 기부했다고 하니 참으로 훌륭하고 장한 일이다. 나 부인은 낙성식 날에 마차로 서둘러 마중을 와서 함께 성대한 의식을 관람하기로 약속했다.

哥拉斯谷墳塚壯麗, 甲於歐土, 穹碑巨碣, 森列如林。有一處爲古名人

所葬之區, 依山作塚, 廣可數百頃。有華表石高列十尋巍然傑出者, 爲
名牧師諾士之墓。三百年前, 其人始闢天主教之謬, 復創耶穌正教, 蘇
民翕然從之, 其功不在路德下。

글래스고 묘지의 웅장한 아름다움은 유럽에서 으뜸으로, 다채로운 형태의
거대한 비석들이 숲처럼 즐비했다. 한 구역은 옛 유명 인사들이 묻혀있는
곳이다. 산세를 따라 묘가 들어서 있고 너비는 수백 경은 족히 될 듯했다.
높이가 열 심(尋)에 이르는, 우뚝 튀어나온 망주석이 있는 곳은 저명한 목사
인 녹스[100]의 무덤이다. 삼백 년 전에 처음 가톨릭의 오류를 비판하고 새로
이 스코틀랜드 교회를 수립하자 스코틀랜드 사람들이 일제히 추종했으니
그 공로는 루터[101]에 뒤지지 않는다.

哥拉斯谷有一婦人, 甚肥而短, 軀頗碩大, 巨腹彭亨, 權之得五百餘斤,
此近今所罕聞也。

---

100 존 녹스(John Knox, 1514-1572): 스코틀랜드의 종교개혁자이며 칼뱅파의 스코틀랜드 교회
    창설자이다. 세인트앤드루스 대학을 졸업하고 가톨릭 사제가 되었으며 이후 메리 1세의 박
    해를 피해서 대륙으로 망명, 주로 제네바에 체재하며 장 칼뱅에게 개혁주의 신학을 배웠다.
    1559년 귀국해서 종교개혁전쟁에 참가하고, 1560년에 스코틀랜드 교회의 수립에 공헌했으
    며, 1561년에 프랑스에서 귀국한 가톨릭 여왕 메리 스튜어트는 종교개혁을 인정하지 않아 그
    와 대립했다. 1567년에 여왕이 퇴위하고 그 아들 제임스 6세가 프로테스탄트 왕으로서 즉위
    하여 녹스의 종교개혁이 인정되었다.
101 마르틴 루터(Martin Luther, 1483-1546): 독일의 신학자이자 종교개혁자이다. 본래 로마 가
    톨릭 수도회인 아우구스티노회 수사였으나 교회의 면벌부 판매가 회개가 없는 용서, 거짓 평
    안이라고 비판하고 1520년 교황 레오 10세로부터 모든 주장을 철회하라는 요구를 받았으나
    오직 성경의 권위를 앞세우며 성서에 어긋나는 가르침들을 거부했다. 1521년 보름스 회의에
    서도 신성 로마 제국 황제인 카를 5세로부터 같은 요구를 받았으나 거부함으로써 결국 교황에
    게 파문당했다. 1517년 10월 31일 비텐베르크 대학교 교회 정문에 95개 논제를 게시했다고
    알려져 있으며, 이것으로 종교 개혁이 시작되었다. 루터의 종교 개혁은 당시 종교와 사회에 큰
    영향을 주었다.

글래스고의 한 부인은 왜소하지만 매우 뚱뚱하여 몸집이 몹시 거대하고 배가 큼지막하게 나와 몸무게를 재면 오백여 근이 나간다고 한다. 이는 근래에 듣기 드문 일이다.

余於埃丁濮都城往來尤數, 因識牧師紀利斯畢, 而與女士周西魯離尤稔。紀君於十八年前曾旅粵東七載, 頗悉華事, 人極謙遜, 有儒者風。賦悼亡後, 新續鸞膠, 即周西女士之姊也。年殊少艾, 而貌極端妍。余既自敦底旋轅, 紀君招余往遊, 遂留小駐。周西女士已迎余於輪車道側, 執手道故, 相見欣然。女士姓魯離, 爲蘇京望族, 多顯達者, 仕於朝商於外者指不勝屈。是日舊雨重來, 墜歡再拾, 紀魯兩家特張盛讌, 排日招邀, 並徵其戚友畢集, 開筵坐花, 飛觴醉月, 極一時之盛。

나는 에든버러 도성을 매우 빈번히 왕래하여 이로 말미암아 길스피 목사를 알게 되었고 주서 로리(魯離) 여사와 매우 친숙해졌다. 길스피 씨는 십팔 년 전 광동에 칠 년간 머무른 적이 있어서 중국의 사정을 매우 잘 알며, 선비의 풍도를 갖춰 지극히 겸손했다. 아내를 떠나보낸 이후에 새로 끊어진 줄을 이었으니, 바로 주서 여사의 누이이다. 나이는 매우 젊고 용모는 지극히 단아하고 아름다웠다. 내가 이미 던디에서 돌아와 있자, 길스피 씨가 놀러 오라고 초대를 하여 이에 잠시 머무르게 되었다. 주서 여사는 기찻길 근처로 벌써 나를 마중 나와서는, 손을 맞잡고 지난 이야기를 건네며 서로 만난 것에 기뻐했다. 여사는 성이 로리이고 스코틀랜드 수도의 명문가 출신이다. 그 가문에는 현달한 이들이 많아서, 조정에서 벼슬하는 이와 외지에서 상업에 종사하는 이들을 이루 다 헤아릴 수 없다. 이날은 옛 친구가 다시 돌아와 왕년의 즐거움을 되찾은지라 길스피 씨와 로리 씨 두 집안에서는 특별히 성대한 연회를 베풀어 매일 초대했고, 아울러 친척과 친구들을 모두 불러 자리를 벌여 꽃밭에 앉고 술잔을 주고받으며 달 아래에서 취하니 당시 성대함이 지극했다.

女士年十有七, 妍容麗質, 世間殆罕與儔, 尤擅琴歌。每奏一関, 脆堪裂帛, 響可遏雲, 餘韻猶復繞梁不絕, 座客無不欣賞, 歎未曾有。醫士華勃列士與女士最相暱, 殆有伉儷之思。一日偕女士與余同遊別墅, 亭臺池館之勝, 花木樹石之繁, 別開境界。中有一室, 悉羅書畫, 中國名人手筆, 亦錯出其間。畫室司理者出素冊求余書數行其上, 奉爲墨寶。當園之中, 有亭翼然, 四周欄檻玲瓏, 窗櫺敞闢, 其制度似倣中國而爲之者。主者爲具茗酒。

여사는 나이가 열일곱으로, 아름다운 용모로는 세상에서 거의 필적할 이가 드물며, 특히 피아노와 노래에 뛰어났다. 매번 한 곡을 연주할 때마다 맑은 목소리는 비단을 찢는 듯하고 구름을 멈출 정도로 감동적이었으며 여운은 끊이지 않고 맴돌아 좌중에서는 높이 평가하면서 전에 없던 소리라 감탄하지 않는 이가 없었다. 여사는 의사인 화발열사(華勃列士)와 가장 친밀했는데, 아마도 결혼의 뜻이 있는 듯했다. 어느 날 여사와 나는 함께 별장을 유람했다. 빼어난 정자와 누대, 연못과 동산의 건물, 다채로운 꽃, 나무와 돌들이 특별한 경관을 선보였다. 중간에 화실이 한 곳 있었다. 온통 서화를 진열해 두었는데, 중국 명인의 친필도 여기저기에서 보였다. 화실을 관리하는 이는 흰 서책을 꺼내어 내게 그 위에 몇 줄 써주길 청하며 묵보(墨寶)로 삼고자 했다. 그 정원의 가운데에는 날아갈 듯이 우뚝 선 정자가 있었다. 사방의 난간은 정교하고 창은 활짝 열려 있었는데, 그 양식은 마치 중국을 본떠 만든 듯했다. 주인은 차와 술을 대접했다.

余留敦底凡四日, 留蘇京凡八日。及返, 得愛梨女士書云, 君住蘇京浹旬, 而宿敦底僅三夕, 何厚蘇京而薄敦底也。回馭之時, 伏再光賁, 藉以補茲缺典。其情深語摯如此。

나는 던디에 나흘을, 스코틀랜드 수도에는 여드레를 머물렀다. 돌아갈 때가 되었을 때, 앨리 여사로부터 "그대는 스코틀랜드 수도에는 열흘 동안 머무르고 던디에는 겨우 사흘만 묵으시니 어찌하여 스코틀랜드 수도에는 너그럽고 던디에는 박하신 건가요? 돌아가실 때에 다시금 왕림하시어 아쉬운 바를 채워주시기를 삼가 바랍니다."라는 내용의 서신을 받았다. 이토록 마음이 깊고 표현이 정성스러웠다.

余於蘇境全隅, 南北中三處悉已周歷, 足跡所未至者, 海中羣島耳。或云蘇境北方言語異於南方, 余細聆之, 亦殊不然。惟山島古居民, 其音稍有不同, 此蓋二千年前雜處部落土人也。嗣有據其地而驅之遠徙者, 巖栖谷汲, 遂與外絕。至今種類尚多, 亦與英蘇二土民錯居耦處, 有時所言猶操古音。其尚禮義通文墨者, 亦與考試, 授官供職, 或擢任師儒, 出外傳教, 與英蘇二土無異。惟面目鬢眉迥然有別, 是猶中國邊省之有苗民也。

나는 스코틀랜드 전역에서 남부, 북부, 중부의 세 곳을 이미 두루 돌아다녔기에 족적이 닿지 않은 곳은 바다의 여러 섬뿐이었다. 누군가가 스코틀랜드 경내 북방의 언어는 남방과 다르다고 하여 귀 기울여 들어보았으나 전혀 그렇지 않았다. 다만 산지와 섬의 오랜 주민만은 그 말투가 다소 다르니, 이들은 이천 년 전에 부락에 섞여 살던 원주민들이다. 그 후 그 지역을 차지하고 그들을 내쫓아 멀리 떠나도록 한 자들이 나타나, 동굴과 산골짜기로 숨

어들어 결국 외부와 단절되었다. 오늘날에 이르러서도 종족은 여전히 많고
또한 잉글랜드, 스코틀랜드의 두 지역민들과 섞여 살지만, 이따금 그들은
여전히 옛 언어를 말한다. 그들 중 예의를 숭상하고 학문에 정통한 이들은
또한 시험에 참가하여 관직에 임명되어 직무를 담당하기도 하고 선교사로
발탁되어 외지로 선교를 떠나는데, 이는 잉글랜드, 스코틀랜드 두 곳과 다
를 바 없다. 다만 얼굴 생김새는 확연히 구별되는데, 이는 중국 변성의 묘
족의 경우와 비슷하다.

제45장

삼유소경(三遊蘇京): 세 번째 에든버러 유람

余自夏間遊覽各處, 蘇境諸名勝閱歷殆徧。歸臥杜拉, 旅居多病, 思鄉
念切, 殊覺鬱伊尠歡, 因思復作出遊計。適女士周西魯離折簡來招, 遂
命車就道, 往宿其家。甫至, 女士已迓於鐵路旁, 一見歡然, 執手相慰
問, 以別車載行李, 偕坐同歸。登堂謁其母, 則已注酒於杯, 盛湯於碟,
謂當小憩玉體, 以資休息。女士特灑掃己房以舍余, 帷帳之華, 陳設之
麗, 殆無其比。

나는 여름에 각지를 유람하여 스코틀랜드의 여러 명승지를 거의 모두 둘러
보았다. 달라로 돌아와 머무는 동안 객지에서 병치레가 잦다 보니 고향 생
각만 간절하여 즐거울 일 없이 그저 우울하기만 했다. 그래서 다시 유람을
떠날 방법을 고민했다. 마침 주서 로리 여사가 편지로 초대해 주어, 곧 마
차를 불러 길을 나서 그녀의 집에 묵으러 갔다. 내가 도착하니 여사는 이미
철로 옆에 마중 나와 있다가 나를 보자마자 기뻐하며 손을 잡고 안부를 물
었다. 다른 마차에 짐을 싣고 함께 앉아 귀가했다. 거실로 들어서 그녀의
모친을 뵙고 나니, 이미 술잔에 술이 채워지고 그릇에 탕이 가득 담겨 있었
다. 그러면서 옥체를 쉬도록 하여 휴식을 취하라고 당부했다. 여사는 특별
히 자기 방을 청소하여 내가 머무르도록 했는데, 휘장과 장식의 화려함이
그 무엇과 비교할 수 없을 정도였다.

於是與女士排日遊玩。所有博物之院, 生靈之囿, 畫館書樓, 無不徧歷, 以供瀏覽。有一舊家別墅在西境, 相距十里, 命車而往。至則綠陰匝地, 古木參天, 扶疏罨靄中, 蓊鬱蔥秀, 幾於衣袂皆作碧色。余與女士穿林而行, 翠鳥啁啾鳴於樹顚, 松花柏葉簌簌墮襟上。園四圍幾十許里, 行稍倦, 坐石磴少息。女士香汗浸淫, 余袖出白巾, 代爲之拭曰, 卿爲余頗覺其勞矣, 余所不忍也。女士笑曰, 余雙趺如君大, 雖日行百里不覺其苦, 豈如尊閫夫人, 蓮鉤三寸, 一步難移哉。言畢, 起而疾趨, 余奮足追之不能及, 呼令暫止。女士迴眸笑顧曰, 今竟何如。余曰, 抑何勇也。然雲鬢蓬鬆, 嬌喘頻促, 扶余肩不能再行, 良久喘定, 始從容徐步。余代爲掠鬢際髮, 女士笑謝焉, 覺一縷幽香沁入肺腑。園中珍葩異蕊, 不可名狀。入一玻璃巨室, 芬芳透鼻觀。女士摘一紅花繫余衣襟, 並令園丁猱升花架, 探紫葡萄一枝畀予, 曰, 試嘗之。其味之甘, 勝如灌醍醐也。

이리하여 여사와 함께 매일 놀러 다녔다. 모든 박물관, 동물원, 미술관과 도서관을 하나하나 찾아다니며 둘러보았다. 서쪽 변두리에 있는 한 오래된 별장은 10리 거리에 있어 차를 불러 갔다. 그곳에 이르니 녹음이 곳곳에 펼쳐져 있었다. 하늘 높이 솟은 고목의 무성하게 뒤덮은 가지와 잎이 발산하는 푸르름은 거의 옷소매까지 파랗게 물들일 정도였다. 내가 여사와 함께 숲을 가로질러 걸으니 파랑새가 짹짹하며 나무 끝에서 노래하고, 송화와 측백나무 잎이 스르륵 옷깃에 떨어졌다. 정원은 사방 수십여 리의 규모라 걷다가 조금 고단해져 돌의자에 앉아 잠시 쉬었다. 여사가 땀에 젖어 내가 소매에서 흰 수건을 꺼내 대신해서 닦아주며 말했다. "그대가 나를 위해 너무 수고하시는 것 같아서 제가 견디기 힘들군요." 여사는 웃으며 말했다. "저의 두 발은 당신만큼 커서 하루에 백 리를 가도 힘든 줄을 모른답니다. 어찌 댁내 사모님처럼 세 치 크기의 전족을 하여 한 걸음 옮기기 힘든 것에 비하겠습니까!" 말이 끝나자마자 일어나 질주하는데, 내가 열심히 쫓아도 따라갈 수 없어 잠깐 멈추라고 소리쳤다. 여사가 돌아보며 웃으며 말했다. "이 정도면 어때요?" 나는 "어찌 이토록 날래신지요?"라고 했다. 그러나 귀밑머리가 흐트러지고 숨을 헐떡이며 내 어깨를 부여잡은 채 더는 뛰지 못했다. 한참을 숨을 고른 후에야 비로소 편안히 발걸음을 옮겼다. 내가 대신하여 그녀의 귀밑머리를 집어 머리를 정돈해 주니 여사는 웃으며 고마워했다. 문득 은은한 향이 폐부에 스미는 듯했다. 정원의 진귀한 화초는 이루 형언할 길이 없었다. 한 유리 온실에 들어가니 그윽한 향기가 코를 찔렀다. 여사가 붉은 꽃을 하나 따서 내 옷깃에 꽂아주고는 정원사를 시켜 나무에 올라 자줏빛 포도를 한 가지를 따와서 나에게 주며 말했다. "한번 맛보시지요." 그 맛의 달콤함은 제호(醍醐)를 들이붓는 것보다 뛰어났다.

余常與女士竝車而出, 半道或饑, 必入旅店小飮。其店肴饌之精, 稱爲蘇京巨擘。名酒數十種, 無一不備, 余曾一日徧嘗之。女士不肯多釂, 强之始盡三觥, 玉顔已覺微酡矣。店中奔走趨承者, 皆嬰年女子也。見余屢至, 睨之而笑, 私問余曰, 彼姝非君之所愛, 將結爲伉儷歟。余曰, 非也, 特好友耳。女士聞之, 笑曰, 余固中華人, 汝不知耶。

나는 종종 여사와 함께 마차를 타고 외출했는데, 중도에 혹시 배가 고프면 반드시 여관에 들어가 요기를 했다. 이 가게는 요리가 뛰어난 것으로는 에든버러에서 첫손가락에 꼽힌다. 유명한 술 수십 종이 모두 갖춰져 있어 하루에 모두 맛본 적이 있었다. 여사는 많이 마시고 싶어하지 않았는데, 강권하니 겨우 석 잔을 비우고서 옥안이 이미 발그레해졌다. 가게 안에서 분주히 접객을 하는 이는 모두 어린 여자아이들이었다. 내가 자주 오는 것을 보고 웃으며 몰래 나에게 묻곤 했다. "저 미녀는 필시 당신이 사랑하는 이인 듯한데, 장차 부부로 맺어질 건가요?" 나는 "아닐세. 그저 좋은 친구일 뿐이네."라고 대답했다. 여사가 듣고는 웃으며 말했다. "나는 원래 중국인인데, 너 몰랐니?"

余自蘇京言旋, 道經斯德零, 陟觀衛所, 雄麗奇壯, 不亞於蘇京。中有一園, 蘇女王媚李曾駐蹕焉。園西隅有臺, 幽一強侯於此, 後誘之臨臺遠眺, 遽推之墮, 折肱而死, 今其遺跡猶存。斯德零爲中央八府之一, 所鑄鐵器甚堅好精澤, 又善製琴。

에든버러에서 돌아오며 스털링을 지나는 길에 성벽에 올라 구경했다. 그 장관은 에든버러에 뒤지지 않았다. 그 속에 있는 정원은 스코틀랜드 여왕 메리가 예전에 머무르던 곳이다. 정원의 서쪽 모퉁이에는 누대가 있는데, 어떤 강력한 귀족을 여기에 감금했다가 이후 누대에 올라 멀리 조망하도록 유인한 후 재빨리 밀어서 추락시켜 팔이 부러져 죽었다고 한다. 지금도 그 유적이 여전히 남아있다. 스털링은 중부의 여덟 지역 중 하나인데, 굉장히 견고하고 정밀하게 철기를 주조하며, 또한 피아노를 잘 만들었다.

車行經阿羅威, 往訪波氏, 愛倫女士出見。女士少失怙, 依母而居。其父本瑞士國人, 娶於英, 以故女士少長英土。工畫善書, 通法國語言文字之學。蓋瑞士西境本與法蘭西毗連, 故其風俗亦相同也。愛倫女士母出自貴家, 淹通經籍, 因設塾授女弟子書。絳帷佳麗三十餘人, 悉出謁見, 爭以識一面爲榮。女士母與諸女弟子辨論往復, 妙思泉湧, 綺語霞蒸, 曹大家謝道蘊之流也。午後設筵相款, 異饌珍肴, 遠勝韋廚食品。列座兩行者, 皆裙釵少女, 稚齒韶顏, 並皆佳妙。珠光四照, 花影雙搖, 余在座中, 正如遊瓊林而倚玉樹, 恐馬扶風未能修到此豔福也。驅車回杜

拉, 明星在天, 新月掛樹, 已近黃昏矣。時從得厘姑德厘至杜拉, 尚須別
易馬車, 計程九里, 頗覺紆迴。己巳春間始築鐵路, 由是行者稱便捷焉。

마차가 알바(Alva)[102]를 경유하여 파(波) 씨를 방문하러 가니 애륜 여사가 나
와서 맞이했다. 여사는 어려서 부친을 여의어 모친에 의지해 살았다. 그 부
친은 원래 스위스 사람인데 영국인과 결혼했다. 따라서 여사는 어릴 때부
터 영국에서 자랐다. 그림과 글씨가 뛰어났으며 프랑스의 언어와 문자에
관한 학문에 능통했다. 아마 스위스의 서쪽 국경이 원래 프랑스와 인접해
있어 그 풍속 또한 서로 같기 때문일 것이다. 애륜 여사의 모친은 귀족 가
문 출신이라 여러 서적에 정통했다. 따라서 학교를 열어 여제자들에게 글
을 가르쳤다. 사문의 미녀 서른여 명이 모두 나를 보러 나와서 앞다퉈 일
면식할 영광을 누리려 했다. 여사의 모친이 여러 여제자들과 변론을 주고
받으니, 기묘한 생각이 샘솟고 화려한 문장이 피어나는 것이 마치 반소(班
昭)[103]와 사도온(謝道蘊)[104]과 같은 부류였다. 오후에 주연을 베풀어 대접하니
기이하고 진귀한 요리가 위척(韋陟)[105]의 주방에서 만든 식품보다도 더 뛰어
났다. 양쪽에 줄지어 앉은 이는 모두 치마와 비녀로 치장한 소녀들로, 어리
지만 모두 아름다웠다. 구슬이 사방에서 빛나고 꽃 그림자가 이리저리 움
직였다. 내가 좌중에 있으니 마치 선경을 노닐며 옥으로 만든 나무에 기대

---

102 영역본에는 알로아(Alloa)로 되어 있으나, 경로나 한자음역으로 판단컨대 알바로 추정한다.

103 조대고(曹大家): 반고의 뒤를 이어 『한서』를 완성한 반소를 가리킨다. 남편 조세숙(曹世叔)이
    죽은 후 입궁하여 황후를 가르치곤 하여 조대고라 불리게 되었다. 『여계(女誡)』를 지었다.

104 사도온: 동진의 유력한 가문에서 태어나 뛰어난 문장으로 유명했다. 왕희지의 둘째 아들 왕응
    지와 결혼했다.

105 위척: 당대의 문장가이자 서법가. 사치와 향락을 즐겼으며, 호로계(葫蘆雞)와 사자두(獅子頭;
    고기 완자)가 위척의 주방에서 유래했다는 말이 있다. 영역본에서는 송 휘종의 요리사 위씨로
    옮겼다.

고 있는 것 같았다. 아마 마융(馬融)[106]조차 이 정도의 여복을 누리지는 못했을 것이다. 마차를 몰아 달라로 돌아오려니, 샛별이 하늘에 떠 있고 초승달이 나무에 걸렸다. 이미 황혼 무렵이 되어 있었다. 당시 틸리콜트리에서 달라까지 가려면 마차를 갈아타야 했으며, 9리의 노정을 꽤나 돌아가는 것처럼 느껴졌다. 기사년(1869) 봄에 비로소 철로가 건설되어 여행객들이 그 편리함을 칭송했다.

---

106 마융(馬融): 부풍(扶風) 출신의 동한 말기 문장가. 장막을 설치하여 앞에서는 제자를 가르치고, 뒤에는 여악단을 세워두었다(前授生徒, 後列女樂)고 한다.

제46장

무도성집(舞蹈盛集): 성대한 무도회

西國男女有相聚舞蹈者, 西語名曰單純。或謂即苗俗跳月之遺, 今海東
日本諸國尚有此風。英人則以此爲行樂娛情之一法。每年於六七月間
有盛集, 殊爲巨觀。選幼男稚女一百餘人, 或多至二三百人, 皆係嬰年
韶齒, 殊色妙容者, 少約十二三歲, 長約十五六歲, 各以年相若者爲偶。
舞蹈之法, 有步伐, 有節次, 各具名目。先以女師爲之教導, 必歷數月而
後純熟。

서양의 남녀가 한데 모여 춤을 추는 것을 서양말로는 '댄싱'이라고 한다. 어
떤 이는 달밤에 춤을 춘 묘족(苗族) 습속에서 유래된 것이라고 말하는데 지
금 해동(海東) 일본의 여러 지방에는 아직도 이와 같은 풍속이 있다. 영국
사람들은 이것을 오락의 한 가지로 여긴다. 매년 6-7월이면 성대한 모임
이 열리는데 무척 커다란 볼거리이다. 어린 남녀 1백여 명이나 많게는 2-3
백 명을 뽑는데, 모두 용모가 뛰어난 아이들로 적게는 12-3살부터 많게는
15-6살까지이며, 각자 나이가 비슷한 아이들끼리 짝이 된다. 춤을 추는 법
에는 보법(步法)과 절차가 있는데 각각 이름이 있다. 먼저 여자 선생이 그들
을 가르치는데 몇 달을 거쳐야지 숙련된다.

是年, 杜拉書院亦設大會, 集時招余往觀, 真有五花八門之妙。諸女子
無不盛妝炫服而至, 諸男子亦無不飾貌修容, 衣裳楚楚, 彼此爭妍競

媚, 鬪勝誇奇。其始也, 乍合乍離, 忽前忽卻, 將近旋退, 欲即復止, 若近
若遠, 時散時整, 或男招女, 或女招男。或男就女, 而女若避之, 或女近
男, 而男若離之。其合也, 抱纖腰, 扶香肩, 成對分行, 布列四方, 盤旋宛
轉, 行止疾徐, 無不各奏其能。諸女子手中皆攜一花球, 紅白相間, 芬芳
遠聞。其衣亦盡以香紗華絹, 悉袒上肩, 舞時霓裳羽衣, 飄飄欲仙, 幾疑
散花妙女自天上而來人間也。

이 해에는 달라의 학교에서도 큰 무도회를 열었는데 나를 관람에 초대했다.
정말 온갖 종류의 대단한 모습들이 있었다. 여자들은 모두 성장을 하고 남
자들도 모두 한껏 꾸미고 멋진 옷을 입고서 서로 아름다움을 다투어 뽐내고
진기함을 다투어 자랑했다. 시작할 때는 붙었다가 떨어졌다가, 앞으로 갔
다 뒤로 갔다가, 가까이 붙는가 하면 뒤로 물러나고, 가려고 하다가 멈추
고, 멀리 갔다 가까이 갔다, 헝클어졌다 가지런해졌다 하면서, 남자가 여
자를 부르기도 하고 여자가 남자를 부르기도 했다. 남자가 여자에게 가까이
가면 여자는 피하는 듯하고, 여자가 남자에게 가까이 가면 남자가 떨어지는
듯했다. 마침내 남녀가 서로 합쳐져서는 허리를 안고 어깨를 받치고 짝을
이루어 나누어져 가다가 사방으로 펼쳐져 늘어서고, 빙빙 돌기도 하고 빠르
거나 느리게 가다가 멈추기도 하면서 각자 모두 자신의 재능을 드러내었다.
여자들은 모두 손에 울긋불긋한 꽃다발을 하나씩 들었는데 그 향기가 멀리
까지 퍼졌다. 옷도 모두 멋지고 화려한 비단으로 만든 것으로 모두 어깨를
드러내었는데, 춤출 때 예상우의(霓裳羽衣)가 하늘하늘 날리듯 하여 마치 꽃
뿌리는 아름다운 여인이 하늘에서 인간 세상에 내려온 것이 아닐까 할 정도
였다.

其舞法變幻不測, 恍惚莫定, 或如魚貫, 或如蟬聯, 或參差如雁行, 或分

歧如燕翦, 或錯落如行星之經天, 或疏密如圍棋之布局。或倏分爲三行則成川字, 或驟合爲聯貫則成曰字, 或進如排牆則成一字, 或爲圓圍則成圈字, 或爲方陣則成口字。其爲圓圍也, 倏而面向內背向外, 倏而背向內面向外, 倏而變成二圈, 則如連環之形, 倏而男女各自爲一圈, 倏而男圍女圈, 則女圈各散而從男圈中出, 倏而女圍男圈, 則男圈各散而從女圈中出。其爲方陣也, 二方則爲呂, 三方則爲品字。光怪陸離, 瓖奇詭異, 不可逼視。

춤을 추는 모습은 변화무쌍하고 황홀하기 짝이 없어서 어떨 때는 물고기가 줄지어 가는 듯하고 어떨 때는 매미가 연이어 있는 듯하며, 어떨 때는 기러기 행렬처럼 들쭉날쭉하고 어떨 때는 제비 꼬리처럼 나누어지며, 어떨 때는 유성이 하늘을 지나가는 것처럼 어지럽고 어떨 때는 바둑판 위의 모습처럼 성기거나 빽빽했다. 또 어떨 때는 갑자기 세 줄로 나뉘어 '천(川)' 자 모양을 만들고 어떨 때는 한데 모여 이어져서 '왈(曰)' 자 모양을 만들며, 어떨 때는 담장을 쌓는 것처럼 늘어서서 '일(一)' 자 모양을 만들고, 어떨 때는 둥글게 모여 서서 'ㅇ' 모양을 만들며, 어떨 때는 네모로 진을 이루어 '구(口)' 자 모양을 만들었다. 둥근 모양을 만드는 춤은, 갑자기 얼굴을 안쪽으로 향하고 등을 밖으로 향했다가 갑자기 등을 안쪽으로 향하고 얼굴을 밖으로 향하기도 하고, 어느새 변하여 둥근 원 두 개가 이어진 모양을 만들었다가 어느새 남녀가 각각 원을 하나씩 만들기도 했다가, 갑자기 남자가 바깥쪽 원을 만들고 여자가 안쪽 원을 만들어 여자들이 원 모양에서 흩어져 남자들이 만든 원을 뚫고 나오거나, 갑자기 여자가 바깥쪽 원을 만들고 남자가 안쪽 원을 만들어 남자들이 원 모양에서 흩어져 여자들이 만든 원을 뚫고 나오기도 했다. 네모 모양을 만드는 춤은, 네모 두 개를 만들어 '여(呂)' 자 모양을 만들거나 세 개를 만들어 '품(品)' 자 모양을 만들기도 했다. 현란하며 진기하고 기이하여 눈이 부실 지경이었다.

又有時純用女子作胡旋舞, 左右袖各繫白絹一幅, 其長丈餘, 恍若白蝙
蝠張翅, 翩翩然有淩霄之意。諸女子皆躡素革履, 舞蹈之時, 離地輕舉,
渾如千瓣白蓮花湧現地上。此外更佐以琴瑟諸樂, 音韻悠揚。觀者目眩
神搖, 恍不覺置身何所。余偕媚梨女士同觀, 詢余曰, 舞法如此, 可稱奇
妙否。余撫掌歎曰, 觀止矣。

또 어떤 때는 여자들이 좌우 소매에 각각 1장 남짓 길이의 흰 비단을 한 폭
씩 매달고 호선무(胡旋舞) 같은 춤을 추었는데, 마치 흰 박쥐가 날개를 활짝
펼치고 높은 하늘로 훨훨 날아오르는 것처럼 황홀했다. 여자들이 모두 흰
가죽신을 신고 사뿐사뿐 춤을 추니 마치 흰 연꽃 수천 떨기가 땅에서 솟아
나는 듯했다. 여기에 여러 악기들로 반주하니 그 소리가 잘 어울렸다. 이
광경을 보는 사람들은 눈이 어지럽고 정신이 아득하여 자신이 어디에 있는
지 모를 정도로 황홀했다. 나는 마리안 여사와 함께 구경했는데 그가 내게
물었다. "오늘 같은 춤이 훌륭하다고 할 만한가요?" 나는 손뼉을 치며 감탄
하면서 말했다. "최고입니다."

余所識諸女士, 皆列首選。因知具慧心者必擅妙容, 平日識字讀書亦推
巨擘。李笠翁詩云, 蓬心不稱如花貌, 金屋難藏沒字碑。三復斯言, 而慨
世之兼全者難矣。

내가 아는 여사들은 모두 최고 수준이었는데, 지혜로운 마음을 지닌 사람이
반드시 용모도 뛰어나다는 것을 알기 때문에 평소에 글을 익히고 책을 읽
는 일 또한 으뜸이었던 것이다. 이립옹(李笠翁)의 시에 "모자란 마음은 꽃다

운 용모와 어울리지 않고, 화려한 집에는 글자 없는 비석을 감추기 어렵다네"[107]라고 했는데, 이 말을 세 번 되뇌면서 세상에서 두 가지를 모두 갖추기가 어려움을 탄식했다.

越日, 復招余觀劇, 則皆以書院諸童演習而成者也。所演多古事, 雜以詼諧嬉笑, 其妙處匪夷所思, 層出不窮。英國昔時官長亦乘轎, 出亦有騶從, 前後擁護者殊盛, 非如今日之簡寂無鹵簿也。最奇者, 樓閣亭臺, 頃刻立就。諸童裝束作女子狀, 無不逼肖, 溫存嬌旎, 殆有過之無不及焉。余友懷葛廬道人謂天下但有美男子, 無美女子, 余初弗信, 以今日觀之, 竊謂其言之不謬。其技最優者, 以戴拉家數學童爲翹楚。習優是中國浪子事, 乃西國以學童爲之, 羣加贊賞, 莫有議其非者, 是眞不可解矣。

이튿날 다시 나를 연극 관람에 초대했는데 모두 학교 아이들이 연습하여 만든 것이었다. 내용은 옛날이야기가 많았고 우스개 이야기도 섞여 있었는데, 절묘한 곳에서는 보통 상식으로는 생각할 수 없는 것들이 끊임없이 연달아 나왔다. 영국에서도 옛날에는 높은 관리가 가마를 탔고 외출할 때도 기마병들이 앞뒤에서 호위하였으니 아주 성대하여 오늘날처럼 의장대 없이 단출한 모습은 아니었다. 가장 기이한 것은 무대 위에 누각과 정자를 재빨리 세우는 솜씨였다. 아이들이 여자처럼 꾸몄는데 그 모습이 모두 꼭 닮아서 온화하고 부드러운 모습이 지나칠 정도였다. 내 친구 회갈려(懷葛廬) 도

---

107 이립옹은 명말청초의 극작가 이어(李漁)이다. 인용된 구절은 이어의 전기(傳奇) 『풍쟁오(風箏誤)』 제2출 「하세(賀歲)」에 나온다. 남자 주인공 한세훈(韓世勳)이 훌륭한 여성은 아름다운 용모와 멋진 분위기 그리고 지혜로운 마음을 모두 갖추고 있는 사람이어야 한다고 주장하는 말 가운데 일부이다. 여기에서 '글자 없는 비석'이란 겉모습은 멀쩡하면서도 글을 모르는 사람을 말한다.

사가 "천하에는 미남만 있을 뿐 미녀는 없다."라고 말한 적이 있는데 처음
에는 그 말을 믿지 않았으나 오늘 연극을 보니 그의 말이 틀리지 않았던 것
같다. 연기가 가장 뛰어난 아이는 대랍(戴拉) 집안의 몇 아이가 으뜸이었다.
연기를 배우는 일은 중국에서는 건달이나 하는 일이지만 서양에서는 학동
이 하면서 모두들 칭찬을 아끼지 않고 그들더러 그르다고 따지는 이가 없으
니 정말 알 수 없는 일이다.

제47장

영토귀범(英土歸帆): 귀국길에 오르다

余旅杜拉兩載有半, 久客思歸, 倦游知返。小窗無俚, 偶得一律云。

나는 달라에서 2년 반을 머물며 오랜 객지 생활에 귀향을 생각했고, 떠도는 생활에 지쳐서 돌아갈 때임을 느꼈다. 작은 창을 무료하게 바라보다 문득 율시 한 편을 지었다.

七年孤負故鄉春, 到眼風光客裏新。
兩戒山川分北極, 一洲疆域限南輪。
殊方花月離人淚, 異國衣冠獨客身。
何日淞濱容小隱, 柴門歸臥穩垂綸。

7년 동안 고향의 봄을 홀로 저버렸었는데
눈앞의 풍광은 타향살이 새롭구나.
양계(兩戒)의 산천이 북극에서 끊어지고
한 섬의 강역이 남행을 제약한다.
낯선 땅의 꽃과 달은 눈물을 떨구게 하고
낯선 땅의 복장은 나그네를 외롭게 한다.
언제쯤이나 상해가 은둔자를 품어
사립문으로 돌아가 누워 편안히 낚시대를 드리울 것인가.

時理君雅各已得香海書, 促其言旋重主講席, 擬於明歲孟春束裝就道。
余屈指歸程, 此心愈急, 書齋兀坐, 益無聊賴。乃投筆出門, 獨登杜拉山
絕頂, 遙望四山, 蒼翠環合, 因得一律云。

당시 레그는 이미 다시 목사 자리를 맡아달라는 홍콩의 서신을 받아 내년
음력 정월에 여장을 꾸려 길을 나설 계획이었다. 나는 귀국 여정을 손꼽아
기다리고 있던 터라 마음이 점점 급해졌고 서재에 꼿꼿이 앉아 있으려니 더
욱 무료하게 느껴졌다. 이에 붓을 내던지고 집을 나서서 홀로 달라산 정상
에 올라 멀리 주위를 바라보며 푸르름으로 둘러싸인 풍경에 율시 한 편을
지었다.

濟勝慙無腰腳健, 探幽陡覺心胸開。
泉聲若共石鬭激, 嵐影時與雲徘徊。
眼前已覺九霄近, 腳底忽送千峯來。
天悅羈人出奇境, 家鄉不見空生哀。

명승지를 다니며 허리와 다리가 아파 부끄러웠는데
그윽한 곳을 찾으니 마음이 편안하다.
샘 소리는 바위와 겨루는 듯하고
산 그림자는 때때로 구름과 더불어 배회한다.
눈앞은 이미 아홉 겹의 하늘이 가깝고
발아래로는 홀연 천 개의 봉우리가 지나간다.
하늘이 나그네를 기쁘게 하려고 기이한 경관을 선보이지만
고향은 보이지 않아 공연히 서글프기만 하다.

余至此, 偶得餘間, 輒蠟屐登山, 縱覽風景, 與山靈久相稔習。今將別山靈而去, 能不一步一凄惻哉。

나는 이곳에 와서 어쩌다 여유가 생기면 곧 채비를 갖추어 산에 올라 자유롭게 풍경을 감상하느라 산의 정령과 오래 교우했다. 이제 정령에게 작별하고 떠나자니 한 걸음 한 걸음이 슬프지 않을 수 있겠는가?

西曆正月五日, 從杜拉啟行, 薄暮抵蘇京。宿周西魯離家, 款待殷勤, 益復懇至。惟是雁札頻催, 驪歌將唱, 覺愁思之重疊, 彌情意之纏綿。晚, 克璘家招飲, 離筵甫御, 別緒紛然。克璘夫人爲彈天風引一曲, 覺海濤澎湃激蕩, 震轟兩耳, 頓凄然有渡海思矣。

서력 정월 오일 달라에서 출발해 해질 무렵 에든버러에 도착했다. 주서 로리의 집에 묵었는데, 풍성했던 환대가 더욱 정성스러웠다. 다만 서신이 번번이 재촉해 작별을 고하려 하자[108] 슬픔이 거듭 차오르고 감정이 깊게 얽히었다. 밤에 객린(克璘) 댁에서 술자리에 초대했는데, 송별의 자리에 막 오르자 이별의 정서가 분연히 일었다. 객린 부인은 「천풍인(天風引)」[109] 한 곡을 연주했다. 파도가 거세게 일어 출렁이며 두 귀에서 크게 울리는 듯하니 돌연 서글프게도 바다를 건너는 생각이 들었다.

---

108 원문의 '여가(驪歌)'는 선진 시기의 「여구(驪駒)」라는 민가를 일컫는다. 나그네가 이별할 때 부르던 노래로, 후인들은 이것으로 이별에서 부르는 시가나 가곡을 범칭했다. 이곳에서는 실제로 이 노래를 불렀다기보다는, 이별의 인사를 나눔을 비유적으로 서술한 것으로 보인다.

109 19세기 말 스코틀랜드에서 구전되던 전통 민요인 「스카이의 뱃노래(The Skye Boat Song)」로 추정된다. 노래의 내용은 1746년 영국 정부군과의 자코바이트(Jacobite) 사이에서 벌어진 컬로든(Culloden) 전투에서 정부군에 패배해 망명길에 오른 찰스 에드워드 스튜어트를 그리고 있다. 이때 찰스는 플로라 맥도널드라는 여성의 도움으로 위스트섬에서 스카이섬을 거쳐 국외로 탈출했다.

韋君廉臣來見, 劇談良久, 時韋君返蘇境未久也。往禮斯訪慕君維廉, 則已至倫敦二十日, 母及姊皆出見。乘車訪司蔑女士, 談論甚歡。女士名愛梅, 解音律, 通詩詞, 有女學士稱。其妹周娛, 明麗罕匹, 以羅巾香水相貽。特啟一瓶, 盡傾余身, 作醍醐灌頂, 藉以此示愛意。瀹茗款留, 久之始別, 並約行時相送於輪車。

윌리엄슨이 나를 보러 와서 길게 담소를 나누었다. 당시 윌리엄슨은 스코틀랜드로 돌아온 지 얼마 되지 않았다. 리스에 가서 뮈어헤드를 방문했는데, 런던으로 떠난 지 이미 20일이 지나, 모친과 여동생이 나를 만나러 나왔다. 마차를 타고 사멸 여사를 방문해 매우 즐겁게 대화를 나누었다. 여사는 에이미라고 하는데, 음악과 시사(詩詞)에 능통해 여학사로 불린다. 그녀의 여동생은 주오(周娛)로, 매우 명석하고 아름다웠다. 비단 손수건과 향수를 선물하며, 그중에 특별히 한 병을 열어 제호(醍醐)를 정수리에 뿌리듯 내 몸에 뿌렸다. 이것으로 애정을 드러낸 것이다. 차를 끓여 정성스레 만류하여 한참 후에야 이별했으며, 아울러 떠날 때 기차까지 마중 오기로 약속했다.

華人胡姓, 寄居蘇京, 娶婦乃兵士之女弟。兵士在上海, 固與相識。及見之於英土, 悲其淪落, 竟以女弟妻之。余嘗周其貧乏, 至此將別, 畀以六金錢。胡姓感激涕零, 幾哭失聲。

호(胡)씨 성의 중국인은 에든버러에 살며 한 병사의 여동생과 결혼했다. 그 병사와는 상해에서 본래 아는 사이였다. 병사는 호씨를 영국에서 만나게 되었을 때 그의 열악한 처지를 보고 마음이 아파 결국 여동생을 그와 결혼시켰다. 나는 호씨가 어려울 때 도운 적이 있어 이번에 떠나면서 6파운드를 주었다. 호씨는 감격하여 눈물을 흘리며 거의 실성할 정도로 울었다.

理君邀余詣會堂, 宣講孔孟之道凡兩夕, 來聽者男女畢集。將畢, 諸女士欲聽中國詩文, 余爲之吟白傅琵琶行並李華弔古戰場文, 音調抑揚宛轉, 高抗激昂, 聽者無不擊節歎賞, 謂幾於金石和聲風雲變色。此一役也, 蘇京士女無不知有孔孟之道者。黃霽亭太史於余將作歐洲之游, 特書吾道其西四字爲贈, 雖不敢當, 抑庶幾焉。

레그는 공맹의 도에 대해 이틀 저녁에 걸쳐 강연하도록 나를 회당에 초청했다. 들으러 온 사람 중에는 남녀 모두 있었다. 끝날 즈음 몇몇 여성이 중국의 시문(詩文)을 듣고 싶다고 청하여 나는 그들을 위해 백거이의 「비파행」과 이화의 「조고전장문(弔古戰場文)」을 읊었다. 음조의 높고 낮음이 자연스럽고 고음이 격앙되어 듣는 이들이 모두 박수를 보내며 찬탄하기를, 금과 돌의 소리가 조화를 이루고 바람과 구름이 다채롭게 변하는 것 같다고 했다. 이 강연으로 에든버러에서 공맹의 도를 모르는 자가 없게 되었다. 내가 유럽으로 여행을 나설 때에 태사(太史) 황제정(黃霽亭)이 나에게 특별히 "나의 도가 장차 서쪽으로 가리다(吾道其西)"[110]라는 네 글자를 써 주었는데, 비록 감당할 수 없는 말이었으나 어쩌면 거의 이룬 것일지도 모르겠다.

將去蘇京, 女士周西魯離來送行謂, 自此一別, 不知相見何時。特摘頭上髮辮作連環縧相貽, 爲他日覩物思人之據, 云見此如見其面。予嘗贈以一衣, 約金錢十有八枚, 女士以其華麗逾分, 初不敢服, 至是乃服此裳衣, 照一小像以贈余, 驚鴻豔影, 殆足銷魂。

---

110 공자는 "내 문하에 언이 있어, 내 도가 남방으로 전해질 것이다(吾門有偃, 吾道其南)"고 한 바 있다. 이는 제자인 언언(言偃), 즉 자유(子游)가 고향인 오나라에서 돌아온 후 공자가 남긴 말이다. 자유는 공자의 72제자 가운데 유일하게 남방 지역 출신으로 알려져 있다.

에든버러를 떠날 때 주서 로리 여사가 배웅하러 와 "이제 헤어지면 언제 다시 만날 수 있을지 모르겠네요"라고 말하며 특별히 땋은 머리를 잘라 매듭을 지어 주었다. 나중에 물건을 보고 사람을 떠올리는 증표가 될 것이니, 이것을 보면 얼굴을 보는 것과 같다고 했다. 나는 전에 18파운드의 옷 한 벌을 선물했는데, 여사는 그것이 너무 화려하다고 생각해 처음에는 입으려 하지 않았었다. 이때에는 그 옷을 입고서 작은 사진 한 장을 찍어 나에게 주었다. 놀란 기러기와 같은[111] 고운 자태에 정신을 잃을 정도였다.

女士執手言別, 雙眦熒然, 含淚將墮, 不欲余見, 潛自拭去, 顧已嗚咽不能成聲, 但道珍重二字而已。媚梨女士在旁, 視予微笑。輪車既發, 遙見周西猶立道旁揮帕不止。媚梨謂予曰, 周西之情重矣, 何一往而深也。想兩年來緘札紛繁, 贈遺稠疊, 感君雅意, 篆彼深衷, 故有此歟。余知女士之反脣相譏也, 頷首不語。時在輪車中, 但見廬舍林樹, 其去如瞥。傍晚抵大樂, 易車更行, 停一時許。

여사는 내 손을 잡고 이별의 말을 나누었다. 두 눈이 반짝이며 눈물이 맺혀 흐르려 하자, 내가 보기를 원치 않는지 몰래 닦아냈다. 고개를 돌리고 흐느껴 우느라 제대로 말을 할 수 없어 다만 "몸조심하세요(珍重)"라는 두 글자만을 말할 뿐이었다. 마리안 여사는 옆에서 나를 바라보며 미소 지었다. 기차는 출발했고 멀리서 주서 여사가 여전히 길가에 서서 손수건을 계속 흔들고 있는 것이 보였다. 마리안이 나에게 말했다. "주서의 애정이 정말 깊군요. 어쩌다가 이렇게나 깊어졌을까요? 2년 동안 편지와 선물을 자주 또 많이 보

---

111 원문의 '경홍염영(驚鴻豔影)'은 조식(曹植)의 「낙신부(洛神賦)」에 출처를 두고 있다. 즉 "놀라 날아오르는 기러기처럼 날렵하고 승천하는 용처럼 아름답다(翩若驚鴻, 婉若遊龍)"는 구절은 여성의 경쾌하고 아름다운 모습을 형용한 것이다.

내서 그대의 고명한 뜻에 감동 받아 그녀의 깊은 마음에 새기어 이렇게 된 것이 아닐까요?” 나는 그녀가 놀리고 있다는 것을 알아 고개만 끄덕일 뿐 대답하지 않았다. 당시 나는 기차에서 움막집과 수풀이 눈 깜짝할 새 사라지는 것만을 바라보고 있었다. 저녁 무렵 요크(York)에 도착해 차를 갈아타고 다시 가려고 한 시간 남짓 멈추었다.

제48장

중지영륜(重至英倫): 다시 잉글랜드로

自蘇格蘭至英倫交界間有地名大樂, 固雄邑也, 廬舍櫛比, 廛市喧闐。有大會堂, 尤稱雄麗, 輪奐輝煌, 金碧相映, 巍峩聳峙, 高矗雲霄。余與媚黎女士乘停車之隙, 聯袂往觀。既入, 則雲窗晶牖, 隨處流通。適敎士在彼講道, 士女咸集。其旁一室, 有彈琴唱詩者, 聲韻悠揚。余與女士靜坐移時, 褰裳而去, 至則車將發矣。

스코틀랜드로부터 잉글랜드에 이르는 경계에 요크라고 하는 곳이 있었는데, 참으로 큰 지역으로서, 주택이 즐비하고, 점포들은 사람들로 북적였다. 큰 성당[112]이 있었는데, 특히 웅장하고 아름다웠으니, 높고 크고 화려하여 금과 옥이 서로 비춘 듯하고, 우뚝우뚝 솟아 있어 하늘의 구름을 찔렀다. 나는 메리 여사와 함께 기차가 멈춘 틈을 타, 함께 보러 갔다. 성당에 들어가 보니, 구름이 보이는 창문과 수정같은 문들이 곳곳으로 통했다. 마침 신부가 저쪽에서 설교 중이었고, 신사숙녀들이 모두 모여있었다. 그 옆방 하나에는 피아노를 치며 시를 읊는 이가 있었는데, 소리가 멀리까지 들렸다. 나와 여사는 한참 동안 가만히 앉았다가 떠날 때가 되어 옷을 걷고 나섰는데, 도착하니 기차가 곧 출발하려 하고 있었다.

抵海耳, 紅日已落, 暮色蒼茫。當孫已來迓於輪車所, 理君之內戚也。驅

---

112 큰 성당: 요크민스터(Yorkminster) 대성당을 말한다.

車同詣其家, 晚餐既罷, 往宿別室。當孫以屋隘, 不足以辱雅士, 特賃以居余者。內外三椽, 華煥寬敞異常。夜半夢醒, 枕畔忽聞流川瀝瀝聲, 奇之。明晨啓房後小門觀之, 浴湢皆備, 水正自此出也。

헐(Hull)[113]에 도착하자 해는 이미 졌고, 저녁빛이 어둑어둑했다. 당손이 이미 와서 우리를 기차역에서 맞이했는데, 레그의 가까운 친척이었다. 마차를 몰아 함께 그 집으로 갔고, 만찬이 끝난 후 별실에 가서 묵었다. 당손은 집이 좁아 훌륭한 신사를 재우기에 부족하다고 여기고는 특별히 별실을 임차하여 나를 머물게 한 것이다. 안팎으로 방 세 칸 정도의 넓이였고, 매우 화려하면서 넓게 탁 트여 있었다. 한밤중에 꿈에서 깨었는데, 베개 옆에서 갑자기 졸졸 흐르는 개울물 소리가 들려 이상하게 여겼기 때문이었다. 다음 날 이른 아침 방 뒤의 작은 문을 열고 내다 보았더니 욕실이 모두 갖추어져 있었는데, 물은 바로 여기서 나오고 있었다.

當孫固商人, 設數鋪於市中, 邀余往觀, 媚黎亦同行。有一店多售綾綢羽緞錦繡, 凡婦女物飾無不備。有一鑽一珠, 俱索價五百金錢。

당손은 본래 상인으로, 시중에 여러 점포를 갖추어 놓고 있었다. 나에게 보러 오라고 청했고, 매리 역시 동행했다. 한 점포에서는 주단과 벨벳과 비단을 팔았는데, 대체로 부녀자의 장식품은 갖추지 않은 것이 없었다. 다이아몬드 하나와 진주 하나가 있었는데, 각각 500파운드를 호가했다.

是日, 會堂特延貧家女子午餐。來者年竝十五六, 雖服布素, 雅潔整齊, 勝於羅綺。主者欲余發一二言以規勉之。余爲吟唐人貧女一詩, 理君爲

---

113 헐: Kingston upon Hull을 줄여서 Hull이라고 한다. 잉글랜드 요크셔의 항구도시이다.

之略譯大意, 諸女皆相顧微笑。是會七日一擧。

이날 성당에서는 가난한 집의 여자들을 특별히 오찬에 초대했다. 온 이들은
모두 나이 15-16세로, 비록 소박한 옷을 입고 있었으나 깨끗하고 가지런하
여 비단옷보다 나았다. 주최자는 내게 한두 마디 하여 그들을 격려하라고
했다. 나는 당나라 사람의 시「빈녀(貧女)」[114]를 읊었고, 레그가 그 시의 대의
를 대략 번역하니, 여자들이 모두 서로 쳐다보며 미소지었다. 이 모임은 이
레에 한 번 열렸다.

當孫之戚姊妹三人來訪余, 長曰梅李, 年二十有一。次曰賴特, 年十有
五。三曰愛黎, 年十有三。丰姿秀徹, 朗若玉山, 真雪作肌膚, 花作精神
者。初見即行接吻禮, 意厚情殷, 殊所罕見。旣晚, 邀至其家, 設盛筵相
款。三女循環勸飮, 酬酢紛如。碟中盛有生蔬, 余取一莖, 食之而甘。長
女見余喜嗜, 調和五味而後進余, 并以匙取汁令余試嘗之何如。媚黎潛
以芥粉投其中, 辣甚, 不禁淚出。三女皆咎媚黎惡作劇, 媚黎亦笑不可
仰曰, 無令其享盡豔福耳, 滿座盡軒渠。

당손의 친척인 세 자매가 나를 방문했는데, 첫째는 매리(梅李)라고 하며 나
이는 스물한 살이었다. 둘째는 뇌특(賴特)이라고 하며 나이는 열다섯 살이었
다. 셋째는 애려(愛黎)라고 하며 나이는 열세 살이었다. 자태가 빼어나 마치
옥산(玉山)처럼 맑고 밝았는데, 참으로 피부는 눈처럼 희었고 풍기는 느낌

---

114 빈녀: 만당(晚唐)의 시인 진도옥(秦韜玉)의 시이다. "가난한 집이라 비단의 향기도 모르고, 좋
은 중매 부탁하려다 더욱 마음만 상하네. 누가 풍류를 사랑하고 격조를 높여, 소박한 화장으로
시속을 가련히 여기는 것을 알아줄까. 열 손가락 바느질은 자랑해도, 두 눈썹을 길게 기르려
하지는 않네. 고통과 한(恨) 속에 해마다 바느질로 수를 놓지만, 시집가는 남의 옷을 만들 뿐이
라네(蓬門未識綺羅香, 擬託良媒益自傷. 誰愛風流高格調, 共憐時世儉梳妝. 敢將十指誇
偏巧, 不把雙眉鬬畫長. 苦恨年年壓金線, 爲他人作嫁衣裳.)"

은 꽃과 같았다. 처음 보자마자 키스로 인사를 하니, 뜻은 깊고 정은 은근한 것으로, 매우 드물게 보는 일이었다. 저녁이 되자 그 집으로 초대하여, 풍성한 자리를 차려놓고 서로 정을 나누었다. 세 딸이 번갈아 마시기를 권하니, 술잔이 어지러이 오갔다. 접시에 생채소가 담겨 있기에 내가 줄기 하나를 들고 먹어보았더니 달았다. 장녀는 내가 좋아하는 것을 보고서는 여러 가지 맛을 섞어 내게 주었고, 또 숟가락으로 즙을 떠 나에게 어떤지 먹어보라고 했다. 매리가 몰래 그 속에다 겨자를 넣었기에, 매우 매워서 눈물이 나는 것을 금할 수 없었다. 세 딸이 모두 매리의 장난을 나무랐고, 매리도 배꼽을 잡고 웃으면서, "그냥 미녀들의 사랑을 다 누리지 못하게 하려고 한 거예요"라고 하니, 자리에 앉은 모든 사람이 즐거워하며 웃었다.

理君偕余往講堂, 觀諸童肄習文字, 長幼畢集。此書館專爲禮拜日而設。是日聞余至, 來者殊衆。

레그는 나와 함께 예배당으로 가서 학동들이 문자를 익히는 것을 보았는데, 어른과 아이가 모두 모여있었다. 이 학교 건물은 오로지 주일을 위하여 만든 것이었다. 이날은 내가 온다는 것을 듣고서 온 사람이 매우 많았다.

當孫來邀余往觀船廠。屋舍廻環, 規模宏敞, 其中工匠二千餘人。有大鐵錘, 力幾萬鈞, 擊物無所不靡。所碾鐵皮均齊劃一, 出之甚速。廠主禮貌恪恭, 供余醴酒。海耳禮拜日書館, 卽廠主所設者也。曾獨力創建會堂, 雕甍畫棟, 峻宇崇墉, 爲一邑冠。去年書館中子女彙捐金錢二百五十枚, 爲修葺會堂費, 亦可謂勇於爲善者矣。

당손이 와서 나에게 조선소를 보러 가자고 청했다. 조선소 건물들은 빙 둘러 있었고, 규모가 광대했는데, 그 속에 기술자 이천여 명이 있었다. 큰 철제 프레스가 있었는데, 힘이 수만 균(鈞)이어서, 물건을 때리면 문드러지지 않는 것이 없었다. 평평하게 눌러서 펼쳐놓은 철판은 하나같이 가지런했고, 매우 빨리 만들어져 나왔다. 조선소 주인은 예의가 발라, 공손하게 나에게 맛있는 술을 내놓았다. 혈의 주일학교 건물은 조선소 주인이 지은 것이었다. 일찍이 혼자 힘으로 교회당을 창건했는데, 대마루에 조각하고 용마루에 그림을 그린 그 건물은 높이 우뚝 솟아 있어 그 지역에서 최고였다. 지난해 주일학교의 자녀들이 기부금 이백오십 파운드를 모아 교회당의 수리비로 삼은 것 역시 좋은 일에 용감한 것이었다고 할 수 있을 것이다.

海耳有商務公所, 當孫之兄爲之主理, 折簡來招。其日有盛會, 羣商麕集。余至, 咸起執手爲禮。詢余中國商務中以何項爲巨擘。余答以絲茶以外, 鴉片爲大宗, 然絲茶有益於外邦, 而鴉片實爲中國之漏卮, 當設何法以除之, 皆無以應。中有勞愛先生者, 獨侃侃而言曰, 嗣後, 當糾二三同志設一公會, 必先禁印度栽種罌粟而後可。余撫掌稱善。勞愛, 下議院紳士也。

혈에는 상업회의소가 있는데, 당손의 형이 관리를 맡고 있었기에 편지를 보내 나를 초대했다. 그날은 큰 모임이 있어 여러 상인들이 모여있었다. 내가 도착하자 모두 일어나 악수로 인사를 했다. 내게 중국의 상무 가운데 어떤 것을 첫째로 치냐고 물었다. 나는 비단과 차 외에 아편이 대종이지만, 비단과 차는 외국에 유리한데 아편은 실로 중국의 손실이니 여하한 방법을 강구하여 제거해야 한다고 대답했더니 아무도 대구하지 못했다. 그중 로애 선생이란 이가 있었는데, 혼자서 강직하게 말했다. "앞으로 몇몇 뜻을 같이하는 이들이 공회를 만들어 반드시 먼저 인도에서의 양귀비 재배를 금지한 후에야 가능할 것입니다." 나는 박수를 치며 그 훌륭함을 칭찬했다. 로애는 하원의원이었다.

公所後有園囿, 花木繁綺, 禽鳥悲鳴。高樓五椽, 翼然鉅麗。筵開, 推余爲首座。肴美酒醇, 不減郁廚。余返, 謂媚黎女士曰, 畢竟商人享福。取精多而用物宏, 勝於吾輩苜蓿盤百倍。

상업회의소 뒤편에는 정원이 있었는데, 꽃과 나무가 무성하고 아름다웠으며 새들이 우짖었다. 높은 건물이 있었는데 다섯 칸 정도의 크기로서 새가 날개를 편 듯 크고 아름다웠다. 주연을 베풀면서 내게 상석을 내어 주었다. 음식이 훌륭하고 술도 좋으니, 풍성한 주방에 못지않았다. 나는 돌아온 뒤 메리 여사에게 말했다. "필경 상인들은 복을 누리고 있군요. 좋은 것들을 많이 골라 널리 누리고 있으니, 우리의 거여목[115] 접시보다 백 배 더 낫습니다."

---

115 거여목: 콩과의 두해살이 풀. 거여목이 담긴 접시는 청빈한 생활을 말한다.

제49장

중유영경(重遊英京): 런던을 다시 유람하다

小住海兒, 勾留三日, 理君至李斯泰, 余往碧福。申刻始至, 時值陰雨霏微, 街衢泥濘。乘車詣麥氏, 見麥太夫人沙夫人並琊瓓女士。別兩載而重來, 相見歡然, 情意益密。入夜簷溜如注, 不能出戶往遊。翌晨, 同沙夫人往觀冶房, 營具農器以至家廚所用各物, 無一不備。冶房吏出書一冊相貽, 所鑄各器具悉臚列於上, 耙犁鋤耒耛尤爲精巧。往訪巴頓醫士。巴頓前在粵東甚久, 今至上海, 全家妻女多居碧福。

헐에 짧게 3일 머물고 레그 선생은 리즈(Leeds)로 갔고 나는 브래드퍼드(Bradford)로 향했다. 신시(오후 3-5시)에야 도착했는데, 마침 날씨가 흐리고 부슬비가 내려 대로가 진창이었다. 마차를 타고 메드허스트 댁으로 가서 노부인을 뵈었고, 사(沙) 부인과 아란(琊瓓) 여사를 만났다. 헤어진 지 2년 만에 다시 오니, 서로 만나 기쁨에 겨워 정이 더욱 도타워졌다. 저녁이 되자 처마 아래 홈통에 빗물이 쏟아붓듯 흘러 집을 나서 놀러 갈 수 없었다. 이튿날 새벽, 사 부인과 함께 철물공장을 구경하러 갔는데, 병영, 농사 그리고 부엌에서 쓰는 기물을 모두 구비하고 있었다. 공장 관리자가 서책을 한 권 내어 주었는데, 주조하는 갖가지 기물이 나열되어 있었다. 써레와 쟁기 등 농기구가 특히 정교했다. 그리고는 파돈(巴頓) 의사 댁을 방문했다. 파돈은 예전에 광동 지역에 아주 오래 살았는데, 지금은 상해로 옮겼다. 나머지 아내와 딸 등 가족은 대부분 브래드퍼드에 살았다.

沙夫人有二女, 一曰愛茉麗, 一曰茶蘭。又有熙氏女公子, 名瑪安。三姝貌並清麗, 瑪安態度尤覺嬌媚。熙利亞牧師, 瑪安之伯叔行也, 聞余至, 高軒枉過。其夫人亦來, 招瑪安往其家。瑪安略患耳痛, 黛眉微瑣, 娥臉不舒, 益增其豔。余與沙夫人亦同行。其家特設茗酒, 款留臻至。

사 부인에게는 딸이 둘 있는데, 하나는 애말리(愛茉麗)이고, 또 하나는 도란(茶蘭)이다. 그리고 희씨(熙氏) 성의 아가씨가 또 한 명 있었는데, 이름은 마안(瑪安)이었다. 세 아가씨의 용모가 모두 수려했는데, 마안의 자태가 특히 예뻤다. 마안의 아저씨뻘 희리아(熙利亞) 목사가 내가 왔다는 소식을 듣고서 고맙게도 찾아와 주었다. 그 부인도 함께 왔는데, 마안을 자기 집에 초청했다. 마안은 귀의 통증을 조금 앓고 있어서 눈썹을 찌푸리고 고운 얼굴을 활짝 펴지 못하고 있었는데, 그것이 아리따움을 더해주었다. 나와 사 부인 역시 동행했다. 그 댁에서는 특별히 차와 술을 냈고 정성을 다해 머물러 가도록 권했다.

碧福有新建獄房, 甫爾落成, 獄吏延余往觀。獄囚按時操作, 無有懈容。織成毯罽, 彩色陸離, 異常華煥。出售於外, 有金錢數十磅者。居舍既潔淨, 食物亦精美。獄囚獲住此中, 真福地哉。七日一次, 有牧師來宣講, 悉心化導之。獄吏出所照屋宇爲贈。

브래드퍼드에는 새 교도소가 막 준공되었는데, 교도관이 나를 참관하도록 초대했다. 수인들은 시간에 맞추어 노동을 하여 게으른 기색이 없었다. 담요를 짜내는데 색이 알록달록 특별히 화사했다. 밖에 내다 팔면 수십 파운드를 받는다고 했다. 감방은 청결했고 음식 또한 정갈했다. 수인 신분으로 이런 곳에 살다니 참으로 복 받은 데라고 할만했다. 7일에 한 번 목사가 와

서 설교하여 마음을 다해 이들을 교화했다. 교도관이 교도소를 찍은 사진을
내어 증정했다.

復同麥太夫人往訪老醫士。老醫素負盛名, 今傴臥牀第不出戶庭者, 已
十六年矣。其妻年亦八十有五, 耳目聰明, 手足健利, 送余門外數十步
始別去, 洵壽徵也。是晚, 翦燭清談, 竟夕不睡。與沙夫人琊瓓女士話昔
年旅滬事, 感慨係之。虛堂相對, 離思雜然。早餐後, 麥太夫人沙夫人琊
瓓女士送余至輪車公所, 將往倫敦也。徘徊良久, 遙聽車聲迅轟, 理君
偕其妻女從李斯泰來, 乃登車同發。

그리고서는 메드허스트 노부인과 함께 한 나이 든 의사를 방문했다. 의사는
본디 큰 명성이 있었는데, 지금은 병상에 누워 집을 나서지 못한 지 16년
이나 되었다고 한다. 그의 아내도 여든 다섯이나 되었는데, 귀와 눈이 밝고
수족이 건강하고 민첩했다. 나를 문밖 수십 걸음이나 따라 나와서야 작별했
으니, 참으로 장수할 모습이었다. 그날 저녁 등불 아래서 담소를 나누느라
날이 새도록 잠자리에 들지 못했다. 사 부인과 아란 여사와 함께 지난날 상
해에서 지내던 때를 이야기하며 줄곧 감개했다. 휑한 방에 마주 앉아 헤어
질 생각에 착잡하기만 했다. 조찬 후에 메드허스트 노부인과 사 부인, 아란
여사가 나를 기차역에서 배웅했다. 이제 런던으로 갈 참이었다. 한참을 주
저하고 있는데 멀리서 기차가 달려오는 소리가 들렸다. 레그와 그의 부인과
딸이 리즈에서 도착해 기차에 올라 함께 출발했다.

午刻至倫敦, 詹那邀余宿其家。詹夫人年僅二十許, 明麗韶秀, 酬酢雖
簡, 而待客意殷。詹君意氣慷慨, 交遊殊廣, 皆以文學道義相切磋。雖擁
貲鉅萬, 履厚席豐, 而躬自刻苦, 絶無富倨習氣。見余甚相愛慕, 必欲邀

主其家,以盡地主之儀。午餐,食前方丈,窮極珍錯。余謂其過奢,殊抱不安。詹夫人笑謂,待遠客應如是也。偕詹那往各處訪友。有一友能識日耳曼方言文字,與珷瓓女士指授余者,語音略異。既夕,延余晚餐。有盛饌。

오시에 런던에 도착하니 첨나(詹那)가 자기 집에 머물도록 나를 초대했다. 첨 부인은 나이가 갓 스무 살 정도로 총명하고 아름다웠으며, 응수가 간결했으나 손님 대하는 뜻이 은근했다. 첨 군은 의기가 강개하고 교유가 매우 넓었는데, 다들 문학과 도의를 토론했다. 대단한 재력가로 풍족함을 누렸지만 번거로운 일을 마다하지 않았으며 결코 부자 테를 내지 않았다. 나를 매우 좋아해서 꼭 자기 집에 머물길 바랐고 손님 대접에 최선을 다하고자 했다. 오찬으로 큰 식탁에 갖가지 진미가 차려져 나왔다. 내가 너무 호화로워 송구하다고 하니, 첨 부인은 웃으며 "멀리서 오신 손님 대접이 이래야 마땅하지요"라고 했다. 또한, 첨나와 여러 군데 벗들을 방문했다. 한 친구는 게르만 지방의 글을 알았는데, 아란 여사가 내게 가르쳐 준 것과는 소리가 조금 달랐다. 저녁이 되어 만찬에 초청받았는데, 성찬이었다.

凌晨,獨自乘車往訪司蔑立女士。女士前在阿羅威相識,曾同遊[倫]伯靈囿[116],觀倒垂飛瀑,約他日經倫敦必枉顧。眷念前情,踐言勿爽,殷殷聚語,向午始別。

새벽에 혼자 마차를 타고 사멸립(司蔑立) 여사를 찾아갔다. 여사와는 전에 알바에서 알게 된 사이로, 함께 럼블링 공원에 가서 거꾸로 솟구치는 폭포

---

116 앞의 제35장에서 '럼블링(Rumbling)'을 '倫伯靈'으로 표기한 것을 따라 '倫'이 빠진 것으로 보았다.

를 관람했는데, 나중에 런던을 지나게 되면 반드시 찾아가겠노라 약조했더 랬다. 옛정을 유념하여 약속의 말을 지킨 것으로, 많은 이야기를 나누다 보니 오시가 다 되어서야 헤어졌다.

某女士, 詹那友也, 工畫能彈琴。遇余於會堂, 堅邀一臨。余不忍過拂, 攜手同至其舍。既暮, 設盛筵相款, 酒飲無算爵。女士爲余彈瀛洲玉雨曲, 頓覺波濤洶湧, 起於耳際, 簷溜奔騰, 恍若泉流百道作赴壑聲, 座客咸撫掌贊歎。

모 여사는 첨나의 벗으로 그림 솜씨가 빼어나고 피아노를 잘 쳤다. 나를 회당에서 만나고서는 꼭 한번 오라고 다짐했다. 나는 차마 거절하지 못하고 함께 그 집을 방문했다. 저녁이 되자 성대하게 차려 대접해 주었는데, 술을 헤아릴 수 없이 많이 마셨다. 여사는 나를 위해 「영주의 구슬비(瀛洲玉雨曲)」[117]라는 곡을 연주해 주었는데, 문득 파도가 솟구치듯 귓가에 일고 처마의 물방울이 날아오르는 듯 했으며, 샘에서 솟은 물이 백 갈래로 흐르다 계곡을 달리는 소리처럼 황홀하여 좌중의 손님들이 모두 박수치며 찬탄했다.

余訪申雅客不值, 乃訪慕君維廉, 其處爲慕夫人母家。艾君約瑟之嫂與慕夫人爲姊妹行, 與母同居, 爲設午餐。飯罷雨作, 驅車而回。詹夫人乞余字跡, 將付裝潢。余爲臨靈飛經四幅貽之。

나는 신아객을 찾아갔으나 만나지 못하고 뮈어헤드를 방문했는데, 그의 거처는 부인의 친정집이었다. 애드킨스의 형수는 뮈어헤드 부인과 자매지간

---

117 영주의 구슬비: 영주는 고대 전설 속의 신선이 사는 곳이다. 그곳에 내리는 비를 '옥우'라 했는데, 배꽃을 비유하는 말로도 쓰였다.

으로 어머니와 함께 살았는데, 내게 점심을 차려 주었다. 밥을 먹고 나니 비가 왔고 나는 마차를 타고 돌아왔다. 첩 부인이 표구해 두고 싶다며 글씨를 써달라고 했다. 나는 「영비경(靈飛經)」[118] 네 폭을 써 주었다.

偶至一鋪, 中所臚陳者皆中國玩好之物, 悉標定價, 不少貶也。視其值, 反較中國爲廉。購扇數事, 藉以作贈遺焉。

어쩌다 한 가게에 갔는데, 진열된 물건이 모두 중국의 소소한 노리개들로, 모두 정가가 붙어 있어서 조금도 깎아주지 않았다. 가격을 보니 도리어 중국보다도 저렴했다. 선물로 쓰려고 부채 몇 개를 샀다.

---

118 영비경: 도교 경전으로 사색의 방도를 다룬다.

재람명승(再覽名勝): 다시 명승을 구경하다

倫敦聖所公會博物院, 皆余前日之所遊也。旅中無可消遣, 再往瞻覽。
聖所公會爲英國敎士傳道總滙之地, 天下奇異珍瓌之物畢聚焉。總理
其事者爲魯倫士, 待余以遠方上賓之禮, 各處導余往觀。

런던선교회, 박물원은 모두 예전에 구경했던 곳들이다. 객지라 소일할 만
한 일이 없기에 다시 방문하여 둘러보았다. 런던선교회는 영국 선교사들의
선교를 총괄하는 곳으로, 그 곳에는 천하의 진기한 물건들이 모두 수집되어
있다. 그곳 사무를 관장하는 이는 노륜사(魯倫士)로, 나를 먼 곳에서 온 상객
으로 예우하며 여러 곳을 안내하여 보여주었다.

頃之, 理君來, 同詣博物院。以天下之菁英, 萃於一處, 洵大觀哉。迴車
徑訪士排賽, 理君之老友也。前余在倫敦曾與相見, 蒙其延待優渥, 屢
招讌集。至是隔兩年而再晤, 情意益殷, 謂余容顔瘦於往日。即於其家
午餐。士君以機器造紙, 一日出數百萬番, 大小百樣咸備。設四鋪於英
京, 販諸遠方, 獲利無算。香港日報館咸需其所製, 稱價廉而物美焉。導
觀其造紙之室, 皆融化碎布以爲紙質, 自化漿以至成紙, 不過頃刻間
耳, 裁翦整齊即可供用, 亦神矣哉。

이윽고 레그가 와서 함께 박물원에 갔다. 천하의 정수를 한곳에 모아두어

그야말로 장관이었다. 그곳에서 나와서는 곧장 레그의 오랜 친구인 사배새 (士排賽) 씨를 찾아갔다. 나는 예전에 그와 런던에서 만나 후한 응대를 받고 누차 주연에 초대받은 적이 있다. 이렇게 2년이 지나 다시 만나니 더욱 정다웠다. 그는 내 얼굴이 이전보다 여위었다고 말했다. 그의 집으로 가서 점심식사를 했다. 사배새 씨는 기기로 종이를 제작하여 하루에 수백만 매를 생산하는데, 각양각색의 크고 작은 것들을 두루 망라한다. 영국 수도에 점포 네 곳을 두고 먼 곳으로 판매하여 막대한 이익을 거두고 있다. 홍콩의 신문사들은 가격이 저렴하면서 품질이 훌륭하다고 칭찬하며 다들 그곳에서 만든 종이만을 요청한다. 안내를 받아 둘러본 종이 제작실에서는 모두 천 조각을 녹여 종이 성분으로 만들었는데, 풀을 쑤어 종이로 만들기까지는 눈 깜짝할 새에 불과했고, 가지런하게 재단하여 곧장 공급하여 사용할 수 있었으니 역시나 신묘했다.

士君女公子年已逾笄, 嫺靜寡言, 出九連環令余解之。余謝不能, 笑爲指授, 愈出愈奇, 竊歎其敏慧焉。士君贈余金錢十枚, 以購遠鏡一, 靉靆鏡一, 受其嘉惠, 未有以報。

사배새 씨의 딸은 이미 열다섯 살을 넘어서 예의 바르고 말수가 적었다. 아홉 개의 고리로 이어진 퍼즐을 가져와 내게 풀어보라고 하고는, 내가 할 줄 모른다고 사양하자 웃으며 가르쳐 주었다. 보면 볼수록 기이하여 그녀의 총명함에 적이 감탄했다. 사배새 씨는 내게 망원경 하나, 안경 하나를 구입하도록 십 파운드를 선물했다. 그로부터 큰 은혜를 받았으나 보답할 길이 없었다.

詹那以馬車來迓, 同往見申雅客, 坐談久之始別。訪司蔑立女士, 約晚間同觀影戲。演於公院, 院甚幽敞, 有泉石花木之勝。女士特令院人供佳茗進異果。詹那懷中出中國筆墨, 請余題詩壁間, 作雪泥鴻爪之留。蓋詹那於中國文字, 夙所耽嗜, 出自天性, 其愛中國儒者, 篤摯懇切, 言皆由衷, 非作泛然交接者, 於余尤爲傾倒。其家樓頂大書天下太平四字, 詢爲何人筆跡, 則長人詹五曾食宿於其舍, 亦可謂好奇而愛客者矣。

첨나가 마차로 마중을 나와, 함께 신아객을 만나러 갔다. 오랫동안 앉아 담소를 나누고서야 헤어졌다. 사멸립 여사를 방문하여 저녁에 함께 그림자극을 보러 가기로 했다. 공원에서 상연했는데, 공원은 매우 한적하고 널찍했으며 뛰어난 자연풍광을 가지고 있었다. 여사는 특별히 공원지기에게 좋은 차와 과일을 가져오라고 주문했다. 첨나는 품 안에서 중국의 필묵을 꺼내더니 내게 벽에 시를 써서 오늘의 일을 남겨달라고[119] 청했다. 첨나는 오래전부터 중국 글에 심취했는데, 이는 천성에서 비롯한 것이다. 중국의 선비를 진지하고 정성스레 아끼어 그가 하는 말은 모두 진심에서 우러났으니 데면데면 사람을 대하는 이가 아니었으며 특히 나에 대해 탄복했다. 그 집의 위쪽에는 '천하태평'이라는 네 글자가 크게 쓰여 있었다. 누구의 필적인지를 물어보니 첨오(詹五) 어르신이 일찍이 그곳에 머무른 적이 있었다고 한다. 역시나 호기심이 많고 손님을 아끼는 이라고 할 만하다.

---

119 원문에는 '설니홍조(雪泥鴻爪)'를 남긴다고 표현되어 있다. 이 '설니홍조'는 우연히 눈 녹은 진창에 찍힌 기러기 발자국이라는 의미로, 송나라 소식(蘇軾)의 「화자유민지회구(和子由澠池懷舊)」시에 "살아가며 발 닿는 곳이 무엇과 같은지? 응당 나는 기러기 눈 녹은 진창을 밟는 것 같으리. 진창 위에 우연히 발자국을 남기지만, 기러기 날아가면 어찌 다시 동서를 헤아리리?(人生到處知何似, 應似飛鴻踏雪泥 泥上偶然留指爪, 鴻飛那復計東西。)"라는 구절에서 가져온 것이다. 다만 소식은 이 표현으로 시간이 지나면 흔적도 찾을 길 없음을 말하고자 했으나, 왕도는 흔적을 남기는 것에만 초점을 맞춰 사용하고 있다.

是夕, 來觀者甚衆, 諸女士翩然而至, 皆司蔑立之閨友也, 皆與余行執手禮, 幷述素日企慕懷。影戲五花八門, 光怪陸離, 樓臺殿閣, 鳥獸蟲魚, 無不逼真。散後, 詹那偕余詣綠龍酒樓, 乃英京最著名之旅舍也。烹飪之精, 肴饌之美, 甲於他處。公司總船主爲東道主, 夙耳余名, 特托詹那爲介者。陳酒數種, 竝皆佳妙。是夕, 車行甚遠。余出, 見馬熱汗蒸騰, 因慰之曰, 今日勞苦汝矣, 其疾馳歸, 將厚以芻秣供汝。既登車, 四蹄奮迅, 其去若駛。此馬殊能解人意, 余爲贊歎弗置。

이날 저녁에 모여든 관람객들은 매우 많았고 사멸립 여사의 가까운 벗들인 여러 여사들도 속속 도착했다. 다들 나와 악수를 나누고 평소 경모의 마음을 전했다. 그림자극은 다채롭고 변화무쌍했으며 누대와 전각, 새, 짐승, 벌레, 물고기는 진짜 같지 않은 것이 없었다. 헤어지고 나서 나는 첨나와 함께 영국 수도에서 가장 유명한 호텔인 녹룡주루(綠龍酒樓)로 갔다. 뛰어난 요리, 훌륭한 음식은 다른 곳보다 으뜸이었다. 주최자인 공사(公司)의 총 선주가 익히 내 이름을 들어서 특별히 첨나에게 소개를 부탁한 것이었다. 차려져 있는 갖가지 술은 하나같이 일품이었다. 이날 밤, 마차로 매우 먼 길을 갔다. 나는 나오다가 말이 뜨거운 열기를 뿜어내고 있는 것을 보고 "오늘 너를 힘들게 했구나. 쏜살같이 달려 돌아가면 네게 여물을 넉넉하게 주마!"라고 위로했다. 마차에 오르자 나는 듯이 달렸다. 이 말이 유달리 사람의 마음을 헤아리는 듯하여 나는 칭찬을 아끼지 않았다.

理君約余同至依思冷登, 偕媚梨女士往觀蠟人室。蠟人鬚眉面目, 宛然逼肖, 與生者幾莫能辨。余向已來遊, 玆不過再領略一過耳。與女士往見詹夫人, 兩美相合, 真如玉樹瓊林, 互相輝映。所供午餐, 珍錯臚陳, 頗有異味。

레그는 내게 함께 유스턴(Euston)에 가서 마리안 여사와 더불어 밀랍인형 전시관에 가자고 했다. 밀랍인형은 수염과 눈썹, 용모가 산 사람과 거의 구별할 수 없을 정도로 흡사했다. 나는 예전에 이미 구경을 온 적이 있어서 이번에는 다시 대강 훑어볼 따름이었다. 여사와 함께 첨 부인을 만나러 갔다. 두 미인이 한데 모이니 참으로 아름답고 화려한 모습이 서로 눈부시게 빛나는 듯했다. 차려진 점심 식사는 매우 훌륭한 맛이 나는 진기한 음식들로 가득했다.

有華祿者, 倫敦牧師之巨擘也, 欲詢中華近事, 以擴見聞而增識力。特招理君雅各慕君維廉施君敦力往讌其家, 余亦預焉。席間所論, 多述中國風景, 如置身在吳雲粵樹間矣。

화록(華祿)이라는 사람은 런던의 목사 중 걸출한 인물로, 견문을 넓히고 지식을 늘리기 위해 중국의 최근의 일에 대해 알고자 특별히 레그, 뮈어헤드, 시돈력(施敦力)[120]을 자신의 집에서 차린 연회로 초대했고 나 또한 그 자리에 함께했다. 자리에서 나눈 이야기는 대부분 중국의 풍광에 관한 것이어서 마치 오(吳) 땅과 월(粵) 땅의 자연 속에 있는 듯했다.

詹那尊人居於鄉間, 距倫敦約三十六里而遙, 必欲一見。余乘輪車而往。既覿面, 歡喜非常, 謂余在異方, 飲食寒暖必善自調護, 命詹那善視余。因此詹那事余益謹, 亦可謂善養親志者矣。

런던에서 멀리 36리가량 떨어진 시골에 사는 첨나의 부친께서 꼭 한 번 만

---

120 시돈력: 존 스트로나크(John Stronach, 1810-1888)로 추정된다. 스트로나크는 런던선교회 선교사로, 중국 하문(廈門)에서 주로 활동했고 성경을 중국어로 번역하는 작업에 참여했다.

나길 원하여, 기차를 타고 찾아갔다. 만나 뵙자 대단히 기뻐하며 내가 이역에 있어서 음식이며 생활형편을 반드시 잘 챙겨야 한다고 말씀하시고 첨나에게 나를 잘 보살피라고 일렀다. 이로 인해 첨나 여사는 내게 더욱 신경을 썼으니, 역시나 부친의 뜻을 잘 받드는 이라고 이를 만했다.

제51장

누개성연(屢開盛宴): 성대한 연회

醫士雒頡, 字魏林, 道光二十四年創設施醫院於上海。析津和約既定,
又設於京師。言旋既久, 高臥不出。其家距倫敦約六里許, 余初抵倫敦
即主其家。午後乘輪車往訪, 犬能迎客, 鳥亦呼人, 重見之歡, 逾於初
覿。雒夫人能識中國語言文字。長女曰律麗, 美慧知詩, 工於六法, 所作
靑綠山水, 逼近中國名家, 唱曲彈琴猶其餘事。其閨中密友曰揶梅麗,
容既相匹, 技亦同工, 與律麗可稱雙絕。聞余至, 飛車來見, 談詩讀畫,
藉作消遣。與余昕夕盤桓者, 凡歷三日。

의사 록하트[121]는 자가 위림(魏林)으로 도광 24년(1844)에 상해에 의원을 열
었다. 천진조약이 맺어진 뒤에는 다시 북경에 열었다. 귀국한 뒤에는 오랫
동안 은둔하며 외출하지 않았다. 그의 집은 런던에서 6리쯤 떨어진 곳에 있
는데, 나는 처음 런던에 도착했을 때 그의 집에서 묵었다. 오후에 기차를
타고 가니 개가 짖고 새도 지저귀면서 손님을 맞이하여 재회의 기쁨이 처음

---

121 록하트: 윌리엄 록하트(William Lockhart, 1811-1896)이다. 그는 영국 리버풀에서 태어나 의
학을 배웠고 런던선교회에 가입한 뒤 1838년에 중국에 파견되어 이듬해 말에 광저우에 도착
했고, 그후 마카오, 주산, 홍콩, 영파, 상해 등지를 오가며 의원을 열어 환자를 진료하고 선교
활동도 했다. 1857년에 영국으로 돌아갔다가 1861년에 다시 중국으로 돌아가 주로 북경에서
의료 및 선교 활동을 하다가 1864년에 귀국했다. 귀국 후에는 런던선교회와 의학선교협회의
대표자로 활동하다가 1896년 런던 동남쪽 근교인 블랙히스(Blackheath)에서 세상을 떠났다.
그가 상해와 북경에 세운 의원은 뒤에 각각 인제의원(仁濟醫院)과 협화의원(協和醫院)으로
이어졌다.

만났을 때보다 더했다. 록하트 부인[122]은 중국 말과 글자를 알았다. 큰딸은 율려(律麗)라고 했는데 곱고 총명하며 시를 지을 줄 알았고, 그림 솜씨가 뛰어나서 그가 그린 푸른 빛의 산수화는 중국의 명가들과 비슷했으며, 노래와 피아노는 오히려 여기(餘技)로 했다. 율려에게는 문매려라는 친한 친구가 있었는데 용모가 율려처럼 뛰어나고 기예도 마찬가지로 훌륭하여 율려와 쌍절(雙絶)이라고 부를 만했다. 그는 내가 왔다는 말을 듣고 마차를 타고 나는 듯이 달려와 만나서 시에 대해 이야기를 나누고 그림을 함께 감상하며 시간을 보냈다. 나와 사흘 동안 내내 즐겁게 지냈다.

有沙氏者, 倫敦巨室也, 與理君雒君相稔, 雅重華人, 折簡來招, 以兩君爲介紹。申刻偕往, 屋宇之華敞, 陳設之精雅, 殆無以過。中門峙一自鳴鍾, 高約二丈有四, 其聲宏遠, 聞於衢路旁。有花瓶二, 是仿景泰銅製者, 高亦逾丈許。入瞻屋頂, 金碧輝煌, 目爲之眩。譙時諸僕役雁行環侍, 司酒司肴各有專任。既而散座, 女賓皆入內更衣, 乃以小晶杯盛旨酒相餉, 其色白。主人謂余曰, 此酒已藏之二十年, 今逢貴客, 出以奉獻。嘗之味甘而辣, 余爲盡三爵。理君恐余或醉, 謂余曰, 此酒味醇而力厚, 先生雖量豪, 想不能多飲也。

사(沙)씨라는 런던의 거부가 있었는데, 레그, 록하트와 가깝고 중국 사람을 매우 중시하여 레그와 록하트를 통해 내게 초대장을 보내왔다. 오후 4시쯤 두 사람과 함께 갔는데 건물이 화려하고 넓었고, 진열된 물건들의 수준이 높아 그보다 나은 집은 없을 듯싶었다. 중문 위쪽에 약 2장 4척 높이의 자명종이 있었는데 그 소리가 커서 길가에서도 들렸다. 화병 두 개가 있었는

---

122 록하트는 1841년에 캐서린 파크스(Catherine Parkes, 1823-1918)와 결혼했고 자녀를 여섯 명 낳았다. 자녀 중 엘리자베스와 헤럴드 두 명의 이름이 알려져 있다.

데 경태람(景泰藍)[123]의 구리 화병을 본딴 것으로 키가 한 길이 넘었다. 집에 들어가서 천장을 바라보니 금빛이 휘황하여 눈이 어지러웠다. 연회 때는 하인들이 질서정연하게 둘러싸고 시중을 들었고 각각 술과 안주를 전담하는 하인들이 있었다. 이윽고 자리가 파하여 여자 손님들이 모두 옷을 갈아입으러 안에 들어가자 작은 수정 잔에 맑은 색깔의 좋은 술을 따라 권했다. 주인이 내게 말했다. "이 술은 20년 묵혀둔 것인데 오늘 귀한 손님이 오셔서 꺼내어 바칩니다." 맛을 보니 달면서도 짜릿하여 석 잔을 비웠다. 레그는 내가 취할까 걱정하여 내게 말했다. "이 술은 맛은 좋지만 도수가 세니 선생님이 주량이 크다고 해도 많이 드셔서는 안 될 듯합니다."

余遍游英法, 在巴黎入一茗肆, 肆主人忽呼一人出, 則服華冠而著短後衣, 奉茶余前, 狀甚肅恭。詢之, 則操甯波土音, 蓋茶商王承業留於此者。繼見倫敦亦有一人, 則閩人也。與之語, 蠢然無所知, 而狀若甚畏, 貌若甚戚者。因去, 不復與言。偶行於衢, 見一華人貿貿然來, 至前長揖。問之, 知爲粵籍, 從紐約航海來此。所攜銀錢七百圓, 皆入迷香洞中矣。至此流落無可歸, 作吳市吹簫耳。時余橐中貲不足, 約至詹那家, 畀以金錢六枚, 謂之曰, 速謀歸計, 毋久戀海外, 作餓殍也。

나는 영국, 프랑스를 두루 다녔다. 파리에서 한 찻집에 들어갔더니 주인이 한 사람을 불러 나오게 했는데 중국식 모자를 쓰고 허리가 짧은 옷을 입고 아주 공손하게 내게 차를 따라주었다. 물어보니 영파(寧波) 말씨를 썼고 차 상인 왕승업(王承業)이 이곳에 그를 남겨두었다고 했다. 이어 런던에서도 한 사람을 만났는데 그는 복건 사람이었다. 말을 해보니 어리석어 아는 것이

---

123 경태람: 은이나 구리 위에 법랑을 입힌 칠보 공예품을 말한다. 북경 지역의 특산품으로 명 경태 연간에 만들어진 남색 제품이 가장 유명하여 경태람이라는 이름이 붙여졌다.

없었는데 그 모습이 심히 두려워하면서도 슬퍼하는 듯했다. 그래서 떠나며 다시 말을 건네지 않았다. 또 한번은 거리를 걷다가 한 중국 사람을 만났는데 흐리멍텅한 모습으로 와서는 한참이나 나를 향해 손을 모으고 허리를 숙였다. 사연을 물어보니 그는 광동 사람이었는데 뉴욕에서 배를 타고 이곳에 왔다고 했다. 수중에 있던 은전 7백 원을 몽땅 기루에 털어넣고는 이렇게 떠돌며 돌아갈 데가 없이 저자에서 피리를 부는 신세가 되었다고 했다.[124] 내게 마침 돈이 부족해서 그를 첨나의 집으로 데려가서 금전 6매를 주면서 말했다. "속히 귀국의 계책을 세워 오랫동안 해외에서 떠돌다가 굶어 죽는 신세가 되지 마시게."

詹那有叔, 距詹那所居約里許, 招余晚餐, 意甚殷勤。詹那所業, 爲麴糵名家, 善製皮酒, 純以機器行事。所出之酒, 專售之倫敦一城中, 不必遠販於外也。其叔亦業此, 爲人和易, 藹然可親, 真壽者相也。數子皆娶, 俱已抱孫, 斑衣絢彩, 嬉戲堂前, 蘭芽玉筍, 玉雪可念。

첨나에게는 숙부가 있었는데 첨나의 집에서 1리쯤 떨어져 있었다. 그가 무척 정중하게 나를 만찬에 초대했다. 첨나가 하는 일은 양조업이었는데 이름이 높았다. 좋은 맥주를 만들었는데 모두 기계를 이용하여 생산했다. 그 맥주는 오직 런던에서만 팔았고 다른 지방에 멀리 가서 팔 필요가 없었다. 숙부도 이 일을 했는데 사람됨이 온화하고 친근하여 실로 장수할 관상이었다. 아들들은 모두 장가를 들어 모두 손자들을 안겨주었는데 색동옷을 입고 대청에서 귀여운 짓을 했다. 귀한 집 아이들로 옥설(玉雪) 같이 하얀 모습이 무척 예뻤다.

---

124 춘추시대 초나라 사람 오자서(伍子胥)가 아버지와 형의 원수를 갚기 위해 오나라의 저자에서 피리를 불며 빌어먹었다고 한다. 험난한 망명 생활이나 객지 생활을 뜻한다.

晨, 往理君寓舍, 知理君於半月內將作行計。昨余與司蔑立女士有約, 乃折簡招之來詹那家, 余偕詹那擬設盛筵款之。詹夫人特命廚人具雞鶩魚蝦, 而以牛羊爲次品, 更效法國烹調, 知余所嗜口味獨殊也, 其意良可感也。午刻, 司蔑立來見詹夫人, 深相契合。入席嘗諸品, 譽不容口, 謂, 生平從未領略此美味, 今晨食指大動, 口福洵不淺哉。

새벽에 레그의 숙소에 갔다가 그가 보름 뒤에 여정에 오를 계획임을 알게 되었다. 그 전날 나는 사멸립 여사에게 초대장을 보내 첨나의 집으로 초청하여 나와 첨나가 성대한 연회를 차려 그를 대접하고자 했다. 첨 부인은 요리사에게 특명을 내려 닭고기, 오리고기, 생선, 새우를 준비하고 쇠고기와 양고기도 이어 준비하여 프랑스식으로 요리를 하게 했는데, 내 입맛이 좀 별다르다는 것을 알았기 때문이니 그 마음이 실로 고마웠다. 12시쯤 사멸립 여사가 와서 첨 부인을 만났는데 서로 마음이 잘 맞았다. 자리에 앉아 여러 음식들을 맛보고는 입이 마르도록 칭송하며 이렇게 말했다. "평생 이런 맛 좋은 음식을 먹어보지 못했는데, 오늘 새벽에 검지가 크게 움직이더니 먹을 복이 정말이지 작지 않았군요."[125]

夜, 詹那偕余往書院。院中一人考試得列前茅, 將赴中國肄習繙譯。同學諸生公餞其行, 於書院中開堂講論, 各言其志。詹那口講手畫, 娓娓不倦, 並攜畫圖數十幅, 皆言中國之山川風土, 俗尚民情, 物產製造。詹那爲之舉其大綱, 而勉其友至中國後, 於學深有得焉。所望者中外輯和, 西國之學術技藝大興於中土, 歐亞亞三洲可以輪車相聯絡, 則適中

---

125 춘추시대 정나라 공자 자공(子公)과 자가(子家)가 영공(靈公)을 알현하러 가던 도중 자공의 검지손가락이 움직이자 자공이 별미를 먹게 될 것이라고 짐작했는데 과연 희귀한 자라고기가 준비되어 있었다고 한다. 그 뒤 검지가 움직이면 맛있는 음식을 먹을 징조를 뜻하게 되었다. 『좌전(左傳)』「선공(宣公) 4년」에 나온다.

밤에 첨나가 나를 데리고 학교에 갔다. 그곳에 가보니 시험에서 우수한 점수를 받은 한 학생이 중국에 번역을 배우러 가려 하고 있었다. 여러 동학들이 그의 여행을 전별하며 학교에서 강론회를 열어 각자의 마음을 표현했다. 첨나는 오랫동안 지치지 않고 손짓을 섞어 말을 했고, 그림 수십 폭을 보여주며 중국의 산천과 풍토, 풍속과 민심, 물산과 공업에 대해 모두 이야기했다. 첨나는 그를 위해 큰 줄기를 말해주면서 그가 중국에 도착한 뒤에 배움에 큰 소득이 있을 것이라고 격려해 주었다. "중국과 외국이 화목하면 서양의 학술과 기예가 중국에서 크게 흥성할 것이고, 유럽, 아프리카, 아시아세 대륙을 기찻길로 서로 연결하면 중국에 가는 길이 탄탄대로처럼 될 것이니 어찌 빠르지 않으리요! 장래에 반드시 그런 날이 있을 것입니다." 그 말을 듣고 있던 청중들이 손뼉을 치며 호응했다. 첨나가 돌아오는 길에 내게 물었다. "어떻게 들으셨습니까?" 내가 말했다. "훌륭했습니다! 다만 시간이 우리를 기다려주지 않을까 걱정입니다!"

주요 인명 찾아보기

주요 지명 찾아보기

주요 표제어 찾아보기

제3부

———————

만유수록 역주 2 원문

再覽名勝
倫敦聖所公會博物院皆余前日之所遊也旅中無可消遣再往瞻覽聖所
公會為英國教士傳道總滙之地天下奇異珍
瓊之物畢聚焉總理其事者為魯倫士待余以遠方上賓之禮各處導余往觀項之理君來同詣博物院以天下之菁英華
於一處洵大觀哉迴車徑訪士排賽理君之老友也前余在倫敦曾與相見其延待優渥屢招讌集至是隔兩年而再晤
情意益殷謂余容顔瘦於往日即於其家午餐士君以機器造紙一日出數百萬大小百樣咸備設四鋪於英京販達諸達
方獲利無算謂香港右即於報館咸需價廉而物美焉觀其造紙之室皆融化碎布以為紙質自化漿以至成紙不過
懷中出中國筆墨詩壁間作雪泥鴻爪於留蓋詹那於中國文字凧所耽嗜出自天性其愛中國儒者篤摯切言
項刻問耳裁翦整齊即可供用亦神矣哉士君女公子年已逾笄煌靜賽言出九連環令余解之余出以指授愈出
愈奇竊歎其敏慧焉士君贈金錢十枚以購達鏡一受其嘉惠未有以報詹那以馬車來迓往觀若果詹那
該久之始別訪司茂立女士約晚間同觀鑿鏡一酸龜窈敞有泉石花木之勝女士特令院人供佳若進果詹那
懷詹那於他處雜樓閣鳥獸魚木之真散後詹那偕余詣綠龍酒樓乃英京最著名之旅舍出見馬熱汗蒸騰
北八門光怪陸離船主為東道主凤耳以匆絲汝既登車四踣奮迅其去若駛此馬殊能解人意余為讚歎弗置理君
約余同往見思冷登偕媚梨女士往觀蠟人室蠟人費眉面目已然逼肯數種迤佳妙是夕與余行甚遠余出見馬熱汗蒸騰
因慰之日今日勞苦汝矣其疾馳歸將以玉樹瓊林各慕珍往讌其家余亦預焉席間所論多述中國風景
因余與女士往看厚以芻秣供汝既登車四踣奮迅能辦人意余為讚歎弗置理君
過耳間而增識力特招理君雅各慕君維廉施君敦力而遙必欲一見余乘輪車而往既觀面歡喜
也欲詢向事以擴見聞而增識力特招理君雅各慕君維廉施君敦力而遙必欲一見余乘輪車而往既觀面歡喜
如置身在吳雲粵閩矣詹那尊人居於鄉間距倫敦約三十六里而遙必欲一見余乘輪車而往既觀面歡喜
在異方飲食寒暖必善自調護命詹那善視余因此詹那事余益謹亦可謂善養親志者矣

重遊英京

小住海兒勾留三日理君至李斯泰余往碧福申刻始至時值陰雨霏微街衢泥濘乘車詣參氏見參太夫人沙夫人并琊

瑚女士別兩戴而重來相見歡然情意益密入夜篝溜如注不能出戶往遊翌晨同沙夫人往觀冶房營具農器以至家廚

所用各物無一不備冶房吏出書一冊相貽所鑄各器具卷臚列於上耙犂鋤耒耜尤為精巧往訪巴頓醫士巴頓前在粵

東甚久今至上海全家妻女多居碧福沙夫人有二女一曰愛茉蕖一曰茶蘭又有熙氏女公子名瑪安三妹貌婳清麗瑪

安態度尤覺嬌媚熙利亞牧師瑪安之伯叔行也閒余至高軒枉過其夫人亦來招瑪安惠耳痛黛眉微顰

娥臉不舒益增其豔余與沙夫人亦常華煥出售於外有金錢數十磅名為居積逾時按時

操作無有懈容織成綵斃彩色陸離其家特設茗酒歡留臻至碧福有新建獄房甫爾落成獄吏延余往觀獄囚按時

地歲七日一次有牧師來宣講惑心化導之獄吏出所照屋宇數十磚者居舍既潔淨食物亦精美負盛名今偃臥林

第不出戶庭者已十六年矣其妻年庚八十有五耳目聰明手足健利送余門外數十步始去淘壽微也是晚萬爛清談該

竟夕不睡與沙夫人琊瑚女士話昔年旅滬事感慨係之虛堂相對離恩雜來早餐後參太夫人沙夫人琊瑚女士送余至

輪車公所將住倫敦也徘徊良久遠望車聲轟迅理君偕其妻女從李斯泰乃登車同發午刻至倫敦詹那邀女士送其家至

詹夫人年僅二十許明麗秀娟酢雖簡而待客意殷殷慷慨交遊殊廣皆以文學道義相切磋雖摠賢鉅萬履厚

席豐而躬自割烹絕無富倨習氣見余甚相愛慕必盡地主之儀午餐前方丈窮極珍錯余謂其過奢厚

抱不安詹夫人笑謂待遠客應如是也偕詹那往處各友一友識日耳量方言文字與琊瑚女士指授余者語音略

異既夕延余晚餐有盛饌凌晨獨自乘車往訪司晟立女士女士前在阿羅威相識曾同遊伯靈圃觀倒垂飛瀑約他日

倫敦必至其舍殷殷聚語向午始立別某女也工畫能彈琴過余於會堂堅邀一臨余不忍過梯百

攜手同赴鱟聲聲座客咸撫掌聲數訪申雅客不值乃訪慕君維廉其處為慕夫人母家艾君約瑟之嫂與慕夫人為姊妹行

道作赴鱟聲聲座客咸撫掌聲數訪申雅客不值女士為彈瀛玉兩曲頓覺波濤洶湧起於耳際簫溜奔騰恍若泉流百

與母同居為設牛餐飯罷雨作驅車而回詹夫人乞余字蹟將付裝潢余為臨靈飛經四幅貽之偶至一鋪中所臚陳者皆

中國玩好之物悉標定價不少貶也視其值反較中國為廉購扇數事籍以作贈遺焉

重游英京

重至英倫

自蘇格蘭至英倫交界間有地名大樂固雄邑也廬舍櫛比屋市喧闐有大會堂尤稱雄麗輪奐輝煌金碧相映巍哉聳峙

高矗雲霄余與媚黎女士乘停車之陳聯袂往觀既入則雲窗晶牖隨處疏通教士女咸集其旁一室有彈

琴唱詩者聲韻悠揚余與女士靜坐移時賽裳而去則車將發矣抵海耳紅日已落暮色蒼茫當孫己來迓於輪車所理

君之內戚也驅車同詣余晚餐既罷往宿別室當孫以屋隘不足以辱雅士特貸以居余者內外三橡華煥寬敞昊常夜

半夢醒枕畔忽聞流泉瀙瀙聲音之明晨啟房後小門觀之浴湢皆備有一鑽一珠俱索價五百金錢是日會堂特延貧家女子

觀媚黎亦往同行有一店多售綾綢緞羽緞錦繡凡婦女物飾無不備有一二言以規勉之為吟唐人貧女一詩媚黎為之

試嘗之何如媚黎潛以芥粉投其中辣其不禁淚出三女皆妒媚黎作劇媚黎亦笑不可仰曰余令余

相欷三女循環飲酬醋紛如碟中盛有生蔬余取一莖食之而甘長女見余喜嗜調和五味而後進余并以取汁令余

午餐來者年十有五六雖服布素雅潔整齊勝於羅綺主者欲余發一二言以規勉之余為吟唐人一詩理君為之

譯大意諸女皆秀姿徹朗若玉山真雪作肌膚花六成娣妹三人來訪余初見即行接吻禮意重厚情殷珠所罕見一次曰賴特年十有五三曰發

黎年十有三丰姿相顧微笑是會七日一舉當孫之戚姊妹三人來訪余長曰梅李年二十有一次曰賴特年十有五三曰發

觀軒渠理君偕余往觀諸童肆習文字長幼畢集此書館專為禮拜日而設是日開余至來者殊衆當孫來邀余往觀

盡軒渠理君偕余往觀其中工匠二千餘人有大鐵錘力幾萬鈞擊物無所不摩所碾鐵皮均齊劃一出之甚速厰主禮余往觀

船厰屋舍迴環規模宏敞其中有大鐵錘力幾萬鈞創建會堂雕甍畫棟峻宇崇墉為一邑冠去年書館中子女

貌恪恭供余體酒海耳禮拜日書館即厰主所設有曾獨力創建會堂者矣海耳有商務公所當孫之兄為之主理折簡來招其子女

量捐金錢二百五十枚執箅會堂費亦可謂勇於為善者矣嗣後當斟二三同志設一公會必先

會羣商麋集余至咸起執手為禮詢余中國商務中有何項為巨擘余答以絲茶而外鴉片為大宗然茶有益於外邦而

鴉片實為中國之漏巵當設何法以除之皆無以應余曰畢孚余答以絲茶而外鴉片為大宗然茶有益於外邦而

禁鴉片度我種鶯粟而後可余撫掌稱善勞愛下議院紳士也公所後有園囿花木繁綺禽鳥飛鳴高樓五橡巋然鉅麗莛開

推余為首座有美酒醉不減鄖厨余返謂媚黎女士曰畢竟商人享福取精多而用物宏勝於吾輩首猶盤百倍

重至英倫

英土歸帆

余旅杜拉兩載有半久客思歸倦游知返小窗無俚偶得一律云七年孤負故鄉春到眼風光客裏新兩戒山川分北極一

洲疆域限南輪方花月離人淚異國衣冠獨客身何日淞濱容小隱紫門歸臥穩垂綸時理君雅各已得香海書促其言

旋重主講席擬於明歲孟春東裝就道余屈指歸程此心愈急書齋兀坐益無聊賴乃投筆出門獨登杜拉山絕頂遙望四

山蒼翠合因得一律云溽暑惡無腰腳健探幽徑覺心胸開泉聲伴蠟屐登山縱覽風景與山靈相稔習今將別山靈

忽送千峯來天悅羈人出奇境家鄉不見空生哀余至此偶得餘閒輒攜屐履前已覺九霄近腳底

而去能不一步一凄惻哉西歷正月五日從杜拉啟行薄暮抵蘇京宿周西敝家款待殷勤益復慇至惟是雁札頻催旅驄

歌將唱覽慈恩之重疊彌情之纏綿延甫御前紛然克璘夫人為彈天風引一曲覽海濤澎湃激湯

震轟兩耳頓淒然有渡海思矣韋君廉臣來見時韋君已至倫敦二十日

母及姊皆出見車訪司茂女士談論甚歡女士名愛梅解音律通詩詞有女學士稱其妹周娛明麗罕匹以羅中香水相

乃兵士之女弟兵士在上海固與相識及見於英土悲其淪落竟以女弟妻之余嘗周其貧乏至此將別畀以六金錢胡

姓感涕幾失聲理君邀余詣會堂宣講孔孟之道凡兩夕來聽者無不擊節歎賞謂幾於金石和聲風雲變色此一役也蘇

而傳琵琶行并李華弔古戰場文音調抑揚轉高抗激昂聽者無不擊節歎賞謂幾於金石和聲風雲變色此一役也蘇

京士女無不知有孟之道者黃齋亭太史於余將作歐洲之游特書吾道其西四字為贈雖不敢當抑庶幾馬將去蘇京

女士周西魯雖來送行謂自此一別不知何時特摘頭上髮辮作連環縷相為他日觀物思人之據云見此如見其

面予嘗贈以一衣約金錢十有八枚女士以其華麗逾分初不敢服至是乃服此裳衣照一小像以贈余驚鴻豔影殆足

魂女士執手言別雙眦熒然含淚將墮不欲余見潛自拭去顧之已嗚咽不能成聲但道珍重二字而已媚黎女士在旁視予

微笑輪車既發遙見周西猶立道旁揮帕不止媚黎紛紛贈遺稠疊

感君雅意篆彼深衷故有此鵠余知女士之反唇相譏也頷首不語時在輪車中但見廬舍林樹其去如瞥傍晚抵大樂易

車更行停一時許

漫游隨錄

英土歸帆

七

舞蹈盛集

西國男女有相聚舞蹈者西語名曰單純或謂即苗俗跳月之遺今海東日本諸國尚有此風英人則以此為行樂娛情之一法每年於六七月間有盛集殊為鉅觀選幼男稚女一百餘人或多至二三百人皆係嬰年韶齒妙容者少約十二三歲長約十五六歲各以女師為之教導必歷數月而後純熟是年杜拉書院京設大會集時招余往觀真有五花八門之妙諸女子無不盛飾炫服而至諸男子亦無不飾容衣裳楚楚彼此爭妍競媚鬥勝誇奇其始也乍合乍離忽前忽卻將進復退欲止若遠時散時整或男招女或女招男或男就女而女若避之或近男而男若離之其合也纖腰扶香肩成對分行布列四方盤旋宛轉行止疾徐無不各奏其能諸女子手中皆攜一花球紅白相間芬芳遠閣京畫以香紗華絹悉袒其衣時寬裳羽衣飄飄欲仙幾散花妙女自天而來人間也其舞法變幻不測恍惚莫定或如魚貫或如蟬聯或參差如雁行或分歧如星之錯落或行里之經天或踈密如圍碁之布局或條分為三行則成川字或聚合為聯貫則成田字或進如排牆則成一字或為圓則成團字或為一圓條而圓圈各散而男圈中出條而女圈中出條而變成二圓如連環之形或男女各自為一圓條而從男圈向內背向外條而從女圈向外背向內面向外條而為方陣則成口字其為圓圈也呂三方則為品字光怪陸離瑰奇詭異又有時純用女子作胡旋舞左右縈白絹一幅其長丈餘恍若白蝙為蝠張翅翩然有凌霄之意諸女子躡地輕舉渾如千瓣白蓮花湧現地上此外更佐以琴瑟諸樂音韻悠揚觀者目眩神搖不覺置身何所僧媚女士同觀詢余曰舞法如此可稱奇妙否余撫掌歎曰觀止矣余所識諸女士皆列首選因具慧心者必擅妙容平識字讀書亦推巨擘李笠翁詩云蓬心不稱如花貌金屋難藏沒字碑三復斯言而慨世之兼全者難若如今日之簡寂無鬨薄也最奇者樓閣亭臺匪夷所思層出不窮英國昔時官長亦乘輶軒出亦有駟從擁護者殊盛非如今日之項刻立就諸童裝束作女子狀無不通肖溫存嬌旎以今觀之翹楚習優是中國浪子事乃西國以學童為之余初弗信以諸童稚為翹楚習優是中國浪子事乃西國以學童為輩加贊賞莫有議其非者是真不可解矣

三遊蘇京

余自夏間遊覽各處蘇境諸名勝閱歷始徧歸卧杜拉旅居多病思鄉念切珠覺鬱伊耿耿歡因思復作出遊計迺適女士周西

魯雖折簡來招迺命車就道往宿其家甫至女士已迓於鐵路旁一見歡然執手相慰問以別車載行李偕坐同歸登堂調

其母則已注酒於杯盛湯於碟謂當小憩女士特灑埽已房以舍余惟帳之華迺無其比於是與

女士排日遊玩所有博物之院生靈之園畫館書樓綠陰匝地古木參天扶疎蒼蒨中葡蔔蓁秀於衣袂皆作碧色余與女士穿林而行翠鳥啁啾於樹顛松花栢葉鞍鞍

隨禊上園四圍幾十許里行稍倦偕同生石磴少息女士香汗浸淫余袖出白巾代為之拭曰卿為余顧覽其勞矣余所不忍

也女士笑曰余雙跌如君大雖日行百里不覺其苦豈如尊聞夫人蓮鉤三寸一步一難起而疾趨余奮足追之不

能及呼令暫止女士迴眸笑顧曰今竟何如余曰柳何勇也然賢媛鬆端頻促扶肩再行良久喘定始微容徐

步余代為掠鬢髮女士笑謝覓一縷幽香沁入肺腑園中珍范異饈不可名狀入一玻璃巨室芳透鼻觀女士摘一

紅花繫衣襟并採紫葡萄一枝畀予曰試嘗之其味之甘勝如灌醍醐也余常與女士竝車而出半道三

或饑必入旅店中飲其店有饌之精稱為蘇京巨擘一不備余間一日偏嘗之而笑私曰彼妹非君之所愛將結為伉儷始

貌玉顏已覺微矣此店中茶走趨者皆妙年女子也見余屢至而不知耶余自蘇京言旋道經斯德零陟雅麗奇壯不亞於伉儷中

有一圓蘇女王媚李曾駐蹕焉圓西隅有臺幽一強侯於此後誘姝之女士出見女士少失怙依母而居斯德零

為中央八府之一所鑄鐵器甚堅好精澤又善製琴行經阿羅威住訪波氏愛倫女士出見女士少失恬依故其風俗赤相

本瑞士國人娶於英土故女士母出自貴家涵通經籍圍設鏊授女弟子書絳帷佳麗三十餘人愿出調見爭以識一面為榮女士母與諸

同也特好友耳女士少長英土工畫善書通法國語言文字之學蓋瑞士西境本與法蘭西毗連故其母與諸

女弟子辯論往復妙思泉湧綺語霞蒸曹大家謝道蘊之流也午後設筵相欵異饌珍肴遠勝章厨食品列生兩行者皆裙

釵少女稚齒韶顏並皆佳麗三十餘人悉出調見以識一面為榮女士母與諸食品列生兩行者皆裙

由是行者稱便捷焉杜拉明星在天新月掛樹已近黃昏矣時從得厘始德厘至杜拉尚須別易馬車計程九里顧覺紆迴已

由是行者稱便捷焉扶風未能修到此鹽福也驅車回女士母與諸春間始築鐵路

漫游隨錄

三游蘇京

三游蘇京

志源

五

游踪類誌

余自敦底還杜拉厥門習靜壹志勵書越三月有哥拉斯谷之遊蘇境南方十三府美麗宏壯則推埃丁濮而土地之大人民之眾貿易之盛財賦之雄哥拉斯谷當首屆一指馬地濱大海各處可通貨舶商腰羽集鱗萃所出洋布尤饒多販運往米利堅西印度生齒六十餘萬余主於羅氏其地富饒也供具之侈酒饌之美為向時所未有每日偕羅夫人出外遊觀輕車怒馬偏覽四衢至一巨園周廣六十餘里林木蔥蘢境地敞朗嬌紅媚綠燦爛若圖錦屏芳芳遠徹鼻觀為清一入園中神志頓爽男女聯袂來遊者日有千數百人誠一勝境也至一大書院層樓疊閣雲窗玲瓏四敞雕牆畫棟迴檻飛甍望之恍若縹緲天外時創建猶未竣工閱土木之費計百數十萬金皆由士商所捐輸洵盛事哉羅夫人約數處士已迎余於輪車道側執手道故相見之慰女姓魯離若蘇京望族多顯達者仕於朝商於外者指不勝屈是日舊雨重日飛車來往一觀盛典哥拉斯谷十尋巍然傑出者為名牧師諾士宮碑巨碣森列如林有一處為古名人所葬之區依山作塚廣可數之其功不在輪德下哥拉斯谷有一婦人甚肥而短軀顧碩大且腹彭亨權之得五百餘斤此近今所罕聞也余於埃丁濮都城往來尤數因識牧師利斯畢而女士周西魯難尤稽紀君於十八年前曾旅遊東七載而貌極端妍余既自敦底周小駐兩重者風賦悼亡後新續鶯膠即周西女士之姊也年殊少艾而慕蘇京族旋報紀君招余往遊遂留小駐西女士相眄殆有忨儴之思一關脆裂帛響可遏雲餘韻猶繞梁不絕座無不欣賞未嘗有醫士華勒列士與來堅歡晤與儕尤擅琴歌每奏一闋僧女士與余同遊別墅亭臺池館之勝花木扶之繁別闢境界中有一室悉羅書畫中世間始軍何厚薄敦底也回馭之時伏再光賁霸以補茲缺其情深摯如此於蘇境全隅南北中三處悉國名人香筆亦錯出其間畫室司理者出素冊求余書數行其上奉命為墨寶當圖之中補寄鷿幽蘭之竒攔檻玲瓏窗儒敏闢己周歷民跡所未至者海中葦島耳或云蘇境北方言語異於南方言語全隅南北中三處悉居民其音稍有不同此敦二十年前雖處部落土人也嗣有據其地而驅之遠徙者嚴栖谷漢遙與外絕至今種類尚多亦與英蘇二土民錯居耦然有別是猶中國邊省之有苗民也處有時所言猶操古音其尚禮義通文墨者亦與考試授官供職或權任師儒出外傳教與英蘇二土無異惟面目贖眉迴

兩遊敦底

蘇境中央八府最大者曰敦底亦為海口一大市集其地背山面水生齒十五萬有餘百屋櫛比萬廈雲連機房織室冠於

他邑故為洋布所薈華織紝之聲達於衢路郊外瀕海多渠渠夏屋兼檀園亭池館之勝樹木蔚境地曠遠雖城市而有

山林之樂誠閒居之勝概也余主於士班時先生家其人蓋博閒好學之儒也精象緯輿圖之學有聲於藝苑閒士班時夫

人產自英倫明敏持重平日畫就一冊持贈謂展畫圖如見其面愛梨年十有五聰警絕倫工琴能歌作畫得形肖人物栩栩生動幾與

文人聞其音娓娓不倦每夕綺筵既散必為余曼聲度曲彈琴以和之而并指示攏撚挑剔各法強捉手彈之亦能成聲必盡

其音聲娓娓不倦每夕綺筵既散必為余曼聲度曲彈琴其妙愛梨以和之而并指示攏撚挑剔各法使予逐字度之曰得之

數弄乃已余亦為哦白香山琵琶行一篇抑揚宛轉曲盡其妙愛梨頻顧而更使予逐字度之曰得之

矣明日歌曲亦能哦詩聲餘韻繞梁日間偕愛梨驅車出遊凡歷家園林皆其戚屬也園中名

花異卉日不給賞必供酒果有所欲言未能達意者愛梨則代為言之無不適如余意之所欲出蓋女士於此別有

會心能以目聽以眉語而不徒在口間也敦底所有織麻布雖粗厚而不甚堅韌其麻來自印度色黃味濁已撚成線者摘

功倍水火二氣之用至此幾神妙不可思議矣所織麻布難粗厚而不甚堅韌其麻來自印度色黃味濁已撚成線者摘

即斷遠不逮安南之麻兰印度皆不假人力種漑然則其賤可知所製之糖各色皆有或雜以橙柑梨

橘諸果儲之瓶甕罐盒入其室芬撲鼻過街衢處每類多以一二枚為貽迨出則盈一筐來游者例必書名

於冊主者展冊求視其上有漢字一行則包公令也包令前為五口總督駐香港今致仕歸林下尚健在云余之重

遊敦底也愛梨女士以書相招情意懇至不能不往蓋其戚友別余久矣思一見既至供張之美勝設之華更勝前時是

適有花會余與女士乘車往觀未至數百步外已聞芬芳遠徹鼻觀為清會中凡有奇花異卉草仙蘂無不羅致以至瓜

疏果實之屬卷卷盛然滿於一室士女往者千餘人幾於舉袂成雲揮扇障日鄰室司茂氏鉅富家也折簡招赴華

筵男女集有幾百人女皆盛粧靚服卷卷於一室之雪膚花貌珠寶瓔珞交映成輝讌畢女士入座彈琴聽者俱

擊節席散已更闌翼日余乃驅車而回

遊亨得利

西國儒者率短襦窄袖余獨以博帶寬袍行於市北境童稚未觀華人者輙指目之曰此戴尼禮地也或曰否詹五威亭耳

英方言呼中國曰戴尼其曰禮地者華言婦人也其曰威亭者華言妻也時詹五未去故有是說噫嘻余本一雄奇男子今

遇不識者竟欲雌之矣忝此顙眉蒙以巾幗誰實辨之迷離撲朔擲身滄波記足異國不為雄飛甘為雌伏聽此童言詎非

終身之識語哉按印度人稱震旦曰支那戴尼即支那之轉聲以是推之歐洲諸國其聲音文字秖數格致之學多由印度

西行余向以算學中借根方一法亦名東來法謂得自印度而童時釣遊舊地輙低徊不能去其兄威廉於是鄉時已駕車道旁相迎

鄉亦一大聚落也此鄉為理君生長之所每經其地輙低徊不能去其兄威廉於是鄉時已駕車道旁相迎

同入其舍執手慰問全家笑顏威廉五子四女長者玉雪可念長子今在香港司會計

亨得利鄉居民四百餘家犬牙相錯盧舍參差踈宻有致其地圜繞迴互溪澗潺流叢林密陰翳藪日自亨得利至鄉村

一帶約十畝許皆林環之入其中者盛夏忘暑至時山容如睡林葉未萌祇覺枯木寒鴉淒庂萬狀而已此所謂宜

於夏而不宜於冬者也其鄉多耆壽之民有一人年至百五十歲年目聰明手足便利無異六七十歲人博學之士遍考古

今得享大年至百歲外者約七十人而蘇格蘭境約一金錢乃入登其巔頗可矚遠上而堂奧房闥中而庖湢客舍下而牢獄溷厠猶可想像嗚呼盛興廢固何

觀蓋已閱百年矣其旁有司管鑰者輸一金錢乃入登其巔頗可矚遠上而堂奧房闥中而庖湢客舍下而牢獄溷厠猶可想像嗚呼盛興廢固何

可慨尋其舊跡幽暗處須秉炬而進廣庭巨厦鞠為茂草當其讌集之時歌舞管絃猶可想像嗚呼盛興廢固何

常哉理君謂古昔蘇國一方列侯割據星羅基布大抵不下數十邦莫不聚族視各君其民如杜拉之衛所

亦其一也距亨得利十數里許有金亞爾鄉民秀而良秋冬農事之暇多喜讀書講理近日衆人各釀贊創建書院度藏典

籍有志之士均可入院借觀所藏分內外二室外書名於冊按期繳納主院者折簡招余往為說法傾

聽者男女千餘人余別作金亞爾鄉藏記以貽主院者成富勒諸石以垂不朽余曾至亨得利講堂以華言論事理君

代為譯英語時有盛集堂教者大張華筵來者皆椪賫服各袒臂及胸羅綺之華珠鑽之輝光相激映紅男綠女善

氣充溢梅麗女士善操琴曲威廉之長女公子也抗聲為長歌響徹行雲繼以琴韻悠揚鏗鏘中節諸女士相續和之

曲終餘音統梁衆座撫手稱善威康之外舅曰士班時先生者崗德兼備之君子也年八十四卒於家余前往送葬時來會

執紼者數百人皆元衣冠從車喪輴彩黑屬蓋喪禮尚黑也按英俗人死沐浴其尸衣以生前禮服及斂遍體白衣貧者

木棺裹以氊呢富貴者棺槨三重一松木二鐵三紅木亦有以鉛為槨者葬於官地不祭墓思念所及則詣墓一觀掛鮮花

一國於碑碣而已余居亨得利鄉十日乃往敦底

遊押巴顚

蘇格蘭為英國北土與英倫相咫連長九百里廣五百里有大都會四一曰埃丁濮卽蘇國舊京師也二曰哥拉斯谷為海口一大埠頭境土之廣亞於倫敦三曰敦底地亦瀕海四曰押巴顚於四大都會中處為最狹其地處於蘇土北隅春初乃倍理君北遊蘇境先至押巴顚往訪湛牧師約翰居其家三日小作勾留湛君向在粤東羊城主福音講席通中土語言文字之學精於嘻人家言時余方佐譯麟著有春秋朔閏至日考春秋日食考與之商榷湛君之歡與余歷不同然不由古歷之指歸決于古之疑案於春秋二百四十二年之日月瞭如指掌余持論大旨謂春秋時歷不可以定推步則無知可比者矣余推日食有圖有說而又以今準古術之疏乃見失閏之故可明此固異於社元凱顧震滄之徒以經傳干支排比者也湛泗源而上之余何敢當余於歷算一端僅見其淺窺豹一斑自慚弗如押巴顚為蘇境北方月者也湛此書出當駕西人之巧算之型模而以實測得春秋之日比者也湛泗源而上之余何敢當余於歷算一端僅見其淺窺豹一斑自慚弗如押巴顚為蘇境北方

十二府之冠而亦居民十萬有餘戶口甚繁街衢闐溢亦一盛地華照視所產以寒故五穀弗饒食物多運自他方山磺中盛產巨萬珠甚夥嘗居人皆以劖削山骨為業筆致熔中磨礱裁琢藉以押巴顚者自遠方運石來者自他邑自遠來日以是購石者他邑民皆以押巴顚為石菜珠甚嫩而嘗居人民十萬有餘戶口甚繁綦衢闐溢亦一盛地華照被亦寒故五穀弗饒食物多運自他方山磺中盛

石菜珠甚嫩而嘗居人民十萬有餘戶口苦寒積雪滿山凝霜偏地日華照被亦寒故五穀弗饒食物多運自他方山磺中盛產巨石墼墩甚堅筆圓為天下稱最他邑民嘗以押巴顚地膚物光澤可鑑毫髮撫不留手純無纖翳碑碣鐫字大小皆有程式石房主人此固爾地所無也蓋一足矣余謂其地不獨產佳石卽琢石之良工亦常與儕輩入磨石房觀其工作之不菴希世寶也余往觀至而其石之華美實足為天下稱最他邑民嘗以押巴顚地膚物光澤可鑑毫髮撫不留手純無纖翳碑碣鐫字大小皆有程式石房主人產以機輪代人力有一石鋸之十年未竟所製器物光澤可鑑毫髮撫不留手純無纖翳碑碣鐫字大小皆有程式石房主人

人出埃及一古石持贈予石上有埃及古篆云係三千年前物也余往觀其一從所請也此其中男女操作者二千餘人自緝絲編線繰染排比一舒押巴顚所出大呢洋布珠幪有巨機房所製器物光澤可鑑毫髮撫不留手純無纖翳碑碣鐫字大小皆有程式石房主人架經緯成足之後平熨量巻無一非機器之力不費而功倍捷巧奪天工矣機房主人一為余指視其法口講手畫余至押巴顚時適安長人在其地因往觀焉余與其妻金福俱服押巴顚所出大呢洋布珠幪有巨機房所製器物光澤可鑑毫髮撫不留手純無纖翳碑碣鐫字大小皆有程式石房主人為余指視其能領會於意外余至其地因往觀焉余與其妻金福俱服

英國衣履余向在阿羅歲見金福時畫裙繡襪禪雙翹然今則俯視其足亦甚歡躍特出影象數幅為贈余亦以楮墨筆扇報可小變化不測余不覺失笑金福亦為啓齒嫣然紅潮上頰麈五重見余亦甚歡躍特出影象數幅為贈余亦以楮墨筆扇報之麈五將於兩月後航海至亞美利加小住紐約決旬然後取道東瀛運回上海聞其言悽然動余鄉思矣

海濱行記

與挨丁瀕相近者如利的紐希文裴綠三處地皆濱海魚族眾多每至夏日男女輻輳浴於海中藉作水嬉拍浮洗沒以為笑樂正無珠鷗鷺之狎波濤也其浴也男女各有地各有伴侶不相混也亦有以健馬拉一小室入海中脫衣入海者衣登岸人不見其徒跣淋漓之狀似雅觀者鄉間男婦聚觀者途踵百人嘖嘖歎異迤丁恐其驚龐渥至伊梨主德臣家挂帳地鞭歷利的為貨物薈萃之區貿易殷盛基利門圓圓國空眺花木紛綺亦一勝區特折柬來招因為之作三日留夕間基君姊娼畫歷招人故輕氣錄錄以綢製長廣約四丈許燃以強水騰之升空除久之冉冉入雲眾不知其所之觀者拊掌快之畫應營貨殖為臣商子女縈多大小參差如雁行男女跳舞之戲彈琴奏樂余曰此玉笥班聯也長子習茶業行賈亦附近海口之一也距蘇京一水可通居民多以輪翰往來無間朝夕香港西字母報首創於德臣而莉維之其時主筆者德臣也主持論斷別是非一準諸公而絕不混淆於象口一時譽流遍而其樂龐涯旋至伊梨主德臣家在其地所居為基利門圓國空眺花木紛報其時主筆者德臣也主持論斷別是非一準諸公而紙校以久客思家倦遊知余筆流所稱許旋波其地當盛夏尤為涼爽蘇人之優游泉石而出其陸賈臺臺中裝拉亦自杜拉前往韋君實珊黃君詠來英續書生於其家皆往返歸之迓暑者多往做居為消夏計余友戴拉亦自杜拉前往韋君實珊黃君詠來英讀書生於其家皆出散步每至簿暮遊或權舟臨水登山各極遊覽之樂瀕海築有長堤涼颭颯然爽人心骨可玩嬌跳帆檣之往來鷗鳥之出沒每至簿暮遊或權舟臨水登山各極遊覽之樂瀕海築有長堤涼颭颯然爽人心骨可玩嬌跳帆檣之往來鷗鳥之出沒每至簿暮遊人蝟聚於此談言無忌嬌笑無猜亦不問其相識與否也一日偕德臣觀丁於海濱砲壘炮之高下鉛丸之大小藥料輛置海中上張旗幟自海濱距海面約達二三里或四五里而後以砲擊之觀其中否其砲庱之備不弛先事講求之一軸其圓凡四擧伊梨紳士董與事者之守土官亦來教之習演於民間於晏安之際為禮實約之看西施也於花會中達一女友乃寶珊同學之母也殷勤邀致其道也伊梨雖彈丸黑子而海防之謹嚴猶如此他可知矣時伊梨之守土官亦來與余揭冠執手為禮遠觀之母也殷勤邀致其會歎為奇絕凡立東西中三廠聚天下花木名種羅致廠中品第甲乙奇範異卉不可名狀芬菲吳下之看西施也於花會中達一女友乃寶珊同學之母也殷勤致其家以耕植為生屋宇樸素而高爽田家風聯袂聚觀者絡繹不絕凡入者輸一金錢不殊吳下之看西施也於花會中達一女友乃寶珊同學之母也殷勤邀致其家設筵相欵盛饌羅陳吐噉立辦其家以耕植為生屋宇樸素而高爽田家風景亦殊不惡其子讀書杜拉學塾中馴謹自守勤儉檏淘屬孺子可教也

終

蘇京瑣記

埃丁潡都中設有太醫院第一專詳骨節筋絡第二備述奇症異疾余偕君往遊院中醫士為余口講手畫娓娓不倦所

示胎內嬰孩自一月至彌月者無不具內有兩首而共一身者三人而連一臍者始知宇宙間戾氣所鍾竟是無所不有余

又偕紀君往一印書館其館屋宇堂皇規模宏敞推為都中巨擘為信宜父子所開設其中男女作工者約一千五百餘人

各有所司勤於厥職澆字鑄板印刷裝訂無不純以機器行事其澆字蓋用化學新法事半功倍一日中可成數千百字聯此

邦士江君曾行之於上海其鑄板則先搆細土作模而以鉛筆畫清晰即印萬本亦不訛一浴

誠是以補活字板之所不逮茍其鑄板則書籍之富可甲天下而鶴刻手民咸來手而無所得食矣余嘗至一浴

室而笑其設想奇絕此浴室者土耳其醫士拉剌也有名於時於三十九年前曾涖粵東深明荷蘭醫術活人無算治

者戶外廳滿其浴室迥不同於中國男女異日而浴先至一溫室熱一百四六度內一室熱甚至一百四十五度汗流

決浴垢膩盡浮然後就溫室第無浴盤承水仍坐白水福上以機引水灌灑徧體有一人專司滌浴之事以男司之女浴則

者無不同也須浴之第浴宜避人令一切須人為之既畢一二案牘而辭出蓋其敍事也與眾會同一循中國古法歎為

以女司之第浴宜避人令一切須人為之既畢一二案牘而辭出蓋其敍事也與眾會同一循中國古法歎為醇風都

審事鞫獄刑官延余上生既單一二案牘而出蓋其敍事也與眾會同一循中國古法歎為醇風都中衙署林立余曾

中主理府事者新得日報由中國郵筒遞至內堂當軸主筆者譯以西字一循輪車鐵路之斷不能開二論聖

西人不能擅入內地三論西商購買絲茶不能自入內地成交四論西人船艦不能在內河行駛西國駐京公使面聖

須俟今上聖齡二十歲之外後又論及西人所傳耶穌教往其至中國無害於中國之風俗人心蓋久必自敗耳如佛教回

則必出於戰今中亂己戢外侮當執此五端以與之周旋都中官民閱此報者疑中外必不和遂來詢以上五事西人如

教景教袄教挑筋教亦猶是也故於其教聽之而已惟以此五事西人必因此不從

余余為解之曰此非曹中堂之書不過見此書因而傳錄之耳其是否真偽要不可知但以事理揆之

曾中堂必不為此言今星使東來方講修睦傳聞之語置之勿論可也於是斌公椿奉命分游歷各國應各國中外之

交漸洽至此特簡蒲公宴臣為星使蒲公美洲人也而為之副者孫公家穀志公剛出使泰西徧臨各國尚非專行駐劄者

也開星軺業總在道矣

游博物院

埃丁濮城中設有大書院藏書數百萬冊士人皆可入觀惟不能攜取出外每歲讀書子弟約一千四百餘人學成名立而

去者不知凡幾慕君維廉前在上海傳道者也少亦嘗肄業於院中近以給假旋英家在利的輞城約六七里聞余至因來

相見遂與同遊偕往書院其日為考試期掌院者中甄別其高下取其優者立為牧師以論識各國之方

言文字為長而於膱頂希百來上古之文亦當貫通焉中國儒者延往觀試望日即以其事列入報章呼余為學士一

時編傳都下按英例各省書院皆於夏閒給之時會晉考試甄別高下品評於優等者例有實資如銀牌銀表紙

筆書籍之種均值重價以示鼓勵顧所考非止一材一藝已也歷算兵法天文地理書畫音樂又有專習各國之語言文字

者如此庶非囿於一隅者可比故英國學問之士俱有實際其所習武備文藝均可實見諸措施坐而言者亦可

余偕理君慕君游博物院動植飛潛樓羅畢備凡奇珍異物貯收竝蓄以供覽觀而備察核焉院中有一几長丈餘黝黑滑

不瑔色內含寶光外露他若山嶽之形溫藏淵海之所產竝寶玉明珠火齊木難之屬惡羅而致之璀璨珠光怪陸離無

澤光可以鑑卯之其聲鏗然慕君曰此何木也司院告以礦煤琢成諦視之亦不能辨其餘凡石之自礦光黝黑

銀銅鐵者無不一一指示且闈今中國東境內其山礦產金甚夥苟掘取之國家可以致

奇富足用增課於兵食國餉兩有所濟惜官民皆疑以為多事也有埃及古棺植土為之而顧堅緻欲尸以白布周裹之雖

已歷千年而布色猶隱隱可辨所有駝鹿象豹之係三千餘年以前之物軀幹高大雄偉迴異尋常有鯉魚骨一具懸於空中雖

其巨過於海舶十數倍其最難制造者為海中塔燈用以遠照行舶四周皆用玻璃一面則令發至遠一面則令收光返

照此亦光學之一端也所鑄大砲從尾能破空氣阻力偏我國仿此鑄造以固邊防而禦外侮宣不甚美惜不遵人來英學

多用螺絲槽紋使彈之去路徑直不斜能精微并論子母砲各圖說余問以可制禦砲彈之術否則笑曰重見左卷

習新法也司院為講製砲之法亦不盡然而論風生亦一博識之士余索一名片曰謹當寶藏之為異日重見之至埃丁

濮也主於紀君家每邀訪友人之舍慇懃相迓逢迎恐後知書守禮其項亦不相避食則連席出則同車統

國以禮義為教而不專恃甲兵以然皆花姸其貌而玉潔其心東德懷貞名媛幼婦即於初見當寶藏之項亦毫不迹席

籌相酬履鳥交錯不以為嫌也其先尚詐力以教化德澤為本而不徒講富強歐洲諸邦皆能如是固足以

持久而不敝也即如英土雖偏在北隅而無敵國外患者已千餘年矣謂非其著效之一端歟余亦就實事言之勿徒作頌

美西人觀可也

院 博 物

漫游遺錄

游博物院

十八

卷二

蘇京故宮

余薄游海外將十閱月矣同治戊辰秋七月至倫敦得以徧覽境中諸名勝芳踪遺跡勝概遊情亦足以豪矣此行也蓋以出

遊爲鎖夏計亦兼以閱歷河山訪問風俗擇其地士大夫之賢者而交之雖遊歷而學問寡焉七月初旬由杜拉乘馬車至

鄧飛林車從萬山中行林樹鬱茂意望撲人衣袂皆作碧色遠望屋宇高下疎密正如在圖畫中余不禁於車中叫絕時理

君第三女公子媚梨女士亦同乘固嘗以問曰吾景勝於江南否余曰吾如鄧尉鄧鼇亦有此勝惜無好事者領略之耳若其

位置宜則不逮也在鄧飛林小住兩日主於君家往遊古禮拜堂五百年前所建爲蘇格蘭王駐蹕地李君亦有姊年三十已嫁

曰數十里外爲蘇格蘭前所爲蘇格蘭二百年前始併於英人猶相呼曰此蘇國王城也城中爲前王宮殿今埃丁濮爲都城小憩旅舍

埃丁濮爲蘇格蘭國京蓋曾爲蘇格蘭前王城建石班剝古致陸極高敞登其巓若其

刺繡紋彩以琉璃罩製巧工觀其像端秀麗衣錦繡華不遠建章麗譙而規模恢廓氣象自異有王后寢

一宮恣王役死其中葬王后之處也板上尚留血跡人影濯之愈明可欲覩者以手拭之隱隱若見真鈿製瑰工其巧若神

三層崇閣高列王像所不盡原英王王宮旁有大禮拜堂入以已傾圯僅存遺址復立

相對眺遠海皆係大海浩渺無際眼界頗為之空闊城中街衢廣潔屋市殷阗大廈連甍接棟民居二十餘萬戶慎固堡衛堅完官

蕭步伐止齊儉倏爲方陣倏爲斜陣演練之期兵士皆嚴裝整列甚整其第十九营則前二十年曾駐札香港爲守兵之者也演時隊伍

高塔衛所其日適値演練之期兵士皆嚴裝整列甚整其第十九营則前二十年曾駐札香港爲守兵之者也演時隊伍

蘇王而蘇英皆合爲一國故至今併士女演劇樓宇皆於山上遙

相埃後有高至十五層者以爲鳥峻峻爲方陣俄又如鳥之張兩翼爲之大都會居民之便娟兒

層其後有魏巍華煥中珍非他處所能建矣之便

童語容之淸麗雖稍遜於偷敦每訓導達人之師

民所建禮拜堂以司

詞之援從無以異服異言而疑其爲完爲應者入其境市不二價路不拾道是足以見其覽大之政昇平之治矣

杜拉遊山

附近杜拉諸村皆可供劉覽余讀書之暇遊歷亦嘗至馬杜拉一山高聳數千仭蒼翠環合蔥蒨萬狀山泉下注滙成一澗甫臨
山麓已覺泉聲瀔瀔聒耳矣隨山曲折高下俱有石磴行倦即可憩息至山腰一山忽分為兩山一面翠嶂丹崖壁立無際有
如巨斧削成兩山聯合處駕以長橋瀑布從高趨下迅若奔湍夭日所不至至此不知有炎暑洵妙境也盤折而上有古宮室昔時諸侯之所居基址猶存於牆壁尚峙道三椏略完好
分為二處其中出示鉛丸斗許謂昔年攻戰時遺跡想見蘇格蘭當時豆區瓜分釁爭鬩鬩者正非一處也四山樹木蘙茂溪澗
守者處其處循險隨處可通一日余欲窮其勝境循澗而行澗水澄清鱗鱗隱約可數同遊有攜有釣竿臨流投餌久之竟不得
洄濮險卻猜山鬼故予嗔距杜拉九里許有得屋者姑德蓬遇半人到此已難尋退步憩余隨處值建津不容藤萋來足終拔泥滏身本是
一魚乃笑而轉往他處其觀故河山消戰鳥自鳴幽谷水急魚難上釣竿循溪尋去路不辭反徑
一土阜忽憩作春寒林深處鳥作半人多著珍禽其獸奇詭萬狀大抵皆捕搜於各地非
陝烟變景物殊方詎云坡春作未入到此已設畫像會余往觀中列繪影三千幅皆
獼迴盤二云坡蹻作半人到此設女書塾及門頗盛由此而至斯德零為蘇境一府城棟宇崇隆屋舍華美屋宇亦極整齊
探幽蹈險卻猜獵山鬼故予嗔其人多著珍禽其獸奇詭萬狀大抵皆捕搜於各地非
頗國之妹冶容媚態殆罕有各種野熊有種種圈欄之外又籠諸籠則龕之類也又以玻璃作櫃中蓄巨
蛇數十尾俱長尋丈腹粗或如蛇蜒其中昂起者亦有僵臥伏卵者巨於尋常繼而獸人入虎豹獅熊之房令其
圜環作諸戲劇惟所指揮獸人於是廥虎尾持虎尾抱首作搏噬狀者獸人即出手鎗向空迅發火鎗震裂諸獸無不
悚伏然後復以一象作樂一象環行象能以鼻搖動器鑼鈸中節攜有阿洲阿皮西尼國國王子約
獅豹無不畀耳搖尾狎之幾如貓犬後復以一象作樂一象環行象行象能以鼻搖動器鑼鈸中節攜有阿洲阿皮西尼國國王子孫
十二歲許衣繡衣戴花冠坐於象背遊行數匝此國之王本為英屬繼而叛英故為英所戮而併兼其土此子固一乞食之王孫
也

漫游隨錄

山游拉杜

杜拉游山

十六　　卷二

張志瀛

暢游靈囿

余既離倫敦乘車至蘇境之杜拉獨處一樓公餘之暇時偕二三朋儕出外游覽車轍所至輒窮其勝探幽涉阻顧盡山水之樂

登臨之際富有篇章杜拉在蘇格蘭之北境其地萬山環合蒼翠萬狀岡阜蜿蜒木叢茂於夏為尤宜時當中國五月下旬節

逾小暑而氣候清和猶如首夏早晚尚可著棉衣地距北極三十度許每至春杪夏中徹夜光明為日舒長正若小年去杜拉十

二里許有圃曰倫伯靈名勝所也譯以華語謂橋以適炎暑而消長日圓旁客舍數椽可供遊人小憩或呼酒有嘯立辨是圃廣裒百項就山麓為之結構從高

傳挈侶聯袂往遊藉以追炎暑而消長日圓可喜雖精加人工而無不出自天然一潤瀠洄而行約計十數里行盡處俱有飛瀑數處從高

徑路曲折高下幽奇雅境靜中突兀杜拉山三蟻遊展石面壁正妙蓋此山之奇固以飛瀑著名也余作長歌以紀其勝云同治辛未夏五月我來

注下鏗訇盈耳觀俯聽其趣頗永沿潤傍山而行約計十數里行盡處俱有飛瀑數處從高

怒噴而出遙望之作白練一匹惜不甚長亘水注潭中跳珠噴雪聲轟晴雷出人謂之大鑊以水聲若沸也兩旁巨石嶙峋潭

底石齒齒露須下踐潭石面壁正妙盡乃盡此山之奇固以飛瀑著名也余作長歌以紀其勝云同治辛未夏五月我來

英土已半年眼中突兀杜拉山三蟻遊展石面壁正妙蓋此山之奇固以飛瀑著名也余作長歌以紀其勝云同治辛未夏五月我來

主人雅好事謂此未足稱奇焉去此十里有名勝風潭廣斥萬項田上有飛瀑如練下有雜樹娟鮮愛命小車急往訪全家停

俱賦登臨篇其日佳客踐約至遂與同載揚輕鞭初臨猶未覺境漸入眼界始蓊鬱不惲路高下疏花招延潤窮

路盡更奇關忽如別有一洞天水從石竅疾噴出勢若雪相跳驚至此積怒奔注一落百丈從峰顛側見但覺晴雷喧窮喧

心靜地自偏徑穿舉犖確躧潤石獨從正面觀真詮四顧幾忘身世賤來遠域窮搜研日家書至海舶滄隔絕珠可憐因涉

胸中具邱壑生使腕底生雲烟媚媚女士六法定能寫此圖其全勝妙墨發奇想盡將造化形神傳嗟乎窮厄世所棄胸貽恥

萬斛憂愁蕭山靈出奇為娛悅令以文字相雕鐫我鄉豈無好山水乃來遠域窮搜研昨日家書至海舶滄隔絕珠可憐因涉

名匾念故國何時歸隱江南邊臨時與儕遊者理君雅各媚梨即理君第三女也媚娟繪事至海舶滄隔絕為圖粉本德

臣夫人從伊犁來以踐約詩成忽憶家書復綴二絕句於後一從客粵念江南六載思鄉淚未乾今日擲身滄海外粵東轉作

故鄉看昨涉名圃慰旅情正將秀句答山靈家書寄到愁千斛一片詩懷化沸零噫余處境雖厄而遊覽之奇山水之勝詩文之

娛朋友之緣亦足以豪幾忘其身之在海外也

漫游隨錄

暢游靈囿

十五

卷二

暢游靈囿

製造精奇

英人心思慧巧於制造一切器物務與窮極精微多有因此而致奇富者此固見其用心之精亦由國家有以鼓舞而裁成

之而寔隱為之助也按英俗凡人創造一物不欲他人摹仿即至保製公司言明某物納金令保年限由五六年至二十年他人

如有摹仿者例所弗許違例準其控官而罰鍰焉設貝人創物無心請保而乏貲自造者可告富人令驗效則給價以求其法

往往有一二倍之價而濟於用則給以文憑共保若干百倍者原其製物也竭心思廣見聞不惜工本不避勞瘁不計時日徧試諸法以務

求他人生享其成無所控訴誰肯為最精他人如以水氣運機以風推磨一得之技雖歷歷可辨顧未足為奇而有恃心者亦可竊取以

秘他人生為最成之者皆可控告訴誰刑司人有一得之可從事也鐘表之制中土人多然不及銀工造

恐他國私生享其成無所借乎未卒業而有惴心者既成其利機以億兆計否則幾經研求以禁人其

私募而官反陰用之者皆甘虛費財力以創造一物乎未業雖歷廷未足為此不能以千里鏡之巨者於日中登最高處察至於銀

月中諸山夜閒於海面借天光窺之舟船檣桅木春碓固朝廷未足辦顯微鏡以之覘細明晰無疑神奇鬼工不可思議又有以女子

雕鏤為精絕嘗見一銀塔高未盈寸分三層層有人物形象眉目面貌纖巧明晰態極妍妙惟肖盡態現能而中土人多然及地理電

髮結為指環手釧貽交男女相知以為榮復有畫工描寫形容纖細之物如蚊睫蟻足察之毫芒至於銀工造

學火學氣學光學為實學弗尚詩賦章句以為榮復有畫工描寫形容纖細之物如蚊睫蟻足察至於銀

合璧月交彗星辰行星何時伏見以及風雲雷雨所由來由地理知萬物之所由生山水起伏邪地以近行動之遲速日月

雕鏤為精絕嘗見此以為榮復有晝工描寫形容細巧明晰態極妍妙惟肖盡態現能而中土人多然及地理電

何物生電何物可以防電由火學知金木之類可生火何以無火而有光耀及他雜光之何物之光最明

凌空下可入海以之察人觀山探海由火學知日月五星本有光耀及他雜光之何物之光最明

由化學重辨五金識珍寶之苗分析各物體質又知水火之大之所由因而創火彩燈戲變光彩球造氣球上天地閒

穿山航海掘地濬河製造以及耕織無往而非火機誠利器也余旅於彼那家由地抵水晶宮往來乘輪車中閒凡三

停車有一賣酒處當爐者綺年玉貌娟麗多姿過必飲一小觥於彼那家有長髯者在則其父也乃司理輪車鐵路

者為言英國初創輪車獲利尤在載貨省多則生理大利息倍蓰謂舉國牧御由此廢業妨民孔多宣知輪車既興貿易更盛商旅絡繹於途

車不及之處濟以馬車輪車獲利尤在載貨省無過輪車者苟無輪車征夫時虞盜竊自建鐵路後人行萬里無意外之警

即有急務項刻可達飲畢余至輪車所指謂余曰火車之行輪鐵迅捷輙生火燄昔時車每被焚有阿士貝者創造涼油使車

行久而輪不熱遂獲厚利富甲一鄉泰西製造精微於此可見一班

出游小誌

英都時有盛會而博覽院尤為鉅觀院高數丈樑柱皆銅鐵嵌壁皆以厚玻璃寬綿亘約三里之程院中之物無美不具無奇不備博采廣蒐分室收貯四海各邦奇器具物新製巧作及日常耕織之件咸悉羅致凡遠近泉庶無貲賣睽入而縱觀閱視者日以萬千人如中土之大市會最奇者堂中儲有大煤二方高約二丈黝黑光潔幾不辨其煤也扣之淵然作金石聲奇觀院名百里的謬翁亦甚敞室中藏貯上古文字器皿五金圖畫及製作奇禽怪獸形模偉巨意態飛動他如鱗介之屬羽革之倫龜鼉魚鱉鳥雀犀兕下而昆蟲微物蜂蛭蜂蝶布置陳設新巧璀璨皆勃勃有生動流走之致此外珊瑚珠玉珍奇瓊寶燦呈於几案其間尤為希世之玩更可貴者洪荒太古之世棺槨之具死人之骨亦垃而羅列遊斯地者詫為奇逢斯歡讀者編新潔異冊名篇分儲於架閣玉軸牙籤綿函錦帙望之如城中土經史子集詢不賅備都人士無論貧富入而披覽誦讀無虞禁約繁閱編中任人入而賞玩者必子以畫單畫幅俱列號數一篇一卷外其中繽紛絳蕊曄然而開四季設畫會大小數百幅懸掛閣中任人入而縱觀其中亦有圖亭樓閣凡數十幅令人士無論貧富入而披覽誦讀如此偶過軍器局而縱觀近日所造極巧近之鎗砲械之屬後膛熟鐵為之自膛而上漸狹至口僅半寸筒內作三棱線鉛彈子直出可讀者日有數百人然許在其中繽紛絳蕊曄然而開四季設畫會大小數百幅縷而賞玩者必子以畫單畫幅俱列號數一篇一卷外其例凜嚴英人於畫院之外兼有畫會大小數百幅繁閱編中任人入而賞玩者必子以畫單畫幅俱列號數一篇一卷外其中亦有圖亭樓閣凡數尺餘後膛熟鐵為之自膛而上漸狹至口僅半寸筒內作三棱線鉛彈子直出可懸掛閣中任人入而縱觀其中亦有圖亭樓閣凡近日所造極巧近之鎗砲械之屬後膛熟鐵為之自膛而上漸狹至口僅半寸筒內作三棱線鉛彈子直出可如此偶過軍器局而縱觀近日所造極巧近之鎗砲械之屬後膛精雖裝三倍火藥燃之不炸西人收儲軍器亦極有法恐地潮生鏽於新法變通可

宜營伍之中購藏鎗械宜以此法廠局所造鎗砲之自膛而使受火藥之氣自然浮水面駕木成橋易於攜運萬人而帶不斷此真捷法宜其成能擊一千三百步中而工亦精難裝三倍火藥燃之不炸西人收儲軍器亦極有法恐地潮生鏽於新法變通可中建築木架上接屋樑分為數層排列懸掛派入專司擦抹洗储力者其收儲鎗彈宜謹慎西國鎗礮式日改而砲之制日改或用圓彈管內作螺螄槽不備博采廣蒐分室收貯四海各邦奇器具物新製巧作及日常耕織之件咸悉羅致凡如此偶過軍器局而縱觀近日所造極巧近之鎗砲械之屬後膛精雖裝三倍火藥燃之不炸西人收儲軍器亦極有法恐地潮生鏽於新法變通可不乘所向其遠能擊一千三百步中而工亦精難裝三倍火藥燃之不炸西人收儲軍器亦極有法恐地潮生鏽於新法變通可宜其器之精良與縱近日所造極巧近之鎗砲械之屬後膛門扇按日開放以通風氣不令潮濕損壞大尾小頭尾勻稱金中

土營伍之中購藏鎗械宜以此法廠局所造鎗砲之自膛而使受火藥之氣自然浮水面駕木成橋易於攜運萬人而帶不斷此真捷法宜其成能擊一千三百步中而工亦精巨營立柵埋藥子不遠所向其遠能擊一千三百步中而工亦精門扇按日開放以通風氣不令潮濕損壞大尾小頭尾勻稱金致旋轉又恐彈子不遠所向其下燃之桂以鐵簡長八尺粗六七尺者數十橫於地用藥三兩圓而近尾圓而近尾圓處矢近日尤尚綿花火藥轟力極大試以如此偶過軍器局而縱觀近日所造極巧近之鎗砲械之屬後膛精雖裝三倍火藥燃之不炸西人收儲軍器亦極有法恐地潮生鏽於新法變通可紋者亦皆廢改鑄簡膛狹至口僅半寸內含斜紋線路遍軍器處中空中空則尤尚綿花火藥轟力極大試以如此偶過軍器局而縱觀近日所造極巧近之鎗砲械之屬後膛精雖裝三倍火藥燃之不炸西人收儲軍器亦極有法恐地潮生鏽於新法變通可致旋轉又恐彈子不遠所向其下燃之桂以鐵簡長八尺粗六七尺者數十橫於地用藥三兩圓而成橋易於攜運萬人而帶不斷此真捷法

也或用漆布小艇縛小木橋以渡謂之浮橋艇係由底而上皆漆布兩重為之夾以木板使布不下弛摺疊作大弓形亦不甚重可一人負之而走英人之心思靈巧造器無不適於用也如此

遊覽瑣陳

英國凡有盛集及陳宴會雜戲必設樂臺下鏗鏘中節鳴兵有班食無口糧一切皆由為善者供給門外或庭中必
預築水窖以機激起十數丈磅礴噴流極為可樂富室園圃中多之都內有公園二所廣裏無際空闊異常能令入者心
胸為之開拓雜植花果卉木無種不備夕陽欲下芳草如茵千紅萬紫中心有平蕪一碧者為之點綴中構樓閣亭軒曲折
高下皆因天然巧妙而絕不假以人力池以蓄魚籠以蓄禽皆極致異地遠方者志心蹇蛇蟲各物俱收蛏蓄歲中經費
煩煩故入園欲觀者徵一銀錢更有藏花之窖各國奇葩似微雨備極氤氳化醇之趣甫入已覺奇香襲人余游時剛值隆冬見
架上紫葡萄結實纍纍巨如雀卵園主摘數顆以奉予非常甘美遊觀之所非止一處城中街衢多樹華表植石柱以銘功
勳而彰儀表如中土之造塔立碑建牌坊然其制度鉅細高低不一銳上而豐下四周鐫字刻名其肯鑄其人之像或立
或乘馬觀其像如觀其人彼有豐功偉續德望崇隆者託貞珉吉石以垂不朽令後之人仰止裝東倍增欽美景慕之思教
世之意亦良深矣都中宮殿非一禁地森嚴非異方客子所敢窺如卜靜宮賢真睦斯宮温色耳宮皆召見國之大臣并享
或乘良觀列國公使之處也別有雜宮行苑逶迤連衆差皆極高宏寬廣棟楹枸峥嶸棟宇巍列三門外多設
謙朝觀列國公使之處也別有雜宮行苑逶迤連衆差皆極高宏寬廣棟楹枸峥嶸棟宇巍列三門外多設
係白石建造壹固如城玉階金闕蔚然此之德法各國則又崇華宮前統以鐵柵凡
軍士護衛氣象嚴肅有蠟像室牆壁周嵌玻璃表裏朗徹不沾纖塵甫入門即見有華人男女各一侍立門側若司閽然即男
絕技哉旁侍者為太子公主周以闌干更進一室則皆古昔聖賢及列國良臣名官遺像意態紆徐神氣軒朗谷臻其妙
則衣冠翎頂女則盛服朝裙余中則塑君主儀容眉目手足妍好如生珠貌璧人呼欲動衣冠履隨時更易直與生人無毫髮異洵
紀其始當室之中則塑君主儀容眉目手足妍好如生珠貌璧人呼欲動衣冠履隨時更易直與生人無毫髮異洵推其妙
室後別有幽遠之地則皆古之叛大之人戮民不得其死者籍以垂示炯戒至此須另輸一金錢然俊許入有集議院垣牆高峻
棟宇寬宏窗牖雕鏤工細屋頂藻繪鮮華錯采塗金倍增喬麗國中遇有大政重務由倫敦至阿爾蘭輪船一夜可達氣與倫敦
略同地多水利港汊瀠洄可以灌溉田畝之日庭民情亦尚醇樸土人多崇天主教惟是閭閻市肆連遛倫敦之繁華富盛有
參酌可否剖析是非實重地也然開眼之日庭民情亦尚醇樸土人多崇天主教惟是閭閻市肆連遛倫敦之繁華富盛有
勸余往游者余以將至蘇格蘭辭之蓋英邦實為西土之沃國而倫敦又為英國之腴區焉

制度略述

倫敦都外建立稅館高敞堂皇規模華煥凡各國商舶載貨振其處者查閱殊嚴循例須取舶中貨物盡臚列於稅館權其

輕重而估征之其法周詳絕無賑漏之弊其嚴明公正如此余改道從法京至英而行李仍由叟坦敦海口入逼八日始至

稅館遣人送來略以賣蓋稅館自有運物公司經理其事不煩客處也所攜茶葉烟捲以饋遺友者概不徵稅箱匳亦

不啟視其待遠人也可謂寬矣英例查驗嚴於入口而寬於出口且出口並無稅飾其加稅於商賈如此故於入出中可安生數

而無怨焉泰西利捷之製莫如舟車雖都中往來無不賴輪車之迅便其制如巨櫃左右啟門以通出入中可安坐三等

十人下置四輪或六輪不等行時數車聯絡連以鐵鈎前車置火箱火發機動輪轉如飛數車互相牽以行車亦分三等

上者其中寬綽几席惟褥光潔華美生客安舒中者位置次之下者無遮帳敝遮日曝雨飄僅可載重貨物或栖息僕役

而已其行每時約二百里或三百餘里鐵道之旁貫接鐵線千萬里不斷以電氣祕機傳達言語有所欲言則電氣運線

之患遇山石則關鑿通衢大道平直如砥車道之旁立鐵線分寸合軌平坦堅整以利馳驅無高低凹凸欹斜傾側

如電電之迅項刻千里有如觀面晤對呼應問答其法精微有難析述者兩車相遇辭不避裂傾覆之虞故凡泰國

樹高約二尺上單玻璃其葉如艾榕葉上生葉攢簇密詢其名曰子母樹乃從遠地攜來總辦陪覽各處堂中一

家曉餐車必由地中道中行閱始觀天光或言地中兩旁設有閣閣燈火輝煌居然成市集絕無長夜冥冥之苦此亦創

見也都中道途極平坦整潔高岡車路不通處中砌石階左右置鐵欄以便行人往來有於欄後種樹栽花者尤足娛遊者

清興西人最喜種樹言其益有五一氣清令人少病二陰多使地不乾燥三落其實可食四取其材可用五可乃而不患旱

乾故倫敦街市間有園有林人家精得半弓隙地莫不栽植美蔭郊部尤為繁盛盛暑之際莫不得濃陰而休憩馬偶過電

信總局入而縱觀是局樓閣崇宏似似榕葉上生葉攢簇密詢其名曰子母樹乃從遠地攜來總辦陪覽各處堂中用

盤縱橫排列電線千條頭緒紛錯司收發者千餘人皆綺年玉貌之子按電學創於明季屬商民譽萃之區書東紛馳即

者道光末年民間試行私製而電線之妙用始被於英美德法諸國其利甚溥其效甚捷凡屬商民譽萃之區書東紛馳即

路逸時通項刻可達濟急傳音人咸稱便同治七年英議政院以電線擭貲甚鉅遂禁私設悉歸於官而徵稅焉通國設局

五所以京都為總滙內外分局五十五百四十所歲稅金錢百數十萬可云盛矣余至英時蓋屬於國家猶未數月也

制庭略述

漫游隨錄

制度略述

十一

卷二

風俗類誌

英倫氣候少燠多寒歲中日月陰多於晴盛夏無酷暑隆冬無祁寒徧地林木花卉舒放濃茂花葉亦耐久不凋風景清美

洵樂土也其地素稱沃壤然可事耕耘植穀參者不過什之二三此外平原曠野可見風俗之醇良郊外設有牧畜所場

散置於郊與中國北地之放青牧場相似亦無庸監守羈勒從無攘竊事可見風俗之醇良者由公會獎之有如蒙古部落之較牡口比丁壯者然亦有所

寬廣中構樓閣亭臺以備游覽圖中芳草如茵綠縟爭茂夕陽斜照可入畫圖所畜牛羊之屬皆肥茁此外各處亦有所

畜歲中有一公會凡各農人自牽其所牧者群集而比賽肥者由公會獎之有如蒙古部落之較牡口比丁壯者精巧皆於

蕃育而牧畜日盛亦可信鬻牧於人論價出沽樓閣之上貯農器犁鋤耒耜之有機械可韓式亦精巧皆於

處常都中街衢間嘗見有鐵絲巨籠下承以輪亦能運動籠中所畜飛走之屬多取其毛制相仇者如貓與鼠鷹與雀皆同

尋青都中街衢間嘗見有鐵絲巨籠下承以輪亦都中所富環瑋有石砌者有鐵鑄者然最奇莫如懸橋亙空飛渡

逸望之如長虹之環天而遠跨工制獨先為中土所稀地亦產鹽鹵煮井可成頗類川滇池井惟其造鹽之法

鎔鐵為巨池下關地鐺以煤火煎熱收功似廣捷於鼎鐺在於有之酒樓之佳者以息塵娛閒情每室月收數金以供

色如琥珀味極芳醇最上者瓶值數金亦有別墅乃同人合建為酒樓開在有之酒樓之佳者以息塵娛閒情每室月收數金以供

經費室皆精潔古鼎彝陳設古雅林禪帳極華麗夏可逅暑靜之所藉以急塵娛閒情每室月收數金以供

非易事也於酒樓寓客晨夕飲膳亦紛陳奢於自奉最豪者饔飧所需月費數十金寓租式亦新異是旅居者最

韻事也有飯肆庖廚掌烹調者法蘭西人為最精其食飲精潔固不待言釜之製有外鐵而內磁者式亦新異英人為最

重文學童稚之年入塾受業至壯而經營中土鬢眉有媿此役率乎知書識字女子與男子同而習誦凡書畫懸算象緯

與圖山經海志靡不切究窮研得其精理中土鬢眉有媿此男子每多清貧街衢中呼賣乳酪醇厚物產蕃庶豪富之家費廣用

妻勝服役多用婢媼侯門弟以及御車者則皆用男子自清貧街衢中呼賣乳酪醇厚物產蕃庶豪富之家費廣用

兩肩負之用不費力國中乳酪之用最多茶薑餅餌恆所必需幾與蔬粟同功英國風俗醇厚物產蕃庶豪富之家費廣用

奢而貧寒之戶勤工力作競新奇巧異之藝地少慵惰游惰之民尤可羨者人知遜讓心多慈國中士庶往來常少鬭

爭歉侮之事異域客民旅居其地者從無欺詐侮恆見觀愛絕少精嫌無論中土外邦之風俗尚有如此者吾見亦罕矣

保羅聖堂

倫敦禮拜堂林立新舊大小凡七百三十所而以聖保羅會堂為最巨此堂落成於一千七百十年經營締構前後凡閱三十五年其工始竣建堂模式其圖為多華玲所繪圖創作也堂之東西俱四百九十三尺深二百四十六尺兩旁有樓環若半月形十字架由地至巔高三百九十八尺牆垣均青石築成堅緻精好計用金錢七十四萬七千九百五十四磅合之中華銀數凡二百六十五萬六千七百三十兩亦可謂時久而費鉅矣余嘗與理君各攬其衣陟其巔憑欄連跳則都中宮殿樓臺園林景物歷歷在目惜其日風力太猛駐身之頃為之掣去堂之頂有圓球上置十字架空其中可容三五人繼往半月樓小憩坐於東理君雅坐於西兩面精出身幾為之對約五丈許而出言問答猶在耳際奇矣哉堂其上有自鳴鐘式制甚巨高約二尺鐘聲洪亮響徹三門以白石雕琢古賢哲像鐫刻工麗非為美觀多以銘功德而樹儀表也堂中多詔年童子詠歌詩樂以諧其聲和音雅清悠揚聽者忘倦此外禮拜堂多至指不勝屈大約每逢一所街內居民羣至堂中祝禱如儀凡婚娶喪事亦宏敞棟宇製建國崇建禮堂之費多由紳民捐集每一教師為之主持其規模不一類皆華麗庭除循成例蓋通國崇教嚴敬凡經兩王乃始藏事東院為顯理第七所建深三百五十五尺廣約一百九十二尺英國王即位踐作即於作瓊奇建堂之久凡此聖保羅禮拜堂之外即為墳墓昔年名臣名師次達華稱為都城巨擘造精華四周垣牆砌以白石雕琢諸石像刻畫精緻最上一層於四壁繪畫英都全圖宮室園圃街衢城市歷歷備載其間皆飲玻璃明淨亮徹堂中亦有童子謳歌作樂風韻娛人其中即置身地球之上壁繪五大洲與國名山大川雄城小島爛中分三層盤旋而登外則垣牆四周渾圓如難卵人人其中即置身地球之上壁繪五大洲與國名山大川雄城小島爛若列眉誠為奇製偉觀也市肆貿易各物有罄小地球者可以挈攜細閱亦極精巧有繪圖所制亦如圓球分列上下二層登者必宛轉曲折以升上層曲折以升上層繪古昔君王宮室園圃山水樹石渲染流動下層繪歷代之蹟珠功偉業天主教為舊教然新教中亦分民教國都中所有禮拜堂大抵崇敬耶穌向有古天主堂一所千餘年前舊物也其高一百二十尺西周皆石柱穹窿數十仞極為工細惟閱歲既多漸形剝蝕矣古君主大臣皆葬其上刻石肖其形而立碑誌紀勳伐焉

博物大院

倫敦都會稱泰西巨擘街衢寬廣有至六七丈者兩旁砌以平石街中或鋪木柱以便車轂往來無轔轔隆隆之喧每日清晨有水車灌埽沙塵纖垢不留雜污務盡地中亦設長渠以消污水至於汲道不事穿井自然利便各街地中皆範鉛鐵為筒長短曲折遠近互相接引各家壁中咸有泉管有塞以司啟閉用時噴流如注不患不足無礬鍊汲之勞亦無泛濫缺乏之處每夕燈火不專假燭亦以鐵筒貫於各家壁內收取煤氣由筒而管吐達於室以火引之即燃朗耀光明微宵達曙較燈燭之光十倍晚游街衢幾如不夜之天長明之國肆中各物類皆精巧絶倫列置玻璃窗中表裏透徹歷歷如繪市中必留隙地以相間隔闊幾約寬百畝閼為圜囿囿以迴欄植樹木類既多物類尤精巧絶清涼無暑之虞每日園丁灌溉而傳教總者恣其事為尊廉遜其人攜然而立公會凡一百九十餘所皆講學行善之地多余初至倫敦往遊聖公會四方播教者悉由此處資道午後理君雅各至同遊博物院院中藏書最富所有五大洲與圖古今歷代書籍不下五十二萬部其卽傳教總者恣由此處資道午後理君觀各處珍奇物玩羅列无索大抵得自中華者居其半所有前代歷代高敞

革固鐵作間架鉛代陶瓦甎石為壁皆以防火患也院中藏書籍所建於一千七百五十三萬所其地甚廣數百楹其地堂室相連重閣疊架自顱至址節節度排列几椅可坐數百人上筆墨俱備四面環以鐵闌男女觀書者日有百數十人晨操華言曾旅天津五年其前為廣堂排列几椅可坐數百人上筆墨俱備四面環以鐵闌男女觀書者日有百數十人晨入著歸書任檢讀惟不令攜去旁一所儲各國圖畫歷代璽印之式璽圖如壁金石之名肖其貌於上印以紅蠟周約五十由此逶迤前行又數十極羅列古蹟零銅斷瓦楹迭兼收其大者如石碑石柱石棺皆爹西擒太羅馬希臘之前後戶俱脫者窈其骸骨尚未諸國二千年前之物自土掘出叩之淵淵作金聲棺蓋繪畫人像顏色未改有棺之前後戶俱脫者窈其骸骨尚未朽壞所衣帛紋縷猶可指數出此降階復升重門洞衢接百數十楹摹凡天地間所有之鳥獸鱗介草木穀果山嶽之精英淵海之怪異博物志初生之物有一綜魚數十具而本國之新製繼之此院各國皆有是物究未得一見形象故有遇之於目而以紙棉藥料屺立無異於生人之骸骨亦數十具而本國之新製繼之此院各國皆有是物究未得一見形象故有遇之於目而為古今天下各國日用器物與刀矛弓矢各長約二百餘丈動物則取已死者存其骨殖被以全體皮毛楹為古今天下各國日用器物與刀矛弓矢各長約二百餘丈動物則取已死者存其骨殖被以全體皮毛楹蓋人限於方域阻於時代足跡不能徧歷五洲見聞不能追及千古難讀書知有是物竝非徒令人炫奇好異悅目怡情也仍不知為何名者今博採旁搜綜括萬景悉備一廬於禮拜一三五日啟門縱令士庶往觀所以佐讀書之不逮而廣其識也用意不亦深哉

玻璃巨室

余自香港啓行由新嘉坡而檳榔嶼而錫蘭而亞丁而蘇彝士至此始覺景象一新居民面色漸黃天氣亦稍寒睛髮俱黑無異華人士女亦多清秀古稱埃及爲文明之國洵不誣也復應基改羅經亞勒山大渡地中海而泊墨西拿惜未及登岸其地多火山産硫磺既抵法埠眼界頓開幾若別一世宙若巴黎名勝之區幾不勝紀逑至倫敦又似一洞天其爲繁華之淵藪遊觀之壇場則未有若玻璃巨室者也談者謂倫敦人民之盛都城中三百萬有奇地形四面環海其地爲泰西極大都城巡街弁持仗鵠立道左不憚風雨率皆紅衣黑褲服飾新鮮玻璃巨室土人衢路坦潔車轂擊肩摩爲之南二十有五里乘輪車項刻可至地勢高峻望之巍然若岡巒崇建於其上遠迤聯屬霧亦呼爲水晶宮在倫敦之北各峙一塔高嘉霄漢北塔凡十一級高四十丈甎瓦棟楹欄檻悉玻璃爲之日光注射一片精瑩閣雲窗縹緲天外北南各峙一塔雲漢北其中臺觀榭園池沼花卉草木鳥獸蟲魚無不畢備四周陳地數百畝設肆百物集酒樓茗榭睿隨所指有一女子年僅十五其大可容數千人彈琴諸樂畢奏於響遏行雲之中央有一處劇所演多英國古時事戰陣所用甲胄刀矛貴官出巡亦坐上皆鑽石寶光璀璨不可逼視容色豔麗一笑傾城長於跳舞應節合度進退疾徐無不有一女子年僅十五六短衣蔽膝下綴金穗上皆鑽石寶光璀璨不可逼視容色豔麗一笑傾城長於跳舞應節合度進退疾徐無不有一羊腹破而虎亦須樓梯樓多設珍奇之物火齊木難翡翠珊瑚巻充牣馬又儲各國寶器罩以玻璃樓下有獅虎共爭一羊腹破而虎亦須樓梯旁有一印度女子向西而立手執連環蜿蜒姿態絕美云係古時王妃聰慧異常以非命死有一石築子室高與樓齊乃澳大利亞積年所掘之金已有此數有一處蒐造各國宮室人物禽獸皆肖其國之象登其樓目及數十里外宮中遊人難泉無喧冀雜遝之形凡入者昇銀錢二余遊覽四日尚未能偏每遊必過一男一女晨去暮返亦必後同車彼此相稱疑其必係夫婦詢之則曰非也乃相悅而未成婚者約同遊一月後始告諸親而合卺焉都中屋宇鱗次櫛比高至數層者干霄入雲憑欄遠眺幾疑爲天際真人可望而不可即最下一層入地數尺開漏天一線以取光明通接氣氳清淑之氣亦頗爽朗每層四周圍以欄杆排列花卉盆玩以娛觀眺數街中報有小園蔭以花木鑄鐵爲椅以便遊者憩息少亭榭可藉驕陽地由富室公建特爲居人晨夕往遊蓋所居層樓疊閣無空院少呼吸通天氣處恐致鬱而生疾故闢此園俾人散步舒懷藉以宣暢其氣焉

玻璃巨室

漫游隨錄

玻璃巨室

七

卷二

張志瀛

倫敦小憩

余至倫敦時己酉刻陽烏藏山昏鴉集樹易乘馬車徑造寓所從車中望之萬家燈火密若繁星淪五大洲中一盛集也寓在敦司佛街樓宇七層華敞異常客之行李皆置小屋中用機器旋轉而上偶爾出外散步則衢路整潔房屋棠閣車馬往來絡繹如織肩毂擊鎮日不停入暮燈光輝煌如晝真如不夜之城長明之國時理君雅各尚在英北境約來相迓因少待人之由是每日出遊徧應各處觀奇於太學品瑰奇於名院審察火機之妙用推求格致之精微各處督理主者無不一指授間有所問導之者輒譯律意以對應答如響隨有辨論主者歎為明慧淵博英之北土曰哈佛有一大書院素著名望四方來學者不下千餘人肆業生悉戴方帽博袖長衣雍容文雅每歲必品第其高下列優等例有賞賚而頒物之先必集於會堂聽講監院者特邀余往以華言講學余備論中外相通之始言昔英才女主以利沙伯遣人至粵而東方之貿易以開繼有英官斯當東者始能通中國語言文字夫中國在亞境之東方英國處歐洲之西部地之相去也七萬餘里三十年前英人無至中國者三十年前中國人無至英土者今者越重瀛若江河視中原如堂奥無他也理同也西方有聖人焉此心同此理同也東方有聖人焉此心同此理同也十二幅贈予余題二律於後云九萬滄溟撇此身雖隔海外一道同風於前茅者皆出類拔萃之姿而志盛學博而文富皆將來有用之才也他日出而用世上則翼輔王家下則流傳聖道必能有益於中國是所厚望焉是時一堂聽者無不鼓掌蹈足同聲稱讚牆壁為震其中肆業生之年長者多由國家銓選授以職官遣至印度中國以備繙譯人員之用此余問孔子之道必溯天然傳之者必歸本於人非先盡乎人事亦不能求天降福是則仍繁乎人而己夫天道無私終歸乎一由今日而觀其分劃同而異由他日而觀其合則異而同前聖不云乎東方有聖人焉此心同此理同也西方有聖人焉此心同此理同也大同諸問者俱為首肯倫敦畫館請余以十二幅贈予余題二律於後云九萬滄溟撇此身雖隔海外一道同風覺隨年改面目翻嫌非我真尚戴頭顱思報國猶餘肝膽肯輸人昂藏七尺終何用空對斜曛獨愴神安得卷卷聊自慰人無地且依人有生已受形骸累到死難忘骨月親異國山川同日月中原天地正風塵可憐獨立蒼茫看現在去蹈海旅粤惟事讀書終日紵歌聲出金石亦無有心人過而問焉者今日羈身於數萬里之外去家益遠而心彌悲己

靴韃勝會

余偕夏文小住法京盤桓浹旬遊歷之處無不徧覽意將渡海而至英導者璧滿來必欲留余暫憩一日意甚殷勤特作咄嗟筵餞行於飛鷹酒樓此平日著名烹飪之肆甫定佳肴異饌絡繹而來但適於口而不能知其名為數種味拉甘洌不減公瑾之醇醪忽有一紙飛入則明日往觀靴韃勝會也璧滿躍然起曰然則我留君為有名矣前一千八百六十五年曾設靴韃戲稱為一時雅集為十餘年來所無可繼斯盛已翌日午後乘車往則獻技者耳曼人也劇場甚寬廣場中茂草一區綠緶叢一望平遠地形稍坦自於此設立靴韃盛架場後有一歌樓朗敞棠闌金碧七重高凌霄漢凡女士之精於音律者咸唱和於斯焉馬樓之絕頂懸以公會星旗瑞士十字旗相為掩映是日天氣晴明惠風和暢劇場四周賓客畢集士女如雲簪裾盡處烏闌交由耳曼來演劇者大小約有百餘人各皆嬌健絕倫容彩煥發劇班中供奔走使令者不下一二千人觀者既齊法人初至時投剳一時預其列以為榮日人謂之曰爾我兩技均藝敏且所習者同聲齊唱過午初至時投剳劇諸伶裝束登場攀架盤旋遲生平絕技洶超群合口同腐聲推絕唱場中本設有耳不暇接而目雖眊獻諸所始於一處則我之所演汝時神色之間若有有數千人莫不肅然起而色然喜歌舞既終皆舉手除冠同聲稱美劇場中巡丁所以彈技也而近乎為然始觀演時神色之間若有不勝鄙夷者嗣後各竭其心思所習者同聲齊唱過午少擅不暇給者時觀者不下數千人莫不肅然起而色然喜歌舞既終皆舉手除冠同聲稱美劇場中本設有耳不暇接而目雖眊事有繼續日人舉動中禮周旋合度佗達子弟皆遙立遠眺不復敢前是以無需防範法人轉語其黨云此雖技也而近乎神矣近今以來未有若斯之盛舉夕法人登場演劇光怪陸離錯綜頗極其妙朗克斯為荷庭之高足弟子少擅天算之術聰慧絕倫善於戲術搬演劇手法靈捷人莫能測其故有妹曰珠玲姿容妖冶婷婷嫋能以巾裹其目令人以見欲其列以為榮日人謂之曰爾我年歲并其輕重大小屢試之不爽余戲握同治錢以掌授臺下觀者而知其處臺下人手握錢一枚以示之能知錢之年歲并其輕重大小屢試之不爽余戲握同治錢以以見其搬演莫能測其故有妹曰珠玲姿容妖冶婷婷嫋能以巾裹其目令人至於霄海口其行甚捷申正乃至隨泉登船即剗展輪於時風雨交作既勁且寒操蕩簸揚嘔吐者大半既抵英之都決海口登岸風吹余帽墮水泉人爭先取回改登火車即開酉正抵英京倫敦

遊觀新院

余既遊魯哇博物院歎為觀止壁滿曰君亦嘗往觀新院乎余曰未也曰惜君來也晚未得躬逢盛典而極大觀余今代為述之尚覺神往焉余乃驅車同行初入院中見曠地數百弓歘朗空濶一望平遠導者曰此演武場也用以備兵士操習技能止齊步伐法君於遊觀之中亦寓行軍之意其窮兵黷武略可想見矣所歷堂宇樓閣亭臺房榭屈曲圓方圓其式不一宏壯巍焕者不下數十所卷以雕石築成鞏固異常華貴其下備有水道聚水盈池粹複鬱攸陰可熄滅樓之高者凌霄漢雕檻晶窗縹緲天外碧雲落星猶未足方喻也院旁闢地為園栽百草植名花喬木千章十圍無不羅致綠陰疊碧陰繽紛人行其間幾忘夫暑乎千門萬戶莫知其所向往又如此院之建一千八百六十六年雇不曲折以達焉足力之告瘁余入其中幾如迷入于迷宮雖能出至其工作之巧妙土木之奢華一時無與埒者在地球列國中無有如是之喬皇典麗工整恢奇日役工匠數千人猶不暇給經始於甲子落成因將開設博物大會持為萬國陳設各物公所二三年來竭賢興造加意經營日役工匠數千人猶不暇給經始於甲子落成於丁卯開院之日通國民人列邦商賈遊覽畢集均許入而遊覽略無禁壁滿排往遊略殆美不勝收是日歐洲其中創設聚珍或有俄羅斯有善魯士有土耳機咸至其中恣情鑑賞之大臣細察詳觀辨別其美惡品評其高洲大國君主駕臨幸者自法外有瓊奇珍異之物皆可入會過關許免其稅於是懷寶者自遠略殆美不勝收是日歐馬院內排列臚陳者皆當世罕觀之珍或有莫卷其名者法主特蘭一博識宏覽之大臣隨觀辨別其美惡品評其高下次第其等差然後參定應賞者無不以為榮法主之物例在賞之時另委一大臣隨所載按次呼名一一詣前祇受得預斯列者其名必驟起故受賞者無不以為榮法主無自受理特命太子承之一時悅豫之情始流露於不自覺云爾後來觀者有數萬人絡繹於道遂夾十出至者始稀余聞有粵人攜優伶一班至旗懺新鮮冠服華麗登臺演劇觀者神移日贏金錢無算余詢壁滿曰曾見之乎壁滿曰微君問吾亦將言之一日余偕理君雅各至此各同遊恐與粵人遇粵人固素識君或曾著弟子籍理君謂之曰子向亦曾學道乎此事豈汝所宜為者歲恐貽鄉鬉譏笑耳粵人紅暈於頰不能作一語旋有法國某伯爵售其裝束去約萬數千金璧滿有妹日媚黧在法京為女塾師教女弟子以英國語言文字一夕以盛設茶會特延余往塾中弟子長者凡二十餘人年皆十六七無不明慧秀整秋菊春蘭各極其妙各乞余寫詩一篇珍為珙璧舉舉為余彈琴唱歌各極其樂席散已更闌矣

博物大觀

法京博物院非止一所其尤著者名曰魯哇楝宇巍巍崇飾精麗他院均未能及其中無物不備分門區種各以類從臺置一屋不相混雜廣搜博採務求其全精粗畢貫鉅細靡遺凡所臚陳均非凡近耳目所逮洵可謂極天下之大觀矣今為約舉言之已可略見一斑一曰生物凡一切鳥獸蟲魚及骨角毛羽皮革齒牙間不收羅其間珍奇瑰物奇形異狀皆屬未經目覩始知天地間所產有不可以尋常意測者一曰植物凡草木花卉集自遐邇種類非一苟遇寒暑愛憐種類遠地之名范珍木無不方羅致藉以增長識見蓋非徒以益誇炫耀觀也一曰寶玩以古今二種古器如杯碗瓶盎文彩内含寶光外射五色陸離斑駁輝煌奪目他若古磁古銅色澤斑駁擊醇迥非近今所能仿造更有各種牙器螺瓶器鏤刻工細歟式精良以及閭闔中之鈿釵環釧各具雅致類皆秘護珍寶醇酤異常每器悉編列時代名字及作者姓氏傳入觀者一覽了然今如各種寶石及採山搜淵所得諸品珍系難悉數火齊木難未足方喻也一曰名畫卷出良工名手清奇濃淡同拘一格山水花鳥人物樓臺無不各擅其長精妙入神此皆購自異國無論年代遠近悉在搜集甚富人幅片楮價值千萬金者八至此技也而進乎神矣西國畫理均以肖物為工貴彩似而不貴神似其工細畫處略如北宋院本人物樓臺遠視之悉堆垛凸起與真通肖顧歷來畫家品評綦高事為高手者率謂虛寫意也西國之例凡工匠有出新意製器者器成上呈公局給以文憑許其自行製造出售獨專其利他人不得仿造須數十年後乃弛此禁其法亦良善也其鉅者如行水舟艦大小畢具陳器械長短鈍威備甲冑刀矛森列左右皆係編採之各種放形式致不相同如美洲之因句紅人澳大利亞之土番新嘉坡之古民所用之功簡弩矢劍戰刀棍亦無有其他各物更僕難悉往遊者無不興觀止之歎余于海角鵾人而得觀其盛不可謂非辛已導有壁滿英人之旅於法者夏文之好友也與法國傳教者相識導觀一院皆宇潔清規例嚴肅乃童貞修習靜之所法國處女版教不嫁者謂之童貞内有掌教者為之講貫膜拜諷經俱有時刻胸際均懸十字架院外小鋪陳列十字架耒鬻者牙角銅木無一不具相距數十武有一院專藏機器模式閭向時亦童貞之所居此外有一院曰穆西黎列屋五間深廣崇閎專藏法國古今各式軍器古時戰鬪之除亦尚甲冑其器械亦可悉古今沿革之源流而行兵強弱之殊矣入者歲閱其所陳戰具亦可悉古今沿革之源流而行兵強弱之殊矣

法京觀劇

法京中遊玩廣場非止一所一曰簪士伊別開勝境可號名區李黎士正當要衝南通鉅橋北接大街王宫

翼其西聖院峙其北洵足擅一都之形勝焉醫士伊地珠寬濶約四五里許東狹而西廣由漸恢拓略如張箕形有一通

衢橫亘其中兩旁編植樹木青蒼一色彌望崇龍戲館樂院卷在其左右晝則車馬闐夜則笙歌喧沸尋春俠客挾彈

王孫掉臂遊行其間以為樂甚至一夕之費動逾十萬金錢固所吝惜每值良辰令節國慶民歡名劇登場士女雲集人

人俱欲爭先快覩目賞心無以過此戲館之尤著名者曰提抑達聯座接席約可容三萬人非逢慶賞巨典不能坐客逼

充盈也其所演劇或稱述古事或作神仙鬼佛形奇詭不可思議山水樓閣屢屢圖繪而項刻千變萬狀幾於逼

真一班也中男女優伶多或二三百人甚者四五百人服式之新奇無不璨耀間女優率皆美麗登臺

香霧充沛胸及肩玉色燈光陸離難於遍視幾步虛仙子雖瓊宫貝闕而來人間也或於汪洋大海中湧千萬朵花一花中立

之時祖胸相袒嚴祥光下注一時觀者莫不撫掌稱歎其奇妙如此英人之旅於法京者導余往觀座最居前視之甚審

一美人色相莊嚴未曾有此外之戲約有四端一曰搬演能納大於小變有為禽鳥蟲魚項刻出諸籠中取之不窮

幻化莫測幾於神他若霜布再續無異故體用索縛人立能自解以及呑刀吐火緣絙走壁藝術勇力皆臻絕技一曰

影戲專用玻璃畫片取光於巨鏡人物生動意態通肯園林水石屋宇河山皆係實有其地並非虛搆兼以日月星文光

華工數十人八音競奏鏗鏘中節或作鈞天廣樂罨叫鯨鏗幾於震耳或為和諧靡曼之音靜細悠揚各極其妙余至

弄丸五色陸離令觀者神眩一日跳舞麗姝悉袒半身執花翩翩而集進退徐具有法度或有以童男女雙雙雙對之

能破紙圈二十飛燕之凌風欲翔鵑仙之踏塵無跡未足喻其輕盈也又能馬上擲球其大如斗圓轉盤旋幾如宜僚之

背飛躍躍當兩馬電駛之時一躍過令觀者瞥不能辨技最神者能於馬上躍升高階空中懸十圓外蒙薄紙一躍

舞流目送盼媚態横生亦珠可觀此外如戰陳紛紜魚龍曼衍天魔獻瑞異狀雜陳則又五花八門應接不暇矣雜

坐樂工數十人八音競奏鏗鏘中節或作鈞天廣樂罨叫鯨鏗幾於震耳或為和諧靡曼之音靜細悠揚各極其妙余至

法京時適建新戲院宏巨逈於尋常土木之華一時無兩計經始至今已閱四年尚未落成則其崇大壯麗可知矣

法京古蹟

法京中多前王拿破崙遺跡至今遊人觀覽者猶想見其功烈之崇隆勢位之烜赫焉有埃及石柱一高可十六七丈廣
可八九尺下潤而上銳四周鐫埃及上古文字幾於剝泐不可識相傳三千年之古物也昔時埃人掘地所得以為至寶
八十年前法王攻埃克之入其都城基改羅見此石聳峙突兀愛之乃以巨艦載之回國從地中海達於京師肇致之費
不貲爰為橫亭置之通衢望之若凌霄漢其亭凡依接順阿比利斯余近臨柱下拂拭而觀之埃及字有若雲形殆古之
雲師而雲名者黃帝氏之苗裔歟惜無好事者手搨其文攜至中國俾識古博覽之士一考求之法王晃年與歐洲列國
攜兵所向克捷幾於一統因以歷戰所得大礮鎔之建一鐵室高敞宏固古無與埒牆壁窗檻楝角無非用鐵鑄成
崢嶸其高約二十餘丈所勒字廣隧五寸皆敘征伐兼事幾至四壁皆滿金赤參錯炫麗可觀誠非常之鉅工也四
啟而專設弁兵瞭望司管每值禮拜四日門始遊者亦得入焉樓之基址垣壁悉用堅石築成鞏固屹峙形勢
方文士每車往來出其國都者無不喜詣碑所備覽誦讀徘徊不能去歎美戰績之盛而惜其勳名之不終樓名荷治亞
符德來拉恩時有英人為導師者偕余至訪古院其名曰繆齊英院中專儲古器凡木石金玉書畫物玩遠至三千年近
人亦歎其各像軀幹雄偉意態如生亦一奇也是日風清日暖往訪博士儒蓮法所稱博士猶中華之翰林掌院學士也為
石歌院監督院中庋書三萬冊目錄凡三卷儒蓮好學媚古壹志窮經足跡雖未至禹域而譯書已裒然盈尺蓋
素喜掌書接吻待若上賓儒蓮通中國文字能作筆談今有導者代為傳言故無煩管城子為介紹也儒蓮淚涔涔下蓋
年垂六十而惟生一女近以疾殞年僅十六其像即懸書室碧眼修眉花妍月媚余不知而指問之
過時而猶悲也既別往遊柏羅旺園流泉瀠繞佳木蔥蘢遊女如雲風景清遠誠足以娛目騁懷而得遊覽之逸趣矣

巴黎勝概

法京巴黎爲歐洲一大都會其人物之殷闐宮室之壯麗居處之繁華園林之美勝甲於一時殆無與儷居民百餘萬防守陸兵三十萬按街巡視鵠立道左無不威儀嚴肅寂靜無譁此外亦設巡丁密同梭織寓舍宏敞悉六七層畫棟雕甍金碧輝煌馬達蘭街義大廉街加非館星羅棊布每日由戌初至丑正男子咸來飲酌妓女亦結隊成羣聯翩入肆游詞嘲謔亦所不拒客意有屬即可問津捨一金錢不僅如吳市之看西施也道途坦潔凡遇石塊煤漆稍有不平石匠隨時修補車聲轔轔徹夜不絕都中以宮殿最爲鉅麗宮門外臨街有樓翼然其下可建十丈之旗車馬皆由此而過入內樹木翁然鬱茂一望青葱再進環之以池鐵欄之內則爲禁地人不得入如國王駐蹕宮中上懸一旗出幸則否凡欲遊王宮者俟王他出先謁其國之駐劄公使乞其名柬爲先容例得入而瞻仰焉王宮左右悉係大商巨鋪格局堂皇酒樓食肆亦復櫛比客至呼肴咄嗟立辦市廛之中大道廣衢四通八達每相距若干里必有隙地闢之圍以鐵欄廣約百畝盡栽樹木樾蔭扶疏遊者亦得入而小憩蓋藉以疏通清淑之氣俾居人少疾病焉至於藏書之所博物之院咸甲於他國法國最重讀書收藏之富殆所未有計凡藏書大庫三十五所名帙奇編不可勝數皆泰西文字也惟波素拿書庫則藏中國典籍三萬冊經史子集略備余友博士儒蓮司其事儒蓮足跡雖未至中土而在其國中鑽研文義繙譯儒釋各經風行於世人皆仰之爲宗師奉爲圭臬博物院中分數門曰生物曰植物曰製造曰機器曰寶玩曰名畫廣搜博採務求其全都中非止一所尤著名者曰嚕哇棟宇巍峩樓閣壯麗殊耀外觀余至畫苑見有數女子入而臨畫或調鉛握槧僅成粉本或已施彩色渲染生新余近視之真覺與之畢肖有一女子年僅十五六所畫已得六七幅皆山水也悉著青綠色濃淡遠近意趣天然余偶贊之女子與導余入者固相識特持一幅以轉贈余殊可感也一夕導者偕余觀影戲時不期而集者千數百人余座頗近觀最明晰所有山水人物樓臺屋宇彈指即現生新靈動不可思議其中有各國京城園亭綺麗花木娟妍以及沿海景象蒼茫畢肖更有各國衙署崢嶸聳峙恍若身臨法京水晶宮殿尤爲閎敞鉅麗光怪陸離幾於不可逼視他若巍峩之樓觀華煥之亭臺明窗綺牖纖毫透徹咫尺如在目前尤奇者爲羅馬國亞喇伯之古高山層巒疊嶂居天下之至峻洵屬大觀此外所影飛禽走獸奇形詭狀者或生自上古或產於異地均莫能名見之者真不啻環行歐洲一周矣

卷一終

道經法境

由亞丁出則為紅海由亞勒珊得出則為地中海觀所繪地圖紅海兩岸皆山峽竝不廣瀾晴日和風舟平如砥然行四

五日登舵樓以望亦復杳無涯涘蓋其瀾約五百餘里云相傳當中國商時摩西率以色列民出埃及王法老追襲

其後摩西偕眾竟歿紅海而過法老隨之俱陷沒於波濤中至今陰雨之際猶聞鬼哭聲啾啾然地中海風浪急於大洋西

蓋島嶼迴環而繼之以波濤相激薄洄漩以故其力愈勁諸客皆不能食余亦惟有僵卧而已行四日抵墨西

拏意大利國埠頭也至此例停舟一時許遙望北面諸山頂積雪皚皚天氣寒冷意人求售珊瑚者麕至午刻啟行

日光晴朗以遠鏡窺之峰巒聳峙怪石嶙峋有如蹲豹卧獅其作人形者亦如五老束筍紳縷雲外越兩日抵馬塞

里法國海口大市集也至此始知海外闤闠之盛屋宇之華格局堂皇樓臺金碧皆七八層畫雕闌檻疑在霄漢簷雲落

星無足炫耀街衢寬廣車流水馬游龍往來如織燈火密於星辰無異燄天上寓舍供奉之奢陳設之麗殆所未有出

外已預備馬車至雷昂計八百四十七里丑秒已報車抵其處從車輛中望之火若繁星光明不夜車不及停輪車去若駛

偶入一館沽飲欲解而觀之須臾一女子捧銀盤至以餉客然酌之禮不可闕也前女子飲量甚宏一罄數斝

舉以飲余一吸而盡余曰此彼姝之所以餂客者然酬酢之禮不可闕也晶杯八所盛紅酒色若琥珀余曰此所謂葡萄美酒夜光杯也女子

喻稱美幾欲解而觀之須臾一女子捧銀盤至以餉客然酌之禮不可闕也前女子飲量甚宏一罄數斝

夜半至巴黎斯即法國都城也其氣象之繁華規模之宏遠雷昂所弗逮也持戰之士紅襌黑帽齊然鵠立道左無敢譁

者自海口馬塞里至法京巴黎斯計程一千八百餘里為時不過七八小時之迅捷真如颷飛電邁矣按由亞勒珊里泊

道意大利境其內多火山入夜烈燄飛騰望之殊有可觀墨西拏入夜燈火連綿晝日水天一色其景尤奇馬塞里泊

舟之所烟波浩渺心曠神怡其國所設加非館棋布星羅每日由戌初至丑正男子咸來飲酌而妓女亦入肆招客男女

朝笑戲狎滿室春生鮮有因而口角者萎蘭街義大廉街則多備幼女凡青年之佻達者可與締交若他處備保則皆男子非出一例也自香港

京巴黎斯惟馬達蘭街固足見風俗之淫泆英國則不然是則猶近於古澆或謂法

啟行抵法國馬塞里凡四十餘日若取道於德國尤近二日程云

漫游隨錄

漫
游
隨
錄

만유수록 역주 2 세상 끝으로: 마르세유를 거쳐 에든버러까지